生命完整疗愈

宋　耕　著
南林君　整理

东南大学出版社
SOUTHEAST UNIVERSITY PRESS
·南京·

图书在版编目(CIP)数据

生命完整疗愈 /宋耕著. —南京:东南大学出版社,2016.4

ISBN 978-7-5641-6431-7

Ⅰ.①生… Ⅱ.①宋… Ⅲ.①生命哲学—通俗读物 Ⅳ.①B083-49

中国版本图书馆 CIP 数据核字(2016)第 057839 号

生命完整疗愈

出版发行	东南大学出版社
社　　址	南京市四牌楼 2 号　邮编:210096
出 版 人	江建中
网　　址	http://www.seupress.com
电子邮箱	press@seupress.com
经　　销	全国各地新华书店
印　　刷	扬中市印刷有限公司
开　　本	700 mm×1 000 mm　1/16
印　　张	28.25
字　　数	564 千
版　　次	2016 年 4 月第 1 版
印　　次	2016 年 4 月第 1 次印刷
书　　号	ISBN 978-7-5641-6431-7
定　　价	99.00 元

本社图书若有印装质量问题,请直接与营销部联系。电话(传真):025-83791830

他序

难 易

宋 为[①]

笔耕不辍,积腋成裘。这是我目睹吾弟成书过程之感受。日撰一篇,亦易亦难。这是我拜读该卷内容之慨叹。每天出文,若只为留下些许生活实录,可流水,可日记。全无需"烧脑"细雕主题、章法等,是曰易;但日一主题,天天各异,又承前启后,引读者渐入佳境,是曰难。然观吾弟,与一般专业作家多在夜深人静之时灵感突现不同。其每篇行文只在凌晨一挥而就,全无创作之难色,看似易。为何如此该难却易?我体会皆由以下因素所铸:一曰职业所养。吾弟是技精术湛之眼科名医,又为救人于水火之完整疗愈师,白天大部时间被问诊及手术所占据,只有短暂晨光属于自己。二曰修行所致。吾弟潜心拜佛多年,更以佛祖之博大精深及慈悲之怀,贯之以雄厚中、西医之基础,创立了完整疗愈之体系。所以,常年的隐忍不发是耕耘,是积累,是酝酿,此为难(内在)。而今每日之行文是爆发,是果实,此为易(表象)。

同理,难易之辩亦可尝诠释完整之疗愈。

一曰"其诞",医学之初,囿于社会发展之局限,主凭人类只鳞片爪之感性体验。头痛医头,脚痛医脚,是为易。然每每会遇超越局部之不解因素而致疗效甚微,是为难。拜社会之进步,科技之发达,观念之日新月异,整体观愈凸显重要。始运用完整之协调念析病。尤当生物医学模式向生物-心理医学模式之转换渐为主流时,是为难。然更多疑难杂症据此得以克陷,是为易。

二曰"其髓",佛家之万物皆有灵,互为因果之旨,辅以心(生)理,解剖病理之精准西医之术,更以辨证施治之国医之络而贯之,炼就完整疗愈之内核,是为难;然一旦医患皆悟其要领,合力启动机体各部协调,全攻一处(患部),

---

[①] 宋为,医学博士。现旅居加拿大蒙特利尔市。长期从事基础医学的研究工作。在心、肺及中枢神经系统疾患及癌症发病机制的探讨上,先后取得过不菲成绩。2013年被命名为 Mary Katz Claman 基金会科学家。目前正着手对完整疗愈中心经治病例进行多方面的科学量化分析,进而深入探讨经完整疗愈转化的机理,以期更加完善该理论和实践体系。

则毕其功于一役,是为易。

　　吾以为完整疗愈有别于传统诊疗体系之精髓,在于其自然纳医、患于一体互动中,双向流动。医、患之间不再是简单给予(施治)与纳受(被治)的关系,而是基于对其生命的尊重和陪伴,令病者拥有自身生命主控权,使之紊乱系统——归位而至身心灵之健康协调。既使得医者之"易"(医技)更好施之于患者之"难"(病痛),又可令后者更及时、精确馈达于前者,故难易可更顺畅之转化。

　　三曰"其行",不满足现状,耻懈怠,恒持每日集修身、诊治于提炼,以为体系永续补充新能,是为难;然据此累积爆发,定终获突破,克复顽疾,是为易。年复一年,日复一日,勤耕,由难变易,是为上,是为清,是为亮。反之亦然,惰懈,则会由易返难,是为下,是为浊,是为晦。故难易一体,互为表里,乾坤之道,相互转变,此之谓大道矣。

　　子曰:朝闻道,夕死可已!余观吾弟一书,实乃厚积而薄发,唤醒世人昏寐之良药。故曰:此非普通意义上的一钵心灵鸡汤,乃以佛学佐之传统及现代医学之法,洞察混沌世界的目光所现,余坚信读者必会得到非常有益之收获。

枫叶之国蒙城圣劳伦斯河畔

缘　　起

1　困惑

我的职业是医生。在国内,我是一名口碑不错的眼科手术专家,我还有一个哥哥和一个妹妹,都是医学博士,可以说我们全家都是学医的。在1990年之前,我从来没有对西医产生任何怀疑和抗拒,甚至深深地沉浸于其中——和大部分医生一样,我认为这辈子就会如此按部就班地持续下去了。直到有一天,上天给了我第一个警示。

1990年,我的父亲突发脑梗塞全瘫在床,从此我不仅仅是一个只会用冷冰冰的手术刀手握生杀大权的医生,同时也变成了一个面对父亲病痛无能为力,整日提心吊胆,看着亲人生命慢慢逝去束手无策的病人家属,因为这一切不得不经历的转变,我得以从不同角度体验医生的无可奈何的沮丧和患者家属面对疾病的无助和茫然。在充满希望又伴随着失望的半年之后,亲爱的父亲最终不治,在一个夜晚永远离开了我们。那份彻骨的痛至今让我不忍回顾,在以后的很多个不眠之夜,我把它看作是上天给我的第一个警示,因为从那时开始,我陷入对现代医学的困惑和迷茫:我的全家都是医生,我们兄弟姐妹不是医学博士就是医学硕士,但面对父亲的生命却无能为力,何况那些完全没有机会和可能进入医学领域的普通百姓?这究竟是怎么回事?对于现代医学的那份心灰意冷,甚至令我一度决定弃医从商。

但最终我还是没有脱离医学范畴,也许是命运,也许是使命,也许是家族的能量,也许是父亲在天之灵的呵护,反而令我在这个领域越走越深,越走越远,我决心开始探索发现生命的奥秘。从那以后,我开始接触中医,开始接触心理学,接触佛学,接触系统理念,开始不停地突破固有的观念并渐悟人类疾病和生命的真相。

2 贵人

贵人是帮助你成就的人。上天让父亲用生命来提示我,质疑现代医学,走上探索生命真相的道路,我的父亲就是我生命中第一个贵人,他老人家用溘然长逝的生命告诉我一个真相:你所学的医学,并不代表全部,宇宙中还有很多你根本不知道的,等待你去探索和发掘。

经由这段人生无常的痛苦,我幸运地开始了探索生命之路,我发愿去探索所有有关生命的课题,上天一直无比惠顾我,在此后的十年里我先后遇到了让我开始了解生命的贵人,他们为我打开一道道生命奥秘之门。

1992年,好朋友王俊龙居士引我结缘上净下慧老和尚并皈依佛门;又一年,我的老板李中奇先生引我结缘上宽下霖老和尚并皈依——这是启发我认识宇宙真相并建立全新观念的开始。但由于学佛不精进,加上俗事缠身,浑浑噩噩的我跟着感觉走进了20世纪。那时的我,专业技术与日俱增并在业界小有名气,但奇怪的是我的内心却越来越感到无力,时常会梦到父亲的身影,不过却毫无出路。

直到我遇到了师兄吴明山老师,是他的推力让我从昏寐中逐渐清醒,随着在吴老师之处的学习,我心中开始有了完整疗愈的初步意识。

我的同学何俊明老师是我建立完整观下完整疗愈体系的大贵人,当我第一次看到他用催眠和各种心理与心态等方法治愈了大量失眠、抑郁症患者时,我内心世界的灯突然被点亮了,我开始从云里雾里落地了,我知道我的使命就是要找到人类医学将来要到达的方向,虽然当时这种感觉并不清晰,我也不知道应该做些什么,但内心的火种被点燃了,我开始了各种心理方面的学习和研究。

对生命内在探索的动力让我变得很充实很有力量,那是一段非常辛苦却喜悦的阶段,我犹如海绵一样汲取了各种养分,经由一个又一个学习,我变得越来越丰盛,内心也越来越清晰,只是还不知该如何落实,完整疗愈系统也缺少具体的内涵。

在这个关键时刻,我的母亲又用生命推动了我,因父亲的突然去世带来的影响,84岁的老母亲罹患了严重的失眠抑郁症,连续二十多天无法入睡,面对年迈的母亲,西医又一次无力回天。亲人生命的再一次即将逝去将我从西医的惯性里惊醒:我不是有新的完整医学方向吗?我不是一直在探索生命的真相吗?

这是一个历史性的觉醒,这是我生命中重大的转折,我决心为了母亲尝试所有的方法，我一定要去探索和体验，我知道这是一个无论如何都要去的方向，我已经痛失父亲了，我不能再眼睁睁地看着母亲撒手人寰！如果母亲就这样走了，让我无颜面对我亲爱的父亲。在这样的情境下，我和何俊明大疗愈师结下了生死之缘，也正是因为这个缘，导致了今天完整疗愈的完美呈现。

在何导神奇般的疗愈下，我的母亲从死亡边缘走了出来，重新焕发了生命的活力。当然，我收获的成果远不止这些，更重要的是：完整疗愈的雏形从此诞生了。我和何导由衷地感恩老人家用生命的示现，感恩彼此的缘分能共同走到这生命的交叉点，谁说这一切不是冥冥之中最好的安排呢？

心与心的碰撞与共鸣如火山爆发势不可挡，这是个起心动念的源头力量，也是厚积薄发的结果，我相信全宇宙都能相应和收到，因为接下来我的贵人纷纷登场亮相，他们每一个都带着各自的特点和使命在最合适的场所，最合适的时间里出现，我无法一一写出他们的名字，但我知道他们每一位都是我的贵人，都让我深深感恩，也正是他们，让完整疗愈更加丰盛，也正是他们，让我一次又一次坚定信心，勇往直前。

谨此，让我记住生命中所有的贵人，感恩有他们的一路陪伴。

谨此，让我在这里记录以下名字，他们是支持并发起建立完整疗愈的发起人——何俊明、关冀红、赵泉连、沈鑫、冯卫东、刘建、郭新月。感恩有他们陪伴，感恩各就各位的能量加持。

3 完整

从 2007 年起至 2013 年是我生命转折并确定方向的重要时期。我从 1978 年上大学学习西医，到 1988 年硕士毕业，从事西医眼科临床及研究 30 多年，可以说比较深入地看到了现代医学的优缺点，同时多角度的学习让我开始在生命的探索中有了颇多感悟，在这个过程中完整观的观念渐渐浮出水面，我认为完整观即是宇宙观，是看事物表面和内在相关的所有存在的观点，包括看得见和看不见的，有形和无形的。完整观有其特点和共性的规律，用完整观看生命，呈现的是一个鲜活的生命背后拥有整个宇宙全部的元素和规律，每一个结果的背后都有着缺一不可的缘起因素，这些无量的元素按其各就各位，各司其职，共同协调，缺一不可，完整呈现的原则和规律运行着，包括我们认为的疾病也是如此。

众所周知，因为成长经历不同，我们每个人的认知角度和心智模式都不尽相同，但我们面临的世界是共同的，我们的生命和世界是共同的，我们从未活在两个世界里,所谓的不同只是自我认知体系不同而已,宇宙从来都是这样地存在着,我们和宇宙从未分开过,没有一个生命是孤立存在的,只要你活在唯一里,那么一定不完整;只要你有对抗,那么一定不完整;只要你想排斥和消灭,那么一定是不完整;只要你想多得多占少出,那么一定会在失衡中丢掉完整,失去生命的规律,那就成为疾病,那就是"玩命",那就是贪嗔痴的范畴。

在完整观下我们可以对待许多事情,产生不同的分支。例如对待生命,会形成完整生命观;对待医学,形成完整医学观;对待美术绘画雕塑,形成完整艺术观;对待管理,形成完整管理观等等。总而言之,你会发现完整无处不在。

这是一个完整的世界,全息相关的互为相应的共同存在的一体。我此生以医学为角度来了解生命,疗愈生命,当从这个大门进入后,渐渐发现了里面的全部,这是一个渐进的过程,看不到就是看不到,听别人所说是知道了但不是自己感受到,每个人每个生命此生都在某个角度上,有些人在门外,有些人一脚在里一脚在外,有些人黑暗无光,有些人则光芒万丈清明可见。这是一个生命自我觉醒和成长的过程,这是一个令生命到达完整的过程,这是一个感悟了悟开悟之路,只要你想探索,什么时候都不晚——因为完整的宇宙就在那里,从未消失过。

我自2010年提出完整疗愈理念并渐渐形成完整观,在众缘聚合的缘起下于2014年7月正式向社会宣布并建立完整疗愈中心,整个过程历经四年有余。

我们的团队建立了完整观下看生命的主题,同时创办了完整疗愈体系,作为现代医学的有效补充和完善。毫无悬念的是,完整疗愈中心在新的一年里每天咨询不断,效果惊人。

具体来说,完整疗愈中心主要从三个角度来进行生命疗愈,第一个角度是从完整生命的角度,一个完整的生命一定由有形的和无形的部分组成,无形的部分在老百姓的认识体系中心理学已经普及,除了心理学还有很多无形的生命部分是不为人知的,如道、佛、灵、能量、气功、意念、心能,等等;第二个角度是我们身体从大脑、心、身体各系统的运行,无一不在有规律地无形地运行着,如思想、信念、价值观、心智慧、细胞记忆、系统规律,等等,这是一个完整的生命组成;第三个角度是关系,虽然我们每个生命呈现在表面上是独立的个体,其实从未离开过其背后看不见的世界大系统,包括看见的,看不见的,都构成了完整存在的体系,这即是我们所建立的完整疗愈的理论基础,我们由果看因,由因调果,由病看到生命,再由生命系统调整病痛,所以才会达到神奇的效果。

完整疗愈从这三个角度来疗愈生命,这是目前西医做不到的,因为思路完全不同,对生命的认知角度完全不同,结果一定不同,西医在有形的部分发展很快,如手术、诊断设备、药物,等等,这是目前科学发展的特点之一,我们祖辈的智慧在有形和无形的观察中非常平衡,如易经,以及其分支出的医学都是讲阴阳平衡的,所以人类的医学发展一定会到达阴阳平衡的完整观中。

在完整观下我们看到每个生命的主体都是自己,所有主体之外的都是助缘,每个生命都在自愈愈他的完整体系中茁壮成长,每个生命都有自己的主控权,每个生命都被系统滋养着,每个生命都在整体的系统中负责任,每个生命都在完整中看到自己生命的全部。

4 事业

完整观、完整生命观、完整医学观、完整疗愈体系和完整疗愈运营中心,目前这是一个非医院性质的疗愈场所——前所未有,可又势在必行!提升人类医学观念和手段,造福人类百姓,让所有对生命有感悟的角度都呈现在这完整的舞台上,让每个生命的自愈力都唤醒,让每个生命都以完整的能量去释放、去爱、去自愈愈他!让每个角度的手段都合理地有效地呈现在自己的位置上,每个生命都能在自主的能量下感受到爱,感受到陪伴,感受到唤醒,感受到呵护,感受到阳光和温暖。这是一个事业,这是一个生命的蜕变和成长,这是一个唤醒,这本身就是一个完整疗愈的过程。最终将推进人类医学整体走向完整!

这本书绝大部分内容来自于我一年来的每日感悟分享,内容是对完整观和完整疗愈的解释和各个角度的呈现,感恩带着使命出现的南林君老师,不仅逐字逐句地帮助我重新整合这些零乱生涩的文字,还用特有的智慧使之更具灵性、柔软、鲜活的特色,并且设计了一些与主题相对应的心灵小练习,使之具备可读性和操作性,再配上她的能量朗读疗愈录音,终于使之成为一本可以供大家阅读和聆听的书——生命完整疗愈。期间几易其稿,其工作量之大,困难之多可想而知,庆幸的是,南老师本人就是完整疗愈的生命疗愈师,又精通易经、佛学、心理学和灵性成长等,功底深厚且做事严谨,是上天在这一时刻派来的最好的助缘,感恩!

此书很快就要和大家见面了,我相信这只是个开始,出书旨在抛砖引玉,我坚信这个事业会吸引更多的各路善缘,丰富完整观,具足完整观,我相信在完整观下每个角度都有其位置呈现,都有其作用价值,都有因缘的呈现。

5 未来

我坚信不远的将来，完整观一定能让人类迈入完整医学体系；完整观一定能让每个生命觉醒，看到完整的存在；完整观一定能让每个生命看到自愈的主体；完整观一定能让疗愈师和每个生命看到生命的奇迹。生命是主缘，疗愈师（医生）是助缘，主动助随的本质将成为未来一体化的疗愈关系，每一个生命的角度都在自己的位置上绽放着独一无二的光明和能量；每一个生命都在其核心中享受着来自所有角度的滋养；所有认为唯一的伪科学和排他的分别心、抗拒都将被打破，最终回归到生命的本来——完整。

前　言

　　这是一本有生命的书,因为它始终在不停地成长中,怎么说呢?这不是一本普通的书,你可以把它当成疗愈自己生命的书来阅读,你可以和作者一起,每天都有新的发现和成长,甚至蜕变。

　　你可以随时随地,信手翻开任何一页,三百六十五个日子,每天都有不同的主题和你分享,每天都可以根据书中的提示做功课,每天都会带给你全新的启迪和不同。

　　你无需按部就班从头读它,你也无需担心它会停止。事实上,它和你一样,每天都在更新,都在持续成长,也许当你看到它的时候,它的第二本内容已经形成,并且开始编写了。

　　这是一本关于生命的书,它所讲述的全部都是生命的话题。其中用到了很多我们平时不用的词语:生命、疗愈、完整、系统等等。你也许会觉得很枯燥,你会觉得生命这个话题太庞杂、太空洞、太神秘……亲爱的读者,但愿你能了解你现在的一切都是基于生命的存在而得到,你的欢笑、忧伤、苦恼、喜悦,乃至你的一切都建立在你独一无二的生命体之上。相信我,只有当你真正了解到生命的真谛,你才有可能真正地活着。

　　不,它绝对不是一本简单的"心灵鸡汤",它的内容也许比较晦涩,因为事实上一开始有很多人说看不懂,它里面有很多理论架构和概念,但当你静下心来,每个字每个词慢慢体会,每句话慢慢诵读,你很快会发现,它似乎成了你的人生指南。

　　也许你会因为它而产生不一样的感受,也许你会通过阅读它上面的文字产生更多的正能量,甚至也许你从此获得了自我疗愈的能力,你还可以运用它来疗愈你身边的人,谁知道呢? 奇迹随时都会发生。

　　它是一本神奇的医书吗? 它内在有秘籍吗? 你会说怎么可能,它是一本与众不同的书吗? 它有魔力吗? 我不知道,我只知道当你真正读懂它并且按着去做的时候,你会发觉你的生活从此大不相同。

　　当然如果你不愿意看正文的内容,也可以每天做做书中的功课,我建议你不妨拿上一支笔,把一些感受写在书中留白的地方。

除此之外，我们还精心为你录制了这本书的声音，那不是普通的声音，是配以疗愈音乐的能量朗读，也许你厌倦了看书，也许你此刻不适合读书，那么我期待你可以静静地听它。

也许你此刻正在烦忧，正在生病，正在愤怒，正在纠结，或者正在悲伤。你恰好翻开了这本书，或者听到了这本书，它可以陪伴你，静静地陪你一起成长，让你发觉自己内在的力量，让你获得真正的自我疗愈。

也许此刻你很开心，很喜悦，那么恭喜你，当你翻开它或者听到它的时候，你会发现你正在践行它，它或许能给你一些启发，让你超越你所不知道的领域。

所以，这本书应该是上天带给你的一份礼物，你可以自己使用，也可以送给你的朋友和家人。无论怎样，都会有意想不到的收获。

当然，为了尊重你的生命程序，你可以在看了几段话之后，毫不留情地将它扔到房间里的角落里，这些都是你基于当下做出的选择，而且是完全正确的。

请记住：从现在开始，你所有的呈现都是被允许，被祝福，被爱和被陪伴的。

这本书共有七个主题，每一个主题既独立又相联，完整地结合在一起，成为你生命中的七根柱子。每个主题里面，又有不同的小环节，按照365个日子排列，围绕着各自大主题缓缓展开。它们既独立又相互联系，既自成一体，又融会贯通，由浅入深地贯穿于我们的整个生命。我们还精心设计了一些配套的心灵小练习，以及每周省思。每月省思的留白，作为对每个环节的支持，相信这些练习会使得你对每个环节和主题有着更深入的了解，进入到生命的完整疗愈体系，从而快速得以疗愈。

这七个主题分别是：生命陪伴、生命唤醒、生命主控权、生命蜕变、生命重建、自愈愈他、完整呈现。

接下来请跟随书中的练习，我会围绕这七个主题陪伴你展开对生命的探索。在此之前，为了让你尽快熟悉和掌握本书，先将以下理论和概念说明如下：

完整观：

完整观是依据存在本来的样子和规律、特点提出的观点，是依据生命体验和观察总结出来的理论体系，是生命体验版的描述和完整呈现，是对缘起万物的完整呈现，是对人类关注的疾病进行的全新的诠释，是人类医学进入崭新阶段的开始。

前言

生命的完整组成可以分为有形的和无形的两个部分,它们从没有分开过,甚至是没有缝隙地存在着,其间的关系构成了完整的生命,无形的因决定着有形的果,有形的果让无形的因显现。

我们活在有形的世界上是由我们的感官所决定的,感官是有形的,当我们开启另一半的感知时,一切都变得完整了。我们的心是无形的中心,这是个决定的中心,由心而发的感官所看到的是不一样的世界,心与感官构成了我们个体的完整并与宇宙相应。

完整观是对整个世界的了解和认知,人类从实践中不断总结经验形成较为中立的观点,并通过逻辑思维形成哲学,如佛陀观、老子观、科学观等等。能抛开自我偏见,看到世界真相的才是如是观,才是完整观。

完整疗愈体系:

完整疗愈体系是建立在完整观的前提下产生出来的生命疗愈体系,这个体系是在不排斥任何与生命相关学科的前提下呈现的。在这个体系中没有绝对的唯一,体系的各部分是互为作用、相互协调、相互平衡,和谐而存在的。在这个体系中没有二元对抗,体系的各部分是各就各位,无内耗而共存。

完整疗愈能让你的生命获得完整、完全和完美的体验,让你用更广阔的视野看世界,让你更具备爱人和被爱的能力;换言之,让你的生命开花,焕发出内在的光彩。

好了,现在请你找一个安静的角落,不被打扰,安静地和自己在一起5分钟,然后问自己以下问题:

我愿意成为自己生命的主人吗?

我能够成为自己生命的主人吗?

我百分之百可以成为自己生命的主人吗?

如果你的回答是肯定的,请接着往下看。

如果你的回答是:不确定。你可以暂时合上书本了,因为这说明你还没有做好踏上这个旅程的准备,那么,请带着我深深的祝福,做自己想做的事情吧。

"宋耕每日分享完整疗愈"话题,已有经年,一日突发想法,何不写出一本册子,供大家阅读。与此同时,在梦中偶得一偈子,醒来深以为然,于是记录如下,以示世人。

其曰:生命本完整,人力创二分。掉入迷不觉,果报苦不尽。

完整观由此产生,完整疗愈体系由此产生。

目　录

他序——难易

自序——缘起

前言

第一主题　生命陪伴

引言	…………………	3	1月22日	长久	…………	26
1月1日	喝茶聊天	…………	5	1月23日	陪伴生命	…………	27
1月2日	如一	…………	6	1月24日	"我"的范畴	…………	28
1月3日	因缘	…………	7	1月25日	和自己对话	…………	29
1月4日	回看	…………	8	1月26日	跟和看	…………	30
1月5日	错位	…………	9	1月27日	反应	…………	31
1月6日	感恩	…………	10	1月28日	障碍	…………	33
1月7日	完整观的应用	…………	11	1月29日	束缚	…………	34
1月8日	默契	…………	12	1月30日	逆反	…………	35
1月9日	孩童时代	…………	13	1月31日	抱怨的危害	…………	36
1月10日	沟通	…………	14	2月1日	生命的阶段	…………	38
1月11日	保持中立	…………	15	2月2日	人的智慧	…………	39
1月12日	演绎	…………	16	2月3日	关系	…………	40
1月13日	主缘和助缘	…………	17	2月4日	生日	…………	41
1月14日	方向	…………	18	2月5日	疗愈师的陪伴	…………	42
1月15日	生命的陪伴	…………	19	2月6日	立场	…………	43
1月16日	生命的范畴	…………	20	2月7日	获取	…………	44
1月17日	格式化	…………	21	2月8日	没想到	…………	45
1月18日	认死理儿	…………	22	2月9日	平衡	…………	46
1月19日	经历	…………	23	2月10日	不相信	…………	47
1月20日	相互对应	…………	24	2月11日	生命究竟是什么	…………	48
1月21日	差异	…………	25	2月12日	用心感受	…………	49

第二主题　生命唤醒

引言 …… 53		3月16日	我们生来具足完整 …… 85
2月13日	惯性 …… 54	3月17日	因果自造 …… 86
2月14日	信念 …… 55	3月18日	学习 …… 87
2月15日	意义 …… 56	3月19日	月亮的启示 …… 88
2月16日	标准 …… 57	3月20日	盲人摸象 …… 89
2月17日	体验 …… 58	3月21日	运气 …… 90
2月18日	不相信的逻辑 …… 59	3月22日	珍惜 …… 92
2月19日	梦的启示 …… 60	3月23日	自我催眠 …… 93
2月20日	掉入 …… 61	3月24日	慈悲 …… 94
2月21日	我认为 …… 62	3月25日	自以为是 …… 95
2月22日	盲点 …… 63	3月26日	面对疾病 …… 96
2月23日	生命状态 …… 64	3月27日	觉察的点 …… 97
2月24日	无从下手 …… 65	3月28日	偏执 …… 98
2月25日	抛砖引玉 …… 66	3月29日	阴影 …… 99
2月26日	意义和规律 …… 67	3月30日	结果 …… 100
2月27日	生命的元素 …… 68	3月31日	条件 …… 101
2月28日	没有意外 …… 69	4月1日	臣服 …… 102
3月1日	奇怪 …… 70	4月2日	鱼池 …… 104
3月2日	拖延症 …… 71	4月3日	受困 …… 105
3月3日	记录 …… 72	4月4日	完整观下看感恩 …… 106
3月4日	二合一 …… 73	4月5日	踏青 …… 107
3月5日	掉在自己的认为里 …… 74	4月6日	固化模式 …… 108
3月6日	兰花 …… 75	4月7日	分辨 …… 109
3月7日	活在逻辑里的你 …… 76	4月8日	一叶障目 …… 110
3月8日	语言的成因 …… 77	4月9日	价值 …… 111
3月9日	生命的能量 …… 78	4月10日	活在惯性里 …… 112
3月10日	人造的世界 …… 79	4月11日	破除信念绑架 …… 113
3月11日	固有模式 …… 80	4月12日	照见自己 …… 114
3月12日	过度 …… 81	4月13日	习惯 …… 115
3月13日	坚持 …… 82	4月14日	成长的因素 …… 116
3月14日	初心与医学 …… 83	4月15日	生命周期 …… 117
3月15日	担心 …… 84	4月16日	接纳结果 …… 118

4月17日	品质	119	4月21日	病由心生	123
4月18日	点燃生命	120	4月22日	我是我的主人	124
4月19日	自己与世界同步	121	4月23日	花花世界	125
4月20日	两面性	122	4月24日	身在福中不知福	126

第三主题　生命主控权

引言		129	5月19日	财富	156
4月25日	是什么决定了你	130	5月20日	恐惧从何而来	157
4月26日	系统	131	5月21日	位置和角度	158
4月27日	自己过河	132	5月22日	破除假象	159
4月28日	开心	133	5月23日	相信	160
4月29日	种瓜得瓜	134	5月24日	生命的本来	161
4月30日	有形和无形	135	5月25日	生命本有的规律	162
5月1日	大脑计算机	136	5月26日	我	163
5月2日	限制性信念	137	5月27日	巧合	164
5月3日	生命的主控权	138	5月28日	足够的心	165
5月4日	三生万物	139	5月29日	生命的韵律	166
5月5日	醒来	140	5月30日	敬畏生命	167
5月6日	见地	141	5月31日	套住自己的学问	168
5月7日	如果你愿意相信	143	6月1日	范畴	169
5月8日	命	144	6月2日	上一刻的结果	170
5月9日	心的指令	145	6月3日	完整观下看自己	171
5月10日	拿回你的权利	146	6月4日	情绪是怎么来的	172
5月11日	决定	147	6月5日	探索真相	173
5月12日	由蜕变看到开始	148	6月6日	经验	174
5月13日	成长	150	6月7日	怎么活	175
5月14日	困惑	151	6月8日	意愿度	176
5月15日	修行与生活	152	6月9日	承担	178
5月16日	分享	153	6月10日	堵和毒	179
5月17日	生命状态	154	6月11日	松动	180
5月18日	一切由我改变	155	6月12日	能量的流动	181

第四主题　生命蜕变

引言	…………………………	185
6月13日	一念反转 ……………	187
6月14日	一切都是新的 ……	188
6月15日	承诺与信念价值观	
	…………………………	189
6月16日	你的意愿度是多少	
	…………………………	191
6月17日	在意 …………	192
6月18日	心智模式 ……	193
6月19日	限制 …………	194
6月20日	生命的阶段 …	195
6月21日	呈现纯粹 ……	196
6月22日	关系（全息相应论）	
	…………………………	197
6月23日	缘起缘灭 ……	198
6月24日	观察 …………	199
6月25日	觉察 …………	200
6月26日	感受 …………	201
6月27日	相信的能力 …	202
6月28日	忏悔 …………	203
6月29日	蜕变 …………	204
6月30日	大自然的启示 ……	205
7月1日	固守和转身 ………	206
7月2日	恐惧 ………………	207
7月3日	欲念 ………………	208
7月4日	起心动念即是结果	
	…………………………	209
7月5日	生命的盲点 ………	211
7月6日	对待金钱的四种态度	
	…………………………	212
7月7日	初心 ………………	213
7月8日	你的人生都包括什么	
	…………………………	214
7月9日	你种下了什么 ……	215
7月10日	尊重和感恩 ………	217
7月11日	包袱 ………………	218
7月12日	真相的生命力 ……	219
7月13日	生来具足 …………	220
7月14日	二元 ………………	221
7月15日	从存疑到相信 ……	222

第五主题　生命重建

引言	…………………………	225
7月16日	鲜活的生命 ………	226
7月17日	自己的立场 ………	227
7月18日	信、愿、行 ………	228
7月19日	载体 ………………	229
7月20日	看见的和看不见的	
	…………………………	230
7月21日	信念病 ……………	232
7月22日	体验有好坏之分吗	
	…………………………	233
7月23日	你焦虑吗 …………	234
7月24日	如何走出焦虑 ……	235
7月25日	PS和生命的特点	
	…………………………	236
7月26日	秩序 ………………	237
7月27日	人造世界 …………	238
7月28日	亲证生命完整 ……	239
7月29日	人 …………………	240
7月30日	因缘 ………………	241
7月31日	三个福报 …………	242

8月1日	规律永恒	243		8月12日	宣告	255
8月2日	火候	244		8月13日	生命中的能量结	256
8月3日	主宰	245		8月14日	焦虑	258
8月4日	我之外是什么	246		8月15日	不知不觉	259
8月5日	重生	248		8月16日	学会欣赏	260
8月6日	做事	249		8月17日	我觉得	261
8月7日	没有如果	250		8月18日	我是谁	262
8月8日	指引	251		8月19日	灵动	263
8月9日	停	252		8月20日	自觉做事	264
8月10日	角度	253				
8月11日	惯性	254				

第六主题　自愈愈他

引言		267		9月8日	启动你的自愈力	290
8月21日	迎合	268		9月9日	何谓完整疗愈	292
8月22日	归位	269		9月10日	教师节的感恩	293
8月23日	回到初心	271		9月11日	神奇的二元对立	294
8月24日	疗愈	272				
8月25日	方向的确定	273		9月12日	疗愈师立场	295
8月26日	接受疾病	274		9月13日	疾病	296
8月27日	回馈和完整医学	275		9月14日	一花一世界	297
				9月15日	紧张和打扰	298
8月28日	医患关系	277		9月16日	疼痛	299
8月29日	建立完整观	278		9月17日	点亮自己	300
8月30日	抑郁症	279		9月18日	信念体系	301
8月31日	完整疗愈生命	280		9月19日	随顺	302
9月1日	本能	281		9月20日	分裂症	303
9月2日	生命的飞跃	282		9月21日	疗愈师的主控权	304
9月3日	拒绝等死模式	283				
9月4日	医生的无知	284		9月22日	如实看	305
9月5日	一波三折	285		9月23日	困惑和疾病	306
9月6日	祖国医学	287		9月24日	无碍前行	307
9月7日	你是你的故事吗	288		9月25日	怨天尤人	308

9月26日	用药的背后 ……… 309	10月4日	完整观下的结果 ……… 318
9月27日	中医的衰退 ……… 310	10月5日	疾病的诊断 ……… 319
9月28日	生命的范畴 ……… 311	10月6日	生命的元素 ……… 320
9月29日	宇宙 ……… 312	10月7日	股市风云 ……… 321
9月30日	坚持自己的立场 ……… 313	10月8日	疗愈只是副产品 ……… 322
10月1日	核心 ……… 314	10月9日	成长的因素 ……… 323
10月2日	抗拒 ……… 315	10月10日	不纠结的生命状态 ……… 324
10月3日	我的命运是我的决定 ……… 317		

第七主题　完整呈现

引言 ……… 329	10月27日	完整的生命 ……… 347
10月11日	完整无缺 ……… 331	10月28日	一颗静下来的心 ……… 348
10月12日	感召共识 ……… 332	10月29日	共识和沟通 ……… 349
10月13日	生命的角度 ……… 333	10月30日	痛苦的记忆 ……… 350
10月14日	科学 ……… 334	10月31日	孩子的成长 ……… 352
10月15日	全息论 ……… 335	11月1日	探索疾病 ……… 353
10月16日	完整 ……… 336	11月2日	全部规律 ……… 355
10月17日	完整和不完整 ……… 337	11月3日	完整流程 ……… 356
10月18日	种子与土壤 ……… 338	11月4日	完整的探索 ……… 357
10月19日	我本具足完整 ……… 339	11月5日	家族系统 ……… 358
10月20日	完整的身体 ……… 340	11月6日	完整观能看什么 ……… 359
10月21日	完整疗愈与现代医学 ……… 341	11月7日	完整呈现 ……… 360
10月22日	师带徒 ……… 342	11月8日	两极 ……… 361
10月23日	固执己见和随顺真相 ……… 343	11月9日	开启 ……… 362
10月24日	系统的关系 ……… 344	11月10日	接受 ……… 363
10月25日	事实、真相和演绎 ……… 345	11月11日	完整疗愈方法 ……… 364
10月26日	身份 ……… 346	11月12日	完整疗愈体系 ……… 365
		11月13日	升级 ……… 366

目录

11月14日	用生命影响生命 …… 367	12月10日	看见两极 …… 395
11月15日	你的长相 …… 368	12月11日	完整接纳 …… 396
11月16日	生命网络 …… 369	12月12日	系统的呈现 …… 397
11月17日	未知到已知 …… 370	12月13日	盈利与非盈利 …… 399
11月18日	照见自己 …… 371	12月14日	如果你是个"人" …… 400
11月19日	纯粹的力量 …… 372	12月15日	淡定人生 …… 401
11月20日	合一 …… 373	12月16日	内心世界的投射 …… 403
11月21日	无处不在 …… 374	12月17日	看 …… 404
11月22日	果实 …… 375	12月18日	你就在系统中 …… 405
11月23日	生命的轮回 …… 376	12月19日	一切皆相应 …… 406
11月24日	视野 …… 377	12月20日	好心办坏事 …… 407
11月25日	本来心 …… 378	12月21日	害怕疾病 …… 408
11月26日	局限 …… 379	12月22日	疗愈关系 …… 410
11月27日	因果 …… 381	12月23日	一步一风景 …… 411
11月28日	诊断 …… 382	12月24日	回到原点 …… 412
11月29日	等价交换和能量流动 …… 383	12月25日	感恩，喜悦，成长 …… 413
11月30日	种子的成长 …… 384	12月26日	启动 …… 414
12月1日	心魔 …… 385	12月27日	区分 …… 416
12月2日	发现奇迹 …… 386	12月28日	生命的完整呈现 …… 417
12月3日	固执与灵动 …… 387	12月29日	无形的存在 …… 418
12月4日	不平等 …… 388	12月30日	长寿的节奏 …… 419
12月5日	位置 …… 389	12月31日	我们走在生命的路上 …… 421
12月6日	呈现纯粹 …… 390		
12月7日	你就在完整中 …… 391		
12月8日	生存、生活、生命 …… 392		
12月9日	真正做事 …… 394		

发愿文 …… 422

后记——一切都在刚刚好的时候到来 …… 426

第一主题

生命陪伴

引言

完整观下看生命的陪伴有如下几个特点：

第一，相应陪伴。你和家人、朋友之间的相应，你我之间此时此刻的陪伴，你是否看到生命与生命之间的无分别？一切都是全息相应的，千姿百态、形形色色的生命本质是一样的缘起缘灭，所有的生命源头都是一个，包括你在内，所有的生命此刻都在共享这奥妙的宇宙，你感受到了吗？

第二，互为缘起缘灭。没有他，就没有你，就没有我，感恩有你陪伴，这就是互为缘起所致。

我们之所以成为自己，是在二元世界里产生了位置和对比，如果没有关系之间的比较，我们如何界定自己的高、矮、胖、瘦？你如果没有孩子，你如何成为母亲？他如果没有妻子，如何成为丈夫？更不要说我们每个人在社会上的各种职位标签，所以可以这么说，没有他，就没有你，没有你，就没有我。这一切都是相互的因缘使然。

第三，互为镜像。你是我的镜中我，我是你的镜中你，我看到的生命都是我的镜像，这比孙悟空的72变要多多了。我们经常说"万物由心造"，你以为你看到的东西，是真实的吗？你确定你看到的红色就是红色，白色就是白色吗？我们每个人只能看到属于自己的影像，那是因为我们每个人都是独一无二的，同时又是通过自己独一无二的眼睛看世界的。一朵花，在不同人眼里，颜色是不同的，感受也是不同的，你相信吗？

第四，能量传递的载体，无论是接受和投射都会由这个载体发生。

整个宇宙充满了能量，不论你是否相信，你都无法否认能量时刻在你身边围绕的事实。你是能量的载体，你随时都散发着自己特有的能量，并且传递给对方。生命的陪伴，就是如何看到自己的这个载体，如何让它传递出爱的能量。

第五，由缘起而致系统的呈现，这系统是生命的基础，这系统是培育的基础。

你一直生活在一个系统中，小到家庭，大到家族，再上升到整个社会、国家，你无法脱离系统而独自生存，看到这个系统并且找到自己的位置，影响系统并且受到系统的滋养，是你的生命得到滋养的关键。

第六，共同缘起下一刻。共学、共勉、共度、共担、共享、共悟，这是一个共同拥有的生命世界。

在生命的陪伴中，没有任何人为所致的行为，因为不需要做什么，你的发心加上你的意愿，加上你的能量，加上你的呼吸、心跳韵律等等，就已经是最好的陪伴了，这是最本真的生命陪伴，如果人们的生命纠结于意识时，能量就会被卡住,不流动了,这时需要发愿者去唤醒这沉睡的生命,让其回到自然中流动起来,放下固有的思维模式和习惯模式,回到自然。

生命的陪伴是在流动的能量中持续着,方向是到达下一刻,包括死亡,包括重生,包括佛教中所说的"乘愿再来"等等,每个生命都能在自然流动的能量中,即我们所说的爱、光明的正能量陪伴中,产生纯粹的意愿,到达心所向往的地方。这是一个生命在陪伴下所产生的能量,愿你能在这陪伴中流动出自然的能量,这,就是生命的陪伴。

第一主题

生命陪伴

1月1日　喝茶聊天

　　喝茶聊天是你和朋友常有的见面形式,往往一坐几个小时也不觉得长,感觉时间过得飞快,大家意犹未尽,相约下次见面,然后带着释放后的轻松,平衡后的淡定,对未来愿景的坚定,渐渐散去——总之聊得不错!你可知这其中发生了什么让你们这么不舍离去?你们在这得到了什么这么开心?爱是不会被拒绝的,这是个永恒的存在,大家同时达成一个共同的话题,这组成了完整的瞬间,包括你,我,他,你身边的每一个朋友,每个生命都是整个生命的一个点,同时又是独立和完整的,这种不约而同的呈现让人们相聚在一起,高谈阔论,同时这个完整又使得人们在相聚的那一瞬间找到自己,看到全部——生命的精彩就此绽放。

　　每一位尊敬的来访者,抑或正在看书的你,总会认为自己有某些未能解决的问题。然而,我并不认为你有问题,因为你是完整的生命,但的确你带着问题出现了,感恩问题这个缘,让我们相识在这里。我企图帮助你解决,但我发现其实你有足够的智慧,只是一时的迷惑障碍了你的智慧,我企图引领你出去,却发现我永远无法唤醒一个装睡的生命。那么,我唯有接纳这一切,用心陪伴这一切,因为我相信,生命会引领我们到达下一个时刻,那里一定会有美妙的发生。

心灵小练习

　　现在,安静地和自己在一起,保持平稳的深呼吸。想象自己生命中和自己曾经有过冲突的家人或朋友,选取一个人,想象他的样子,然后放下心中对他的抗拒,用意念陪伴他,并且给予他深深的祝福,默念"我爱你,对不起,请原谅,谢谢你"。然后,伸出你的双手,平放在面前,你的左手代表你,右手代表他,伸出自己的左手,握住自己的右手,这时,通过你的爱,你们和解了。

1月2日　如一

　　如果没有宇宙就没有阴阳,这是个假设。宇宙、阴阳、天地人是一定共同存在的,因为这是个有生命的世界。既然阴阳同在,互为表里,那么你也要了解,健康与疾病同为生命,生死如一构成了整个生命的旋律。白天黑夜如一,呼与吸如一,纳入与释放如一,收缩与舒张如一。完整的组合规律让生命呈现出无限的精彩和神秘,人类的生命具有探索和发现以及成长的能力,人类为了健康一定会去探索并发现生命的和谐而非只是单纯对抗疾病。对抗的背后是恐惧,是不接受,是好恶和人的标准,对抗和接受趋向平衡才会构成生命的完整,而生命本身内在完全具有这个平衡,只是自我意识干扰了这个平衡,全社会都呈现在贪欲上,从而干扰着社会的和谐,小到个人,大到社会,共同构成生命的完整,唯有平衡和谐的本性呈现才会自然。

　　你和我,我们所有的人有缘相聚人间,这是由有形通往无形的生命阶段,人为有形生命之体,无形是我们的灵性,然而无明却使我们坠入色还浑然不知,从不去探索"色即是空"的本性,要知道,只有从色中出离,才能看到生命的完整,如一的呈现。

心灵小练习

　　静静地坐着,闭上眼睛,缓慢深呼吸,同时集中注意力。回想最近一次别人打扰你的心绪是在什么时候,是什么因素让你情绪波动?静静地想着,不要抗拒那种不适的感觉。接着,放下对自己或他人的反感、疑问以及评判,通过呼吸让自己慢慢冷静下来,这个练习有助于放下自我的不良情绪,学会清晰地陪伴自己和他人。

1月3日　因缘

　　亲爱的朋友，请你环顾你的四周，此时此刻只要你能看到、感受到、想到的，都是一个结果的呈现，有果一定有因，没有无源之水，没有无本之木，没有无缘之起，这世上没有无缘无故的果，只有你看不见的因，看到了因缘才得到了完整。

　　见到结果呈现时，你会怎么做？一个有大智慧的人，会升起感恩之心，感恩众缘相聚，感恩一切的相遇，感恩天地万物。

　　我们是各自生命的主体，所以，生命疗愈的主体一定是自己而不是他人，同时我们也与一切同在，共同呈现生命，这就是完整观。没有排他性，没有唯一性，没有对抗性，这是完整生命的特性，这是因缘的内涵。

心灵小练习

　　静静地坐着，拿出一支笔，思考自己从小到大，都得到过谁的帮助，把这些人的名字写下来，如果可以找到他们，就用自己最喜欢的方式对他们表达感谢，邮寄小礼物、写信、发短信等等，如果找不到对方，请在心里默默感恩他们，并且感恩你此刻的生命。这个练习可以常常做，有助于看到自己生命的完整性，看到一切的因缘，升起感恩之心。

1月4日　回看

　　人只有在生命受到重大冲击时才有机会回看自己的模式,才有机会由心接受新的理念,才有机会去真心改变,才有机会从头再来,从心里放下。当生命看到生命本来时,那个生命主体的力量升起时,一切都呈现在阳光力量温暖和谐之中,面对记不清的不同生命的困境,用爱心陪伴,唯一收获的是喜悦,这是在生命面前的感动,这是你能收获的最高奖赏,也是你能达到的最高境界。

　　我们的确很关注结果,但一切的发生来到时,你会发现太在意结果,仍然掉入了结果。为了结果而做事,贪嗔痴是不会改变的,畏惧结果的范畴是不会改变的,回到初心也是回到因上。时刻关注范畴就是关注位置、系统、作用的关系,当下的发生一定会告诉我们所处的位置,经历的都是财富,经历的都是看到位置,经历的都是成长的基础,经历的都是印证的过程。回看这一过程,你会清晰很多。

心灵小练习

　　不被打扰,静静地坐着,然后轻轻闭上眼睛。深呼吸三到五次,回忆起你刚刚经历过的一次痛苦打击,看看你失去了什么,同时通过它你学会了什么,看看当时陪伴你的人或事情是什么,感受到他们带给你的温暖,哪怕是一个不经意的慈爱眼神,收获你的喜悦,感恩他们并把它释放出来。

1月5日　错位

　　无论是宇宙还是生命个体，都具有共同的运行和呈现的规律，各就各位是指每个因素或每个人都有其相应的位置，错位就会呈现抗拒，紊乱甚至导致疾病的产生，严重的家庭系统错位一定会导致身体系统的改变。产生错位的人自己是不知道的，一直认为自己是在付出，当别人不认同他的行为，并且指出错位时，他会产生受害感、委屈感，从而生起怨恨，结果是更加错位。

　　生命完整疗愈师在生命陪伴中首要的定力就是纯粹的初心，不管遇到什么样的状况，都要尊重生命的规律并陪伴着对方，即使面对有人指责时，也不要为之所动，不能错位。永远记住：你只是在陪伴着生命的那一刻，只是一个纯粹的陪伴。当你一直陪伴他，他反过来指责你、怨恨你、抱怨你的时候，你还是不离初心。当他要求你，恳求你时，你还是不离初心。这就是生命的真正陪伴，所有的发生都包括在陪伴的范畴里，这是一个觉醒。

心灵小练习

　　请跟随我认真朗读以下一段话：

　　我选择了生命疗愈之路，我决定面对所有的发生，不会对抗，不会排斥，不会掉入我习惯的唯一。这是一个疗愈的态度，这是一个生命陪伴者的态度，这是疗愈唤醒生命的基础，做不到陪伴，一切都结束了。

1月6日　感恩

亲爱的朋友,感恩这个词,你常常听到吧!不知道你所体会到的感恩是怎样的呢。

关于感恩有几个层面和角度,首先想到的是缘起,也就是因何而发生,所有的当下都与上一刻有关,都与相关的元素有关,都与看到的和看不到的有关,都与你喜欢的和不喜欢的有关,你相信吗?每一个结果的背后都具足完整的一切。细分下来,有很多角度让我们感恩,如对来自贵人的相助,对父母的养育,对伴侣的陪伴,对师长的教诲,对朋友的情谊等等。

往往那些让我们感动的,我们容易升起感恩,也容易去报答,也会主动地去行动,但是面对你的对手和讨厌的人、事、物又如何去感恩呢?如果你认为你是对的,也就是说你停留在对错里,执意认定对方错了,你还会感恩吗?不会。你会去争辩,你会去抱怨,你会去发泄怒气。那些执着在表面对错的状态里会很持久,不易解脱,在这个状态下是升不起感恩之心的。

从生存层面来说,我们之所以活着,一切自然条件都是我们理当敬畏和感恩的对象,它们缺一不可。同样,在生活中陪伴我体验、交流、对抗、沟通感情、成长探索的一切都是我所尊重和感恩的对象。

在生命层面里,我从哪里来?做什么?去哪?我与宇宙万物的关系是怎样?完整的世界究竟是什么?我是谁?这是一个个让我们升起感恩的问号。你要看到你完整的生命里,存在的抗拒,以及诋毁你的"敌人"的价值,深深思考一下,你就会发现,他们也是令你成为你的一部分因素,缺一不可。

当我们在探索发现中渐渐感悟生命的完整时,会由衷地生起感恩之心,这是一个体验中的发生,这是一个由概念到体验到感悟的过程,这是一个学习成长的过程,所以,请由衷地感恩你身边的一切,包括那些令你抗拒的因素。

心灵小练习

安静地坐下来,让自己平静下来,保持平稳的呼吸。闭上眼睛,回忆身边令你不快的某一个人,看看他的行为是如何"成就"你的,然后轻轻地呼气,对自己说,我愿意原谅他对我所做的一切,同时释放心中所有的恐惧和怨恨,并且感恩他。

1月7日　完整观的应用

　　完整观并非是一个抽离的概念,完整观在生活中的应用无处不在。一个没有完整观的生命是不会看到真相的,只能被推动跟着跑,它会掉入事件,它会起贪念和嗔恨之心,它始终活在自以为是的无明中。对此我深有体会,我要感恩一切从我眼前出现过和从未出现过的生命,正因为我发现了生命而让我充满好奇,并开始探索这浩瀚的智慧海洋。让我勇敢地去触碰内心最脆弱的一面,才开始真正的成长,这是个从无意识到有意识渐进的成长之路。从一点一点开始,当你让自己静下来时你会发现一切都逃不过你的眼睛,这是心的眼睛。

　　当你用心陪伴生命时一切尽在眼前,那是一颗无染的心,那是慈悲之心,那是永恒的生命状态,那是个已被埋藏良久的本性。当贪嗔痴迷惑时会掩盖本性,但本性终会再现。你被迷时只是执着了一面,一旦看到另一面时则会顿悟,则会完整。迷后会醒,这是生命的本来面目,被外境所迷则是成长的必经过程。

　　我们的身体是一个通道,这是个如同迷宫一般的通道,也是个充满智慧的载体,如果你相信,如果你愿意,你一定是这个通道的主人,反之就是它的奴隶。何去何从,由自己决定。

本周省思

1月8日　默契

拥有默契是人生中一大幸事,它能给人们带来喜悦。如果大家方向一致,价值观相同,彼此尊重,心意相通,共同臣服在一个共识之下,相互感受和支持,默契即会产生,从此能量叠加无惧,感恩这一切的默契,使得一切因缘和合。

生活中有许多默契的美好,烧水添柴是默契;相视一笑是默契;了然如心是默契;相依相伴是默契。默契是一份难得的礼物,默契是能量在同一频率上的交流和沟通。我们需要默契,追求默契,然而我们却在拼命地索求中,越来越快地丢掉了默契。

让更多的人回到生命本来,唤醒每个生命的主控权和自愈力,让每个生命都在自主的能量下喜悦地接纳全部的助缘的能量,让生命回归到有序,这是一种默契,一种来自于生命的默契,如果你能看到并且拥有这种默契,你的生命会趋向完整和丰盛,和周围产生默契需要灵动的能力,需要调动各种因素的能力,当然,最需要的是你首先是一个敞开的灵魂。

心灵小练习

在家里或者在安静的茶馆里,学会泡茶。观察泡茶的经过,细心体会泡茶的过程,把泡茶的过程想象成在品味生活。在等待开水泡茶的过程当中,回想自己一天的生活。带着诚恳和耐心去体会自己的生活。然后慢慢品茶,品味茶水从浓到淡的过程,慢慢品味生活,感受水和茶叶之间的默契,感到自己的心里充满了平静。

1月9日　孩童时代

　　每个人的模式都有其个性,个性的形成都与孩童时代有关,父母的个性会影响到孩子的成长。我接触到的个案中大都可以追溯到孩童时代与父母的关系上,有时候一个孩子很讨厌父亲的某种个性,同时又很享受和依赖于这种个性所带来的好处,例如父亲脾气暴躁,但同时父亲有力量有担当,这使得孩子变得很矛盾,长大后就很容易挑剔,变得追求完美,缺乏安全感。再比如母亲很软弱,有受害者情结,孩子心里就有暗示说我不能这样,我要强大,长大之后就会变得很强势,或者呈现出强弱两面的矛盾体等。每个人不论呈现的是怎样的外表,其内在或背面都有最薄弱和最想隐藏的一面,这是一个从小到大累积的能量。

　　孩童时代是一个人生命中很重要的一个经历,也是原生家庭非常容易影响到的一个阶段,孩童时代积累下的心结,往往在成人时期,需要反复的沟通和纾解才能打开,原因是已经在头脑中形成了思维定式。我们所说的陪伴、唤醒、疗愈,就是使用各种方法,运用到当下的不同生命状态中,从完整观下看问题,在尊重生命的前提下陪伴生命的呈现。

心灵小练习

　　清晨,在一个安静的室内,慢慢地坐下,深呼吸,感受自己的精神完全集中于自己。然后起身,慢慢绕着房间走动,走动时可以靠近墙壁,想一想你生活的禁锢在哪里。保持流畅的呼吸,同时慢慢走向房间的大门,思考生命中自己可以去体验的世界。现在跨出房门,走入你这一天的生活。告诉自己,通过这一天,你要把自己融入一个更为广阔的世界。

1月10日　沟通

你喜欢沟通吗？你会沟通吗？沟通的好处在于让自己的心轻松起来，在没有沟通之前一切的担心、贪心、嗔心、烦心、堵心、焦虑不安的痴心等都是心在承受，每一刻的心能量因为没有沟通而不能有效释放，这是一个能量阻塞的过程，每一个阻塞都会有个出口，如情绪不好、发脾气、怪异、郁闷、失眠、身体表现各种部位的反应和瘀痛，最终导致机体紊乱，不平衡的机体所散发出来的能量同时影响着周围环境和其他人。

让能量流动起来是回归平衡的路径，沟通是让能量流动起来的原动力之一。沟通的方法无数，其方向只有一个，就是坦诚面对自己的心路历程。生命的本质没有对错，它只是个过程，让自己完全沐浴在能量流动的温暖中，获得阳光、微风、细雨、大地、天空、大海、高山的滋养，这是一个自我的回归，同时发生了重生，发生了成长，发生了摧毁固有模式，发生了新的体验，发生了心的飞跃，这一切发生都是自己的财富，是团队的财富，是社会的财富。和谐就是这样呈现的，人生就是一个体验的人生，任何标准、担心、自以为是都会阻碍我们去坦诚面对，任何贪心、嗔心、痴心都会让我们迷失方向，一旦醒觉如太阳照亮一切。愿你在沟通中享受着能量的流动和温暖的阳光。

◉ 心灵小练习

找一个合适的机会，用和平时不一样的方法和家人、朋友或者团队成员做一次语言上的沟通，放下任何评判和责怪，只是诉说和聆听，打开自己的心灵，让爱流动。现在看看发生了什么，把它记录在空白之处。

1月11日　保持中立

沟通需要保持中立，如何保持中立的状态是个很重要的话题。什么是中立？中立的状态会呈现出什么？中立就是不带评判和个人好恶，不带情绪。在中立的状态下，生存的本能自然呈现，没有任何人为的因素干预，完全的流动，不是欲望和恐惧，而是自然而然。如呼吸、心跳、血液、细胞等自然的运动，这是自身的个体的生命运行，这是一个本能，我们所有不中立的根源来自于人类的世界，或说是二元的世界，或说是对错的世界，或说是自以为是的世界，只有放下自以为是的评判，放下过往经验的评判，放下一切欲望和恐惧，此时中立的状态才能呈现出完整的生命体系，这也是从个体走向完整的过程，每个人都有自己的看法，但要知道，固执己见的时候是看不到全部的，此刻需要用中立的状态如镜子般照亮和照见生命的全部，方能看到光明和方向。

这是一个慈悲为怀的生命能量，这是一个完整生命的呈现，这是一个用生命影响生命的愿力，这是一个生命脱轨后的回归。回归自然轨道的生命是如此的灿烂。这是一个生命的花园，每个生命进来都会如此炫丽，因为我们生来具足都是这样，只是回归。愿你能够时刻保持中立，行走在生命轨迹上。

心灵小练习

静静地坐着，思考关于中立的话题。试着对身边引发你反应的一件事保持中立的看法，它可以是亲人或朋友的倾诉或争执，也可以是一个引发争议的社会问题或公众人物，试试看采取中立的态度，会发生什么？问自己是什么原因让自己无法保持中立？

1月12日　演绎

　　亲爱的朋友,你的头脑里是不是会不停地滋生各种想法,甚至在一分钟之前,你还在犹豫要不要做某件事,对吗?你要看到,那只不过是头脑的演绎罢了。你正在经历的当下是不会有什么定义的,一切都如新的、未见过的、毫无准备的发生,如果有恐惧和欲望,一定是大脑在制造演绎后的反应。我们面对制造演绎的人,同样也会启动我们自己的演绎反应,就像传染病一样迅速蔓延,瞬间形成群体演绎,这是一个巨大的能量,也是能量从投射到反射的相互作用。面对死亡,任何一个生命都会经历恐惧,而非死亡前的死亡。我们在死亡之前永远不会体验什么是死亡,我们只有对死亡的定义和演绎,我们正在经历着恐惧死亡的恐惧而非真正的死亡,任何毫无意识前提下的发生都不会有演绎。演绎是人脑的特点之一,演绎是对当下发生的评判和认知反应,演绎是过去知识和体验形成的经验对未发生的或发生过的一种想象力,一种经验。演绎也是一种制造情绪的力量,演绎一定不是真实的发生,可我们却经常活在演绎里,演绎让我们经常体验虚幻,让我们筋疲力尽……凡事都有两面,我们可以演绎死亡的恐惧,也可以演绎活着的喜悦,我们可以演绎重生后的阳光,也可以不演绎。

　　人拥有这些能力,人是能力的主人而非奴隶,所以当我们愿意转身看到真相时,一定会有新的体验,新的体验一定会支持我们重新认识世界,这即是成长。

心灵小练习

　　静坐下来,思考一下对自己的认知,看看自己头脑中有哪些是真实的表述?哪些是演绎的表述?把演绎的话写下来,看看自己是因何而生出的这些演绎?这个练习有助于我们不被演绎所牵制,活在当下,看到真相。

1月13日　主缘和助缘

何谓主缘和助缘？主缘是生命本身，助缘是帮助这个生命的人，是疗愈师。主不动助不随，主动助随。如果一个人对生命状态毫无改变的意愿，助缘加持力再大也大打折扣，甚至无力回天。生命本身由心发愿至宇宙，才会呈现吸引力，助缘再强大也无法代替生命客户的心，你永远不要有唤醒装睡人的妄想。我们是生命的陪伴者，是助缘，而真正的疗愈主人则是生命本身。

然而，在现代医患关系中是颠倒的，大部分的患者把生命交给医生，同时内心对现代医学水平抱有极大的不信任和怀疑，尤其是社会公认的当今科学所不能及的疾病，如癌症。当一个人带着怀疑甚至是恐惧把生命交给一个质疑的医学，其结果不言而喻，这就是因果关系。

在这样的关系下，如果我们摆正位置，能够产生积极乐观的效果，我们能做些什么呢？首先是一颗慈悲心的陪伴，超越生死的范畴，这是大疗愈师的境界，用助力唤醒生命对象的内心，摆脱恐惧，在发心纯正的前提下，任何方法都会呈现出效果。其次，陪伴者的发心和作为会导致结果，但焦点不要落在结果上，因为如果你在意结果则一定掉在生死的焦点上。一个坚信自己没事儿的人无须转变，没事儿的因得没事儿的果，而恐惧死亡的人则由恐惧的因得到死亡的果，我们在探索中会逐渐发现如何在陪伴中转变这个因，虽然个体差异较大，不能统一方法，但随着我们不断践行、探索、总结，一定会把不同类型的生命转变状态呈现出来。

心灵小练习

静坐，准备好纸和笔，思考一个让你长期犹豫不决的决定，把它写下来，并且写下你恐惧产生的结果，这应该是你不愿或不敢面对的，也是你犹豫不决的原因。看到自己恐惧的事情并非一定会发生，先考虑真实的情况，那些恐惧的结果是未知的判断，先不要去权衡事情发生之后的得失后果，让自己首先面对真实的情况。在生活中，让真实充满你的生活，即使你还不能完整理解这种真实。这个练习会让你逐渐摆脱犹豫不决，看到当下的真实。

1月14日 方向

　　亲爱的朋友，让我们看看陪伴生命的方向吧！在生命陪伴中的每一个人的能量的确有所不同，但对被关怀者而言，关怀的方向是至关重要的，如果疗愈师内心偏离了陪伴，产生急于求成的念头，很容易投射给对方，从而产生对抗或担心，甚至沮丧而抑郁。尤其是在康复阶段，任何重大生命经历过后，心理与身体都处在非常脆弱的阶段，渐渐醒来的意识会看到很多现实不如以前，如何接纳当下并走向未来，以积极乐观的心去创造下一刻，这是我们陪伴的主题。一个身体可能会残疾，但一颗完整的心会带给身边所有人好心情，而一个完整的系统也一定会影响这系统中每个生命的心。

　　当每个生命都在觉察中去呈现积极乐观阳光向上时，那开心的每一天则自然呈现，任何担心除了负面情绪低落向下外，更要命的是引发因果，什么样的范畴一定得到什么样的内容，所以疗愈师的心是个承载范畴的心，是投射阳光和正能量的心，是一颗无染、无分别的心，这是疗愈体系的核心。在身体中以意识为有形，即以大脑为主的行为，而无形的主体是心引领的范畴。我们经常被一种无形的力量控制着，这种能量从哪来？从心而来。任何坚信不疑的不知不觉都会成为习惯而无明，所以平日不假思索即起反应的一定是在无明中，当开始觉察到时疗愈的效果即呈现了。念起观之，观之即止，念止即转。这是生命完整疗愈师的基本功之一，也是生命陪伴中的能量来源，愿陪伴生命的疗愈师在学习中不断完整自己，成为真正的生命呵护者。

本周省思

1月15日　生命的陪伴

亲爱的朋友,你希望成为生命的疗愈师吗,你愿意做一个生命的陪伴者,来唤醒自己,唤醒你周围的生命吗？如果你有愿力和决心,就一定会成为的,我深深地祝福你。

作为一个完整观下的生命陪伴者,首先要具备一颗爱心,这颗慈悲心是平等无二的心,因无分别而成为一体,在生命的探索中去完整,同时形成生命影响生命,生命相应生命,共同协调形成完整。我们行善积德的途中是为了什么？我们求佛祖保佑什么？为了福报吗？为了满足我们不断膨胀的贪嗔痴吗？为了继续迷惑吗？我们此生的经历是谁制定的？为什么会活成这样？为什么有些人决定不这样后出现了奇迹？这么多的为什么,是因为我们不懂吗？还是什么东西不让我们去探索,去看到,去相信？还是我们把有限的知识当成了唯一,愿天下生命都能了解到自己到底是什么,开放性地去面对一切发生。

心灵小练习

走出户外,仔细观察身边的一朵花、一棵小草,感受它内在生命的力量,静静地和它在一起,感受它的能量和你之间的连接,用意念表达自己对它的爱,感谢它,然后微笑着和它道别。

1月16日　生命的范畴

亲爱的朋友,我们常说范畴决定内容,格局决定事业,心智决定了生命状态,心态决定行为,那么什么决定了我们的身体状态?自古至今人类一直在与疾病相伴,其中,不乏长命百岁的养生之道,从圣人到修行者到老百姓皆有之,其共同之处为,皆具一颗平常而清净的心,不被世俗牵绊的心,无忧无虑洒脱的心,随缘随顺于当下的心,尊重生命而感恩众缘的因果心,了了分明的智者心,无碍无求无执着的心。

这么多美好的心一定决定了一个阳光、温暖、充满爱的结果,这是生命的范畴,这与人创造的欲望世界有很大的不同之处。

欲望世界是人执着的产物,然而其背后的道与生命之道并无二分,所以在欲望世界中的经历是体验的过程,最终都会在感悟中看到生命本来,这就是我们所说,在生活中去修行的真谛,但前提是人们看到并探索到这个"道"。

烦恼即菩提,疾病即菩提,挫折即菩提,失败即菩提。这心路历程只有大体验者自知,在执迷不悟中去破执感悟,人生就是体验生命而来,此生好好体验人究竟是什么,切莫错过每一刻,因为这世上从来都没有相同的一刻,一切从当下开始。

心灵小练习

随心所欲地走出户外,边走边深呼吸。然后停下脚步,四周张望,注意到自己的视野变得宽广了。如果你发现一样让你体会到安静、快乐的事物,一朵花、一个物品、一个池塘等等,你可以走近它,放慢呼吸,仔细观察它,用心温和地和它对话。这个练习有助于静心和升起生命内在的感知力。

1月17日　格式化

亲爱的朋友,你要看到,在生命的经历中每一刻都是由缘起和呈现而组成,缺了任何因素就不是这个结果了,对于过去的系统是否可以重新填充新的内容,这取决于它的内存空间,如果垃圾太多则要清除,如果系统紊乱则需要格式化。

一个新的系统的建立是有明确的游戏规则的,每个成员都要清晰自己的位置和职责,有助缘加入新系统是改变的关键,没有新的组成,没有规则,没有职责,没有对系统的认知和臣服,那么想产生效果是妄想,这是一个因果。

在新体系的建立中,个体的调整会马上见效,但如果不去建立新的完整系统,个体会很快被旧的系统拉回原型。这是系统能量大于个体能量的规律,所以当每个人都臣服于新系统之下时,才会呈现出新系统的能量,才会改变过去的模式,才会出现新系统下之果。

改变从我开始,改变从负责任开始,改变从臣服系统、贡献系统、找到自己开始。这是一个重建的过程,这是一个发现自己的过程,这是一个从个体走向整体的过程,这是一个自愈愈他的旅程,这是每个生命都具有的本来,只要你相信,只要你愿意,只要你执行,一切皆有可能。

心灵小练习

现在,静静地坐着,平稳地呼吸,想象自己是一个电脑的硬盘,扫描仪从头开始向下扫描,所经之处,进行彻底地清洗和格式化,将内心的污垢和痛苦全部清零。你会非常放松,结束后喝一杯白开水,告诉自己已经格式化完成了。此练习可以经常做,训练自己的清零能力,保持内在能量的畅通和洁净。

1月18日　认死理儿

亲爱的朋友,你是一个认死理儿的人吗？在日常生活中我们经常会钻牛角尖,俗称"认死理儿",这是自我认为的逻辑推理,这是一个自我价值观下的逻辑,这是一个掉在好恶里、对错里,掉在只有这样,没有其他可能性的结果里,是地狱的、灾难的、负面的能量呈现。当事人因为价值观不同而各执己见,对抗、冲突、伤害不断发生,当把固有的一叶障目拿开时,完整的世界才会呈现在眼前,这是一个一念天堂,一念地狱的人生,活在过去经验里的人一定不会看到当下的拥有,活在担心恐惧的未知里一定不会感受到当下的幸福,活在自以为是的认为里一定听不到其他的声音,活在自我演绎推理里一定是被结果所困。

以自我为中心的看法一定会阻碍着看到全部,所以从一叶障目的泥潭里走出来是个体验,是成长,是发现,是观的建立。我们常说换个角度,换位思考,站高才能看全面,就是避免掉入狭隘的角度里而无视全部,这是一个完整观建立的过程,也是烦恼即菩提的转换,任何烦恼都可以让我们看到自己的位置,一旦看到了自己,一旦看到了自己的价值观,一旦看到了自己的看法,一旦看到了自己的认为,一旦看到了自己的执着点,那么,一切都开始改变。

当这个生命活在地狱里痛苦地在坚持自己是对的时,他全然不知就是为了证明自己是对的,才创造出此刻这个地狱,为了求认同而完全不觉当下的感受,一个高傲的外表下隐藏着一颗不安全、不足够的匮乏的乞丐心,这是一叶障目的结果呈现,这是失眠、焦虑、不安、抑郁的根源,作为疗愈师在中立的角度上要能够看到生命的状态,这是一个陪伴的过程,在陪伴中看到了,就有机会去唤醒,从陪伴,到唤醒,到重建,到维护的过程,就是疗愈师自愈愈他的完整呈现,中间的方法无数,但意愿度只有一个,这是一个生命主线,这是一个立场,这是一个前提,这是一个范畴,这是完整观。

心灵小练习

安静地坐下,闭上眼睛做几次缓慢的深呼吸,在心里将自己和外界之间画上一个界限,并且告诉自己要尊重这个界限。想象并感受别人和自己的不同,看到每个人的差异和界限,保持平稳呼吸,然后从心里升起慈悲和爱,包容这些不同。告诉自己无条件接纳对方,并且无条件接纳自己的一切。这个练习有助于加强自己的界限感,并且学会求同存异,增加容忍度。

1月19日 经历

亲爱的朋友,我们一生会经历很多场景,这场景里包括人、事、物和体验、记忆,包括很多信念和价值观,包括好的和不好的,包括很多关系,包括有形的和无形的。时光荏苒,当我们回首往事时,我们不约而同地开始感悟,感恩,感动,感天,感地,那是我们共同经历并拥有的奇迹。

当我们站在山顶上眺望远方,无数美景尽收眼底的同时,我们开始感恩从山底一路走来陪伴我们的一切,包括一草一木,一石一沙,风雨阳光,月光星空,没有这些就没有此刻!

这是一个完整的世界,我们从未缺少过,当放下自我,放下有限的知识标准,放下好恶,放下你的不良记忆时,一切都会自然地呈现出那美妙的旋律,我长大了,感悟了,生命开始流动了,生命开始完整了,世界大了,心也大了。

这就是一个自我疗愈的过程,这就是一个走向完整的过程,这是一个了解生命的过程,开始生命的探索是我们的主题,体验生命是我们到达生命完整的过程,我们的体验让我们不断丰盛,这是一个发现。当我们途中掉入泥坑,我们奋力爬出的体验是自愈的过程,这个过程会遇到很多贵人相助,那是比你先爬山的体验者愈他的过程,这个自愈愈他的系统就是我们的世界,一草一木也是如此。

感恩无处不在,这个世界没有什么与你无关,局限的、片面的、指责的、抱怨的都是个过程,我们终将会从泥潭中走出来,那时你会有全新的感受,全新的发现。

心灵小练习

静静地坐着,闭上眼睛,想象自己正在慢慢地爬山,沿途经过一草一木,还有每一个台阶,最后终于爬上了山顶。体会从山脚到达山顶经历过的一切,如电影般地播放,深深感恩它们,感恩自己的每一个脚步,每一次经过,路边的小草、小花、泥土,飞翔过的小鸟,还有微风。现在睁开眼睛,环顾你四周的物品,感恩它们一直以来的陪伴。这个练习会增加自己对身边事物的感受力、包容力。

1月20日　相互对应

亲爱的朋友,你有过痛苦的经历吗?沉浸在痛苦中的人们大致有以下几种情况:焦虑和抑郁,对疾病恐惧,对过去不接受,对习惯的无意识,等等。很多人的问题集中表现在不被亲人理解,没有价值感,恐惧,怨恨,渴望爱,渴望价值感,渴望对未来的清晰,这是个系统。一个生命是一个完整的系统,同时又代表其生存的系统。所有个体的生命状态总会呈现出它赖以生存的系统的相同状态,无一例外。所以作为一个生命的陪伴者——完整疗愈师,如果不用完整观去看生命的话,一定会被结果所左右,一定只会对抗结果,一定只知其一不知其二。我们唯有做到由表及里,由此及彼,由个体到完整的过程,才能做到相互对应。

让我们携手同行去探索发现生命的真相,让每一个生命在需要帮助的时候都有相应的助缘呈现,这个世界将充满着希望和爱,这是人类新的一页的开始。

心灵小练习

准备好纸和笔,安静地坐着,闭上眼睛然后进入自己的内心,看着你梦想什么。它也许是一段稳定的关系,一个自己的家,或者是自己亲手完成的一件作品,一个很想得到的东西。现在,深深地呼吸,想象这个梦已经完全实现,你看到了你拥有它的情形。现在慢慢地呼吸,想象你进入了自己的梦想,仔细地打量它,审视它每一个细节,和它待在一起。现在,张开双眼,看着自己的双手。感觉这个梦想已经来到了你的手上,感觉你的脉搏和这个梦想在同时跳动。现在可以把你的梦想写出来或者画出来。这个练习是吸引力法则的训练,经常这样做,增加相应能力。

1月21日 　　差异

　　亲爱的朋友,如果你正在读这段话,请你将目光暂时从书上离开,看看你周围的一切——天花板、门、窗、地板还有窗帘,你会发现它们和邻居家都不一样,当然还有你门前的那些树,也各不相同。

　　世界上没有完全一样的事物,差异的呈现构成了这个世界,千姿百态的万物按因果的规律各自呈现不同的状态,不同的发心产生不同的缘起,不同的缘起产生不同的结果,在初发心的推动下生命会呈现能量的变化和转换,这就是所谓的境由心转。

　　每一刻的差异都由心动所致,这是能量流动的源泉,这也是治病医心的根本,这也是生命本来具有的特性。有人问,怎样才能让别人相信我销售的东西是真的呢?一个品牌的建立一定跟创建这个品牌的人有关,这个人的品牌一定与他的初发心有关,而他的心一定与他的家族、社会和个人的前世今生有关。这些前因后果的对应构成了一系列能量的流动和呈现,也同时呈现着千奇百怪的差异。

　　没有两片相同的树叶,人也是有个体差异的,但现代医学在治疗中面对差异往往是束手无策的,"我已尽力了",这也是我过去常常和病人解释的语言。当生命成为主体时,你会发现任何割裂周围而独立存在的东西都是死的,因为失去了滋养的系统和环境。同样,孤立地去看事物也终将死路一条,这不是依你个人的意识而存在的,大自然缘起了人,人还原呈现了大自然,任何对立、独立、偏执、自我的二分行为都是"二",要记住,你可以为二,但你本是一。

本周省思

1月22日　长久

　　你有合作伙伴吗？你知道共同的目标为什么有时不能长久吗？答案是只要有自我的欲望存在，一旦膨胀这个欲望，那么共同的目标一定会丢失，一定不能长久。此时共同的目标是假的，它抵不住自我的目标，什么才是真的共同目标呢？答案是找到了位置，确定了职责，明确了方向，知道了和其他位置的关系，这才是真的到位了。同事、朋友、亲人之间共同的方向都是以各就各位后才能实现的，任何一个位置的动摇都会影响整体。内力醒觉，外力方可求。

心灵小练习

　　静坐，进行深深地思考。看看自己和家人、朋友、合作伙伴、老师或者同学分别有哪些共同的目标。想想在这里面有没有掺杂个人的欲望和私利。找准自己的位置，才能知道如何能够控制自己的私欲。

1月23日 陪伴生命

亲爱的朋友,不知道你有没有陪伴病人的经验。我们在陪伴一个临终的生命时,常常会想到死亡,产生各种痛苦和困惑,并不是所有的人能做到完整地去看生命,也不是所有的人都知道如何用爱陪伴生命,这和过去经历的一切所形成的信念有关。

作为生命完整疗愈师,应从三个层面去陪伴:

一是尽快帮助病人从症状的痛苦中解脱出来,这在人类进展中无论西医、中医、神医、巫医等至今已有大量有效的方法。只要在完整观下去整合,一定会造福人类,这也许会呈现有效的医疗水平,这是有形的部分。

二是思想意识的转变使病人终止惯性的因,这是个心智的重建,也是陪伴生命的核心,这仍是二元的转变,这是生活层面的核心,也是由二到一的必经之路,任何人生的重大经历都是大转变的机缘,在这个机缘中生命陪伴至关重要,每个生命的主人与助缘人共同建立了完整的系统,这个系统的能量会推动生命向前。

三是在陪伴生命中会共同看到生命本来的奇迹,加宽对生命的认知,建立并非只是今世的生命体系,决定如何到达下一刻,由生命本身做主。这是个唤醒的陪伴,让更多的生命看到生命的全部,从生死中解脱出来也许只是刹那的反转,但这需要过程,量变到质变这是个等待的过程,缘聚缘散,瞬间改变而不离道,但都要到达下一刻。下一刻是什么?由谁决定?怎么去?我们一直在重复着这三个问题。

心灵小练习

回想自己是如何安慰陪伴别人的,有没有从整个生命的角度来陪伴?还是仅仅局限在身体的角度?不同的心拥有不一样的结果。如果有可能,请你寻找一个机会用三个角度来做一次生命的陪伴,看看会发生什么。

1月24日 "我"的范畴

只要"我"的范畴在,那一定会有对错的内容,有对错的标准是我们所执的表现。只要我在对错里,一定会有好坏,这是二元世界的基础,其中二元世界的我执中,我是不会错的,因为那样很没面子,很没价值,很不舒服,很没力量,也很没水平。

当这个"我"障碍了我们与自然连接时,由于坚持我是对的而不会看到自己的状态,这是一个迷失了本来本我的状态,这也是耳聋眼瞎的根源,我们在日常生活中经常会碰到这种现象。当让对方别动时,他会不加思考说我没动,再叮嘱他别再动了,他会说,我不觉得我动了,或者说我是不自觉的,我控制不住嘛,甚至会升起情绪和对抗。

"我是对的"无处不在,因为我的范畴里不允许有错,不允许没面子,小我就需要如此喂养自己。当我看到这个"我"已经障碍了真相的呈现时,那一刹那即是看到,即是真相,即是反转。其实我们平时都在这体验中,这个反转也从未离开过。

心灵小练习

请跟着我诵读以下文字,并抄写一遍。

我本自具足,我本自完整。当我看不到这点,妄想变得更好,更完美,妄想得到开悟,得到更好的结果,妄想去除烦恼和痛苦时,我就掉进了更大的虚幻。我的问题永远无法解决,因为问题永远存在。疗愈不是解决问题,而是看到问题原本并不存在。引发痛苦的不是问题本身,是我们对问题的抗拒和对立。有对结果的追求就会有挂碍,有挂碍就会有恐惧,有恐惧就会有颠倒梦想,有颠倒梦想就会进入痛苦纠结,唯有和每一刻连接,唯有看到我的本来面目,才有可能真正疗愈。

1月25日　和自己对话

亲爱的朋友,你每天与谁对话最多呢?答案是你自己。这两个自己是怎么形成的?是小我形成后与生命相对而分离成我与生命,或者说自我与本我、小我与大我、小我与高我,也可以说人造世界(头脑意识)和自然界(现实真相)。这二分的世界经常对话,因为不一致、不合一,启动了沟通这个能力,所以沟通是人生来具有的能力,沟通不畅的结果一定是二。

那么如何才能沟通顺畅?无我的生命本来无需沟通,合一无需沟通,本能的需求如呼吸、心跳、吃、喝、拉、睡,等等,这些都是按其自然具有的规律在运行,但(小我)形成后则出现了我要吃好的,我要睡好床,我要喝可乐,等等,这是人造的从生命分离出来的世界,这即是每个人内心的二元世界,这即是每个人每天的二人对话,当(小我)背离生命太远时,内心沟通不畅、郁闷、不开心,走向迷失,当找回自己与生命合一时就会喜悦、开心、鲜活,这是与生命对话的结果,这是唤醒自我回归生命的沟通,这是人生一分为二、合二为一的生命旅程,你我都在路上。

心灵小练习

静下心来,拿上纸和笔,试着把自己的担心写在纸上,然后放在一边,过一周后检查,看看哪些担心真的发生了,哪些根本没有发生。反省自己为什么会担心,看看担心给自己的生活带来了哪些结果,然后告诉自己释放掉无谓的担心。

1月26日 跟和看

跟和看有着明显的不同,不清楚生命的医生一定是跟着疾病跑的,而懂得生命的医生一定是看着疾病跑的,这一跟一看天壤之别,"跟"注重方法,以对抗疾病和消除疾病为唯一目的。而看的则在注重规律的同时适时使用方法,以尊重事实为前提,破因去果,建因得果,见道生术,见果知因,见形知隐,隐现具在。懂得生命的医生会完整地去看生命的存在,完整地去看疾病在生命中的位置,完整地去看人与宇宙的关系,多角度去看生命与疾病的关系。生命中包括疾病,疾病是生命中一种状态,生命即是疾病,疾病即是生命,其本质无二。这与佛说"色即是空,空即是色"无二。这也是完整观的核心所在,我希望让更多的对生命探索并干预的人不要只对抗结果,要从完整的生命观上去看结果(疾病),要提升对生命的认知,不要各执己见,要博众家之长,形成生命变化的因素无量,各角度的汇聚才会接近生命本来,正如现代科学不断用自己的角度证实佛陀所说的真相一样,用开放式的思维去接纳我们所不知的。这是对生命的尊重,这是对存在的敬畏和臣服,这是放下自我回归本我的开始,这是走向完整的态度,这也是合一之路。

● 心灵小练习

静静地坐着,选择一个你身边需要关心的人,可能是你的父母,或者是孩子,看看你对于他们的态度是"跟着"还是"看着",细细思考这两者的不同以及带给你的结果,然后把它写下来。

1月27日　反应

亲爱的朋友,你会不会发脾气呢?在你的身上有很多情绪开关,当别人无意间触碰了开关,你的反应就立即启动了。我们的反应背后一定与过去有关,任何发生的本身并不会引起情绪,情绪是内在的不接纳。我们对过去的不接受一直隐藏在潜意识里,一旦类似的事情发生即刻触发这一开关,讨厌的、恐惧的、愤怒的情绪随之升起,再加之不断地演绎放大,情绪就会持续产生,身体内分泌系统相应波动,这是内耗的根源,也是我们看不见但能感受到的现象,如身感疲惫、心胸郁闷、肝区疼痛、腰酸背紧、肩颈僵硬、精神萎靡等等,这些感受在早期都查不出器质病变。中医认为:人有喜、怒、忧、思、悲、恐、惊的情志变化,亦称"七情"。其中怒、喜、思、忧、恐为五志,五志与脏腑有着密切的联系。

人是一个极其复杂的机体。七情六欲,人皆有之,正常的精神活动,有益于身心健康,异常的精神活动,可使情绪失控而导致神经系统功能失调,引起人体内阴阳紊乱,从而百病丛生、早衰甚至短寿。故养生者,应注意情志调摄,因为过激的情志,可影响体内功能失调,而累及五脏。

怒伤肝:怒则气上,伤及肝而出现闷闷不乐、烦躁易怒、头昏目眩等,亦是诱发高血压、冠心病、胃溃疡等疾病的重要原因。

喜伤心:喜可使气血流通、肌肉放松,易于恢复身体疲劳。但欢喜太过,则损伤心气。

思伤脾:中医认为:"思则气结。"由于思虑过度,使神经系统功能失调,消化液分泌减少,即可出现食欲不振、讷呆食少、形容憔悴、气短、神疲力乏、郁闷不舒等。

忧伤肺:忧是与肺有密切牵连的情志。人在极度忧伤时,可伤及肺,出现干咳、气短、咯血、音哑及呼吸频率改变、呼吸功能受损。《红楼梦》中多愁善感、忧郁伤身的林黛玉,就是一个很好的证明。

恐伤肾:惊恐可干扰神经系统,出现耳鸣、耳聋、头晕、阳痿,并可置人于死地。民间常俗说"吓死人",就是因为恐则气下。

心灵小练习

静静坐着,深呼吸。感受到自己额头的细胞,充满了光和能量,它是庞大而美丽的。慢慢地,你进入细胞之中。它像天空一样广阔,感觉它的广阔。缓慢的呼吸,感受细胞的美丽和饱满,告诉自己身体中所有的细胞都是如此美丽、健康。这个练习有助于我们激发细胞的活力,快速修复受损细胞,恢复正常细胞的能量,增加身体的抵抗力和免疫力。

1月28日　障碍

　　也许我们都有好心,但未必能把好心完整地表现出来,这其中的障碍就是自我的惯性。自然规律呈现的是完整,是当下的完整,是我们想见到的真相,是一个智者每一刻所见,而有自我的人则不可能看到,因为自我的认为、信念、价值观、评判、私欲、名利、得失,犹如一叶障目般的令其狭隘而贪婪。自我就是这副嘴脸,每个人都有这个嘴脸,只是自己看不见。

　　理念在传播时有很多人听不懂,不接受,这是自我启动的表现。老天有无数自然规律,但从未因人类不懂、不接受而改变过,而是自然地、永恒地、静静地在那。这即是无常背后的永恒,我们在决定做一个事业时,我们的内在有没有这个永恒的心,自然规律的心,到达真相的心？如果有那么你呈现的一定是稳定而智慧的。如果是自我的,那么你呈现的一定是得失的、贪婪的。付出是为了自我的,不是为了大家的,没有格局的。每个人的自我都是建立在不自信和自卑的前提下,建立在名利物欲的立场里,建立在我是贫穷的、不足够的、我缺少的立场里,最后呈现的是混乱。内心足够的人是向外付出的,犹如泉水一般涌出而不竭,为了索取而付出的是内心不足够的,是交换的心理。交换不平等时会紊乱,付出不求回报的内心是足够的,只是在做该做的,因为愿意去做并无交换之心,心理是平衡的,因为足够。

　　完整疗愈师的心态即是有足够的爱去陪伴生命的全部,足够的心来源于生命的缘起和感恩,没有你就没有我,我即是你,一切即是一,任何有分别的心都是二心,任何好恶的标准在生命面前都是那么的无力,那么的可怜,那么的渺小,这是个自觉的过程,我们已习惯了不觉,不觉即是贪婪的嘴脸,你能看到自己吗？

本周省思

1月29日　束缚

亲爱的朋友,你向往自由吗?你觉得你自己是自由的吗?自由似乎是每个人都向往的,那什么是束缚呢?谁束缚了谁呢?是什么让你不自由了呢?你决定了什么成为了不自由?你或许从未离开过自由,你也许从未享受过自由,因为你被什么一直在推着而身不由己。

当你把世界上一切分成二时,你从未自由过,你守着这个那个条件时,你怎么能自由呢?你认为:我一贫如洗我怎么自由,我要有了才会有自由。真的是这样吗?你所执着的"有和没有"完全脱离了生命自由的本质,生命成为条件的奴隶,你决定了你是个贫乏的人,你自认为必须有了足够的条件你才会有自由,这是个二分生命的结果,结果导致不自由。只有当你开始回到生命,回到呼吸,回到心跳,回到当下,你才会发现你拥有着生命的一切存在,缺一不可。你自由地做着一切,包括你的二,都是你自由地在决定着,你从未被决定,都是你在决定着一切的决定,你决定你这样和那样,包括主动和被动,包括糊涂都是你决定的,你很享受着你自己的决定,但同时你又不满足那些你并不想要的结果。于是,你决定不接受这个结果,可是又无力去改变,这种矛盾的二元心理,已完全背离了生命的轨迹,越来越多的人为自我束缚着生命的本来失去自由,自我取代了生命,逻辑取代了规律,完全活在人为中的生命不可能自由。

心灵小练习

静静地坐着,深呼吸,感受自己的心跳,回想自己是如何通过外在条件来约束自己的,闭上眼睛,想象自己身上有很多条件的绳索,它们阻止了你的自由,用想象力将它们一一剪掉。现在,感受自己的呼吸畅快,感受自己重新获得了自由。

1月30日　逆反

亲爱的朋友,你身边有逆反的孩子吗？一般来说,一个青春期的孩子会逆反,但也不尽然,有时候我们常常会遇到逆反的成年人。一个有逆反心理的人是没长大的表现,不接受自己,不接受父母,不接受各种状况,同时还口出怨言:都是他们把我拖累了,都是因为他们我才成了这样。他们总是活在"应该是怎样才对"的自我标准里。

这些人在成长过程中有过失去安全感的经历,有被爱、被保护、被强大力量笼罩的渴望,所以对他人要求极高,同时对自己也是如此,希望强大有力并可以掌控局面,支配他人。但由于事事不如意,不如自己的标准,所以又会产生不安全感,渐渐地失去了力量,这是与家族与社会与自己的本来切断能量链接的结果,是失眠、焦虑和抑郁的开始。

当对父亲有不满和怨气时,随着时间的变化和经历的增多,自我能量的膨胀就会在不自觉中错位,取代父亲的位置,尤其是父亲逝去后。当能量不够时,当得不到别人认同时,当付出和获得的不平等时,贪嗔痴成为主导,所有的心智模式都在自我的膨胀中呈现昏昧,终日昏迷不醒地活在痛苦里,麻木的心被强大的意识取代,敏感、担心、抱怨、负面、看不到希望、愤怒,还不甘心!

这混乱的信念体系如何被唤醒？需要在生命的陪伴中感受到爱,感受到感恩,感受到自己,感受到担心,感受到固有的习惯。这些感受让回归开始启动。回到家族的能量,回到本我的能量,回到探索生命的能量,回到位置的能量,回到做好自己的能量。

心灵小练习

静静地坐着,感受一下自己内在对外界是否有逆反之心,在哪些方面体现了出来？对他人是否有抱怨的情绪？把它们写下来,思考为什么会产生这些纠结的能量,找出恐惧的根源,然后用笔将它们一一划掉,逐渐走上合一的生命。

1月31日　抱怨的危害

在生活中由于自己的标准不同,所以会在事件发生时产生情绪,这个情绪本身是自然拥有的属性,也是来去有韵律的流动,是讲范畴的,即什么背景产生什么情绪是不同的,适合了就和谐了。

但抱怨则不同。第一,抱怨是在事件过后,再次把过去的事件拿出来诉说,甚至是很久以前的事。第二,抱怨的能量是指责,是否定,是证明自己是对的。第三,抱怨是盖棺定论,因为没有探索的空间,所以一切都是死的,没有可能性。第四,抱怨是在情绪中,所以,所说的内容都被情绪淹没了,对方收到的全是情绪下的负面影响,如果总结还有其他角度,总之事中情绪和事后抱怨是完全不同的范畴,产生的效果也是不一样的。如果事中的情绪可以觉察到,可以切换,如果事后不是抱怨,不是秋后算账,而是探索发现,那一切都会变得不同。

怨气是如何产生的?不如自己所愿的发生都会产生怨气,尤其是积累的长期的不如愿,如果每次的发生都是一样的怨气,其实是当事人双方都在自己的固有模式中没有改变所致,这个固有模式是每个人自己需要觉察的,因为自我催眠说我的模式是无法改变的,因为我这样做是对的,是负责任的,是合情合理的,是真理,甚至为了证明自己是对的,还要拿很多证据来证明自己是对的。当完全催眠的时候,发生抱怨是不可避免的。

男女在对事物的看法上是有差异的,老辈子有句话是很伤人的,那就是男人不跟女人一般见识,但从中立的角度看,从真相看,就不会片面的理解,这是说由于属性不同,角度也不同,看事物的方向也不同,总之这个不同的确是个存在,知道了不同就别再一般见识。

遇到事情发生了,有人当下发生反应,有人过后发生反应,有人不发生反应,其实都是韵律中的发生,没有什么不应该,只是反应的真相是什么?如果是演绎那就太远了,如果是事实那就是一个事件过去了,如果在探索发现真相那就是学习成长了。选择权在自己!愿天下人都能在事件中去探索、发现其中的真相!感恩有你陪伴!

第一主题
生命陪伴

本月省思

2月1日　生命的阶段

亲爱的朋友,你是否能看到,在我们每个人的生命中都会有很多阶段?每一个阶段的价值观体系都会有所不同,例如对抗、易攻击性、想证明自己、需要成功、自卑、挑战别人、吸引别人注意,等等。还有诸如:远离他人的注意,尽量不被别人注意;怕失败;为了掩饰自己对别人说:我活得很好,别打扰我,等等。

虽然这些外在表现不同,但内在核心都有本质上的相同,都不自信,都怕,都是以我为焦点,都是在自己的认为中出不来,与别人的关系无法亲近,活跃的大脑完全覆盖了身体和心灵,从内心的对话、对抗,到外在的对话和对抗都是关于证明自己是对的,我和我的认为是唯一的。

需要疗愈的人们,困在这个点上的人群最多,渴望成功和不自信,不足够的心和无限制的欲望,自卑和攻击等矛盾体构成了紊乱失衡的体系,最终身体必将以各种衰竭性内耗性的疾病表现出来。

综述以上的发生,等到身体发生疾病时,单纯对抗结果显然是解决不了根本问题的,只有转变病人的固有模式,重建信念价值观才能从根本上回归生命的本质。

心灵小练习

晚上下班回家,当身体感觉疲惫的时候,静静地坐着,让一天的沉重随着呼吸慢慢散去。伴随每次呼吸,都要忘记一件没完成的事情、一道新添的伤痕、一丝恐惧或者焦虑。不要试图分析或者解决这些问题,只是静静地呼吸,让这些问题流经自己,直到自己觉得浑身轻松。感觉好像被海水包围一样的温暖,给自己十秒钟,彻底把自己交给生活,让潮水载着你上下起伏。

2月2日　人的智慧

亲爱的朋友,你知道人的智慧究竟是什么吗？在探索中发现世界真相,在探索中发现自己的固化从而改变,在探索中发现未知从而放大自己的世界,在探索中发现自己的位置从而与本来渐渐的合一。这,就是人的智慧。

每一次的发现都是喜悦的,因为发现真相时是合一的,对抗的状态是不舒服的,是消耗的,是疲惫的和痛苦的。当发现真相时会由衷地升起感恩,因为那是智慧。感恩就是智慧,不懂缘起,不知因果,看不到真相的人是无法升起感恩心的。老百姓说得实在:要有良心。这就是自然纯朴的大智慧。

我们的大脑会明白很多概念和逻辑,如果要做到知行合一、信愿行却很难。明白的未必相信,相信的未必明白,没有百分之百的相信,愿力也没有百分之百的能量,一个愿力百分之百的人,是有感召力的,是有能量传递的,是让他人有动力的,你会看到他的行为每一刻都在主题上,不受任何干扰,勇往直前,势不可挡。

每个人在做事层面都有这个体验,对于人生、使命、责任、利己利他、自愈愈他等等,是可以去复制的。

心灵小练习

静坐,缓缓呼吸,集中注意力,呼吸的同时想象你的意识充满全身,就像骨头和血液充满你的身体。呼吸的同时,想象你的生命进入这个世界,就像温暖的手进入手套。呼吸的同时,想象你的精神充盈着你的身体,并且用皮肤来感知这个世界。

2月3日　关系

亲爱的朋友，当你看到自己与世界的关系时，当你看到自己与众生的关系时，当你看到没有这一切就没有现在的你时，当你真正看到并感受到这一切时，你会被每个相遇的生命所感动，你不再会抱怨任何人、任何事，你会更加珍惜你所遇见的所有，你会更加相信你从未失去过拥有，由衷地升起感恩的心，对你所经历的一切的感恩。

感恩就是疗愈，其实在说所有规律都是疗愈，所有违背规律的念和行为都是创伤和痛苦，所有的痛苦就是提醒我们归位，回来，回到规律中，没有这个就没有那个，没有因就没有果，从来都是一体的，分不开的。当喜悦升起时，感恩这一切的发生，我决定！

在生命的过程里，其实每个经过都是我在做，不管是被动的还是主动的，在自愈的过程中，每个决定也都是自己的决定，我决定是被动的服从，还是主动地做，两者都不二，都是我决定！但在愈他或者在帮助他人时，不能忘记自己是助缘的身份，主动助随，主的位置决定了助的行为，如果助缘高高在上，高谈阔论，不顾主人的感受，不清晰自己的位置，不去感受他人的感受，不去了解对方的经历，不去建立信任基础，不去尊重生命的一切，那么就会发生抗拒，乃至冲突。清明关系无比重要。

我们不知道为什么的时候很多，但我们珍惜当下呈现的一切，有因才会有此刻的果，我们敬畏果的前因同时探索到前因的发生，同时做到知因得果的清明，觉悟人生地去贡献人生。

没有规矩不成方圆。任何一个系统都有其规矩，也是为了建立稳定平衡的关系。江河汇聚入大海，这大海就是自然，就是规律，就是道，就是真相，就是本来。

让更多的生命感受到爱，感受到阳光，感受到安全，感受到滋养，感受到智慧，感受到自己，感受到力量去释放、去贡献、去爱、去参与、去归位、去和谐。

心灵小练习

静下心来，想想你亟待完成的事情和你的生活之间是不是有了冲突，你是不是徘徊在过去？又想继续往前走？如果的确是这样，看看有什么是你紧紧抓住不放的。深呼吸，让你的内心和注意力对准同一个方向，想想有没有更多的方法来帮助你完成你的目标。

2月4日　生日

　　我们都拥有一些相对属于自己的东西,其中生日就是一个,在那一刻你成为了独一无二的生命,这个世界没有和你完全一样的人,这是你拥有的全部,这一刻决定了你的生命方向和主题、命运、使命、规律如影随形。

　　那么,是什么让我在这一刻呈现了这独一无二的生命?我这个生命来干什么?有什么与众不同和与众相同?我要去哪儿?这是一个探索发现的人生,用生命去印证这些主题的旅程,用生命去找到答案的旅程,用生命去看到未来的旅程,是我们对生日最好的诠释。

　　命归自己使用了,如何用好这条命?——使命!并不是所有的人都是清晰的,我是谁?从哪里来?来做什么?去哪里?这是一个完整的生命轨迹,这是一个了解自己的旅程,这是真正的拥有。

　　每个人都有自己的生日,这是一个财富,一个伟大的日子,一个改不了的日子,这是一个独一无二的缺一不可的缘起,太多的含义在其中需要我们去破译,太多的发生背后需要我们去看到,太多的规律需要我们去体验和认知。一个生命应该有的在出生时都在你身上具有,那是应该庆祝的日子,那是值得庆贺的日子,那是你呈现的日子,愿天下人都在这个日子里了解自己!

心灵小练习

　　感恩自己的生命,问自己的母亲你刚出生的样子,了解你出生时的情景、医院、接生人员、亲人、天气等各种因素,越细致越好,感恩一切让你拥有自己的生命。静坐,平缓地呼吸,拥抱自己,看到自己生命的独一无二。

2月5日　疗愈师的陪伴

　　亲爱的朋友,你会发现身边每一生命都不一样,都带着自己的信念价值观和不同的经历以及不同的生长背景出现。他们可能是开心的、没困惑的,那么大家可以在一起喝茶聊天,吃饭喝酒,也可以寻找知音、探索发现好奇背后的奥秘。他们也可能是不开心的,有困惑的,那就是来找你解决问题的,是来尝试着看看是否有效的。如果是舒服了、有效了就一定还来,这个感受的主体是生命本身,一切取决于他自身的感受和评判。

　　生命的陪伴过程中有三点是疗愈师的主控权,其包括:

　　（1）范畴的建立。无论是场地的优势,还是规则的共识,流程的共识。

　　（2）中立地观察客户的发生,在信任建立的过程中有太多的信息是需要搜集的,其中前因后果的定义和感受是疗愈师需要关注的点,这是一个所有客户的共性点,即通过事件的叙述呈现出信念价值观和感受。

　　（3）时间和功夫,功夫不负有心和用心的人,急于求成的心态是要自食其果的,静待花开,方能成就正果。

心灵小练习

　　静静地坐下来,点燃一根蜡烛,专注地观察它的火苗,火苗随着风而动荡,保持自己的呼吸平稳,头脑放空,让思维流动。过一会儿,吹灭火苗,站起来。这个练习有助于培养我们的定力。

2月6日　立场

亲爱的朋友,你能看到大自然的立场吗?宇宙如此之大,无法用数量概述,太阳将万物普照,更无分别。观察天空,你会发现它阴阳转换,周而复始,时清时浊,时晴时阴,时电时雷,时雨时雪,千变万化,流动而鲜活无常,但它就是天,它不会去变成了地,这是一个立场。

我们每个人都有这个立场,在生活中价值观即是立场,生命个体的基本需求即是立场,在生命中万物合一即是其本来的立场,这就是志同道合的基础,每个生命的呈现都有自己的起源和阶段性差异,因果不同导致我们此生各有不同,如大学与小学之差并不足奇,也许这时回到陪伴无需交集,是最好的回归,是各就各位,也是尊重的开始。

心灵小练习

安静地坐着,深呼吸,看到自己的个性是什么,内向还是外向的,胆怯的还是勇敢的,积极的还是消极的。努力去感受个性当中阻碍你的部分,看看它是如何形成的?深思你是否很固执?或者无法信任他人?经常感到不安或恐惧?平稳地呼吸,允许自己看到那柔软的源头,接受那个发生,不要急着去修改它,用温柔的爱去包围它。

2月7日　获取

亲爱的朋友,在你的生命里,你希望获取什么?我们每个生命都面临着获取维系活着的要素——空气、阳光、水、自然、果实、温度。从大自然免费获取的这些是所有生命的依存基础,这是一个获取的过程,为生存而本能地去获取的过程,在取中开始有发现,例如工具的诞生,发现的能力让活着的品质提升,有了品质就有了超出生存的需求,就产生了占有和交换,就有了欲望和恐惧。生老病死,优胜劣汰,是大自然之道,而人的欲望升级让掠夺呈现,让占有呈现,让自私膨胀,让人造世界充满着不安全的气氛。没能力不行,没钱不行,没证书不行,没房不行,没健康不行,没有这些我没法活的世界,这就是贪嗔痴的世界。在这个被推动的世界里,我们唯一要做的就是你决定该如何去活着,是被动的跟随着这些人造规律,还是去探索去发现更多的自然规律,当决定了价值观就开始不同了,看事物也就不同了,束缚和自由就开始合一了,把结果看得很重的人,是因为"没有这个我无法活"的价值观所致,其实我活着的条件生来具足,我获取生存条件的能力更是具足,我发现世界的能力天生就有,这世界上的圣人呈现的都是回归到自然而终!决定怎么活?此生你考虑过吗?

决定怎么面对这人造的世界?决定怎么呈现这具足的生命?决定做些什么是此生的使命。八万四千法门都是载体,都可以让你看到你自己,都可以承载生命的全部!此刻你是否清晰地知道你此生是来探索发现生命的,是来完整的看生命的。每个人都有平等的决定权,同时在发现中都有平等的拥有权,同时在享受着免费和收费的平等,任何偏执的价值观都是会呈现痛苦和恐惧的。

本周省思

2月8日　没想到

我们经常在事后回顾时说：当时我真的没想到！第二次又有类似的事发生，又没有想到，这个话题是可以探索的。

经常犯同样的错误，经常在同样的地方被同一块石头绊倒，经常说同样的不着调的话，经常自以为是的认为自己是好心，但常常办错事，说明了什么呢？说明一个人经常活在自己的惯性里，活在自己的认为里，活在封闭狭隘的思维里，活在自己看不见自己里。

一个选择封闭固守惯性的人，一定是担心多，恐惧未来，不敢承担，不敢面对，自以为是而不觉的人，时常用掩饰的方法包裹自己，用很多知识抬高自己，用诋毁和攻击掩盖自己的虚弱，同时也获得虚荣和安全，这就是自我的惯性，是小我赖以生存的基础，因为习惯了而成为了这个模式的奴隶，因为习惯了而失去了探索的能力。

我决定探索，这是一个决定！一切都是我决定下开始的，这是生命主人翁的状态，我活在习惯里不觉，这也是一个决定，这是一个被习惯决定的范畴，关键是被决定了，自己却还不知道，我什么时候决定了我被决定呢？已浑然不知！只活在欲望里，只活在自以为是里，只活在自我里，只活在无明里。

一个活在自己的习惯里的人是不会尊重他人范畴的，因为已完全自我为中心了。"我是为了你好，我是对的，我说的没错啊！我是好心！我很受伤，我是不会认错的！因为怕错而看不到错！"这些都是典型的表现。

心灵小练习

拿出纸和笔，静静地和自己在一起，写下你的习惯模式，面对人际关系的有哪些？看看自己的习惯从什么地方束缚了自己，写出相反的方法。例如：我不愿意主动和别人说话。改写成"我决定开始主动和别人说话"，并且去实施。

2月9日　平衡

　　平衡是生命的主题之一,在完整观下看平衡会发现它的特点,东西南北、春夏秋冬、上下左右等无处不在的一分为二的阴阳观,形成了一个又一个平衡。每当阴阳转换的过程中又产生了很多变化无常,这就是大自然的本性,这也是我们的生命本性,我们从来没有缺失过,我们生来具足这种平衡。

　　我们从看生命到陪伴生命,到疗愈唤醒生命的过程无一不在这平衡中,大到生命的成长阶段特性,小到当下发生的细节,每个人都有自己的特点,都是独一无二的生命,如小孩喜动,其平衡的方向是静,但孩子的心不燥、纯洁、干净,只是注意身体休息即可;大人的心燥而身不动,所以心静而保持身体运动则是平衡的方向。

　　我们的心无时不在感受中,无时不在平衡中,对于贪嗔痴的追求,对于刺激和恐惧的偏执,对于担心和演绎让我们远离了本心感受,远离了平衡,远离了健康快乐,这是我们要醒来的理由,这是我们要看到的现实,这是我们要放下的执着,这也是我们要疗愈的目标。

心灵小练习

　　静静地坐着,集中注意力。回想最近一次爱人扰乱你的心绪是什么时候,不要抗拒那种不适的感觉。放弃对自己的疑问,放下对爱人的评判和指责,通过呼吸让自己冷静下来。试图保持平衡的心态,告诉自己一切都会过去。

2月10日　不相信

　　我们从心里不相信念头就是因,不相信万法由心造,不相信境由心转,不相信科学以外的一切存在,不相信系统的能量可以疗愈,不相信我们的范畴是可以用心去建立的,不相信我们自己的能力和能量是可以自愈愈他的。

　　我的确记不清我所看过的所有生命了,但我却记得每个生命的状态是怎样的。当圣人告诉我们世界是怎样的时候,我也曾在不相信的行列中,我不相信自己有这个能量,我不相信无形的因存在,我看不到自然和完整,我无力走跟着感觉走,跟着命运走,跟着结果走,甚至是怨天尤人。

　　大脑经常会在关键时刻与心对抗,这是心脑不一的生命状态,这个状态让我们不相信发生的结果,我们看不到发生的真相,看到的只是困惑和怀疑,得到的是不想要的结果。

　　亲爱的朋友,你从不缺乏相信的能力,例如你此刻就深深地相信着你所有的怀疑都是成立的。你也从不缺乏创造奇迹的能力,因为此刻的结果就是由你创造的,你是自己生命的制造者。你可以继续玩自己的模式,但你却无法逃脱这因果的命运,任何人都无法替代任何生命的决定,这是一个自然法则,无论如何都是如此,无论如何都是陪伴着一切的发生,任何结果都是我们的果,我们都在其中。

心灵小练习

　　找一个安静的地方,静静地坐着,感受自己的心跳和血液的流动,感受自己的每一个细胞,都充满了能量,轻轻地呼吸,并且让喜悦充满每一个细胞,看到这个结果,并且看到自己的发心是如何引发这个结果的。

2月11日　生命究竟是什么

我们每个人都在生命中,但生命究竟是什么？都包括什么？片面的、不全的、各自的、某层面的、某角度的等等,都在每个人的体验中呈现着,都在完整中,也都在探索中接近完整。这是完整观下看生命。

完整观的提出过程是我个人在生活的体验、行医的体验、学习各家的体验,学习佛法等慢慢积累的结果,由不知到知,到体验,到感悟,到总结,再到提升,最后才由完整疗愈体系台阶上升到完整观的建立,由无数角度和层面支撑起这个无边无际的观。例如不唯一的角度、不对抗的角度、不排斥的角度,又如有形和无形的角度、规律秩序的角度、各就各位的角度、各司其职的角度、缺一不可的角度、共同协调的角度、范畴和内容的角度,又如主和助的角度、福报和业力的角度、信愿行的次第角度、陪伴与生命的关系角度、一和多的关系角度,等等。

开放自己的心去学习,一定比封闭自己的心要见到得全,得到了一个角度的体验在感恩中放下,继续开放着心去探索去发现,好奇,流动,开放,一定会发现更多的未知。

心灵小练习

静下心来,选择面前的一个物品,分别从各个角度来观察它,你会发现不一样的结论,由内到外,由上到下,由前到后,由左到右,看看同样一个物品,你会得出多少结论,你会拥有多少角度,最后告诉自己,这些角度都是正确的,看到你面对的物品只有一个,它也是一个生命。这个练习有助于提高自己的观察角度,拓宽自己的心。

2月12日　用心感受

　　用心感受时分享不会断,如果你愿意尊重你的心,而不是在意你的分析判断的对错,你的分享会如泉水般源源不断。

　　这是我的体验,我尊重我的心,我尊重我的体验,我尊重我的知识,我不太在意我写得对否,我写时有觉察,在体验中,写时的中心在心的感受中,有时会很享受的,重新闭上眼睛回到体验中去感受,我非常尊重我的梦,长期以来的尊重,让我习惯了每天醒来按上天的指引去写我的感受。无形世界的朋友和老师们一直在陪伴着我,感恩这些陪伴,让我充满了能量,我相信我是个信使,我是一个管道,我是一个载体,我是这因陀罗网上的一个点。

　　每个人都不缺唯一的体验,因为你就是唯一,可是当你看到花花世界时,你会感受到了自己的渺小,唯一的骄傲和唯一的渺小形成了鲜明对比,如何从这个矛盾中去体验呢？

　　我是唯一,我同时又是一个角度,当我在所有角度的中心时,我就是所有角度,当我离开中心时,我就只是一个角度,我摸大象时,我就是一个角度,我是大象时,我就是所有的角度。我的中心就是：我是。

　　如果你不相信你是,那就先从"是"上进行探索。我是人,我是生命,我是具足的,我是生命的主人,我是所有的核心,我是这一切的源头,我是宇宙,我是生来完整的,探索吧！

心灵小练习

　　拿出纸和笔,画出一张网,在上面标注一个点,告诉自己那个点就是自己,同时自己也是这张网上不可缺少的一个点。同时,你也是网。认真探索一下,自己是个体,同时又是整体的过程,把它写下来。

第二主题
生命唤醒

引言

当你听到、看到、认识到、领悟到一个真相时,证明你内心里有,证明你是你世界的主人。那些与你有关的都是助缘,主动助随,唤醒生命的主缘,是你必须要到达的方向。

你只需唤醒,在这个特殊的时刻。实际上,每一天每一刻,都是特殊的,都是不可复制的,你所要做的,就是决定——决定唤醒你的生命,唤醒你内在本有的疗愈力。

你所有的反应或相应都在证实每个生命的内在具有相应,机缘到自然显现。

所以,当你看到这段话的时候,并有了相应的感受时,就是被唤醒的开始,这也是你和这本书的因缘使然。

2月13日　惯性

很少有人会带着觉察生活。什么是觉察？觉察意味着清明和智慧，觉察就是有意识地感受和行动。很多人都在迷茫中说话、吃饭、睡觉、工作、谈恋爱、生儿育女。当一个生命完全不觉，毫无意识时，一定是沉湎在过去的模式中。这真是：不觉误大事，惯性祸相随。如果我们在每一个当下都有所觉察，一定是一个完整信息，但是如果活在自以为的焦点和惯性中，那么人们是无明的。

这就是惯性的力量。我们时常不知不觉地生活在过去相同的模式里，这必然会引发相同的结果——不尽的烦恼由此而产生。

心灵小练习

拿一个水果，从洗干净，削皮，到吃了它，整个过程都带着觉知来做，动作放慢，刻意用和以前不一样的习惯来对待它。这个练习帮助你看到自己的惯性，切断它，并且让你发现新的方式带来的乐趣。

2月14日　信念

人创造了一个属于自己的世界,我们把它称为概念世界,也可以说是字典世界、人造世界。例如我们住的房子、车子、飞机、大炮等等,它们都在字典里,每一个词都被赋予了意义,人成为了意义的奴隶,只有这样才有意义,不然就未必符合常规。这是人类制造不平衡导致生命失衡,最终得病而终的根源之一,称为信念病,根源在信念上。从无到有的过程是建立的过程,同时也是破的过程,如同太阳从升起到落下,你所见黑暗即是曙光,世间万物永远流动反复,并非我们所认为的一切都固定不变。意义是人类定义的,然后人们开始为意义而努力,这似乎很有面子。如果不这样做则很丢人:别人怎么看我?可是一味的求他人认同,无异于乞丐。怕丢面子、贪图名声往往成为令你纠结的噩梦,从信念、定义中走出来是穿越,是成长,是解脱,是自在的开始。

本周省思

2月15日　意义

不断有人会问,生命的意义是什么?活着有什么意义?你看外面,微风吹过,花朵正在盛开,蜜蜂采集花蜜,一丛鲜花被人拍照赞美,从出土的嫩芽到萎缩和凋零,仿佛一瞬间,落红满地,让人徒生伤悲。这个鲜活的生命为什么这样?它知道自己的意义所在吗?它会痛苦吗?它不会,因为它就是生命本身,它就是自然。

意义,是人的大脑制造出来的概念,生命的呈现不是为了表明意义,生命本身就是这样。不为你喜欢而来,也不为你讨厌而去。花就是花,它是宇宙的一分子,同时又是生命的全部。一花一世界,一叶一菩提。生命本身已是规律的全部,顺其发生,观其呈现,每个生命都有自己的核心,同时也是整体的核心,互为相应、共同构成、同时俱现。当你在那一瞬间里,你就知道什么是你,什么是生命,什么是意义,什么是真相了,生命本身已是奇迹。

心灵小练习

给自己找一件不必设定意义的事情做,不抱任何期待,只是简单地做这件事。例如拖地,浇花,看着天空发呆,拥抱自己的爱人或者父母,仅此而已,做的时候怀着强烈的好奇和爱,然后写下你的感受。

2月16日　标准

亲爱的朋友,你有标准吗？我相信你一定有。我们每个人都活在标准里,这是个标准的世界,人们制造出来的标准——应该怎样、不应该怎样,整天充斥着我们的生活。这些标准都是人们过去的经验总结,同时也是自己生活中证实过并深信不疑的体验积累,这些构成我们自己的信念价值观,并指导我们去面对人生,似乎屡试不爽。

可是突然有一天不知为什么,你难受了,头、心、身均出现不适,犹如孙悟空被念了咒。这咒就是标准,你既习惯它也反感它,因为你不知不觉已是标准的奴隶！你的自我在依赖它的同时,本我向往自由的本性反而被控,这二的挣扎状态最终就呈现在身体的病症上。拿掉紧箍咒,从标准里走出来,做它的主人吧！你可以用任何的标准,这是主动的、当下的、对机的,然而被标准推着走的一定与恐惧和欲望有关。

心灵小练习

拿出纸和笔,安静地思考,你是一个标准很多的人吗？你会不会不自觉地用自我的标准评判别人？评判自己？对于人,你都有哪些标准？写下你做人的标准,越多越好。认真思考一下,它们从何而来,看看哪些标准是你不经判断接受的产物,告诉自己这些标准不应该完全成为你评判别人依据。

2月17日　体验

你带着生命的全部降临这个世界，开始用这个生命的所有去体验，渐渐地将听到的、看到的、嗅到的、吃到的、感受到的，形成了一个"我"的世界。你习惯在这个世界里，直到有一天，你突然发现世界并不像你认为的这样，原来你只活在你认为的世界里。你醒了，伸伸懒腰，眨眨眼睛，定定神，深深地吸了一口你熟悉而又陌生的空气，决定性地缓缓地呼出，怀着坚定的信！踏上探索生命世界的旅程。

心灵小练习

拿出一个你最爱吃的水果，用和以往不一样的方式打开它，并且仔细地观察它，然后慢慢地品尝它，感受它的味道，感受你此刻的体验。

2月18日　不相信的逻辑

我们在成长过程中通过学习、体验渐渐形成了自己的逻辑,这个逻辑用于生活中的规律较多,用于演绎更多,天长日久的习惯就把真相的规律取代了,就把探索发现的能力取代了,就形成了无意识的固执己见,就会在很多结果面前说:这怎么可能呢? 我不相信! 这只是一个巧合吧! 这不合逻辑! ——这的确不合自己的逻辑。

但真相就是这样,真相是不会按照你的逻辑发生的,你的逻辑早已造成了你不想要的结果了,例如混乱、疾病、现状,等等,但无明的你还会坚持自己的逻辑,这是疗愈师在生命陪伴中应机唤醒的核心点之一。

当一个人完全相信自己时,一定不会轻易地相信别人,一定不会轻易地放弃自己的观点,因为"眼见为实",眼睁睁形成的"我见"怎么会错呢? 如果把眼见为实提升为洞见求是、实事求是、观照如实,就是破掉固执己见的灵丹妙药,这是疗愈师破掉"我见"的方向,这也是生命中所要经历的过程。每个人都有这个经历的机会,但会在固执己见中纠结,所以纠结就是成长的过程,纠结也是智慧的开始。

心灵小练习

安静地坐着,思考一件你平时绝对不会相信,却发生了的事。看看自己的感受,是很震惊还是很平静? 震惊的背后发生了什么? 看看平静地接受,意味着对真相的接纳。

2月19日　梦的启示

亲爱的朋友,你做梦吗? 梦是潜意识的启动,是当你做了一个真正的决定后,会打开与你相应的宝库,这个宝库只收真正的决定,然后源源不断地供给你各种能量,我们常说的吸引力法则就是从这里开始启动的。每个生命都与宇宙相应无二,你一动则全部动,就像身体由无数细胞生命构成机体,每个细胞的运动构成机体的运行,其中有无数规律相应,这就是完整观的基础和内涵。

人生来会做梦,有美梦、噩梦、白日梦,无论白天黑夜,而梦有若干层。科学家们在不断地深入探索,浅层的是做自己的多,深层的是做别人的多,深浅同时存在互为影响,似醒非醒,而于梦中醒觉如白天,这也是人生来具有的能力,梦与醒构成完整。只说梦不说醒,那真是个梦,只说醒不说梦,那即是白日梦。能解梦者一定是醒觉者,站在梦醒之间的观者,当观其梦而现其形为实现梦,人生一场梦,是梦不是命,命中梦一场,实现梦中命,当愿意去探索二元中本质时,完整观即建立起来了。

送给你一首我梦中得到的偈子:

"醒来即智慧,一觉一清净,完整即圆满,生命本具足,不觉迷本性,醒觉即见到,自在完整中。"

心灵小练习

详细记录下自己曾经做过的一个梦境,噩梦或者美梦,回忆当时梦中的感受,问自己醒来之后的感受是什么。对比醒来和梦中的不同,找出梦境和现实的关联点,看看从中能发现什么。

2月20日　掉入

亲爱的朋友,如果你不明白什么是掉入,那么请仔细读这篇文章,因为它很好地解释了掉入,并且会阻止你的掉入。

在生活中,如果你在某个时间里,某个事件中,与某个人出现了不和谐状态时,那么你一定是掉入了这个点而失去了全局。完整观是从全局去看事物的智慧。我们通常会说:我见即是。那是一个错误,那是只站在自己的角度,而未看到全局。

人之所以得病都与这个"我见"模式有关,由于自以为是而忽视了自然规律,由于忽视了自然规律而自以为是地去创造世界。像癌细胞一样,直到将它生存的机体破坏致死,都并未意识到自己也将死去,这是一种什么状态呢?这是一种损人不利己的、全然无知的状态。这是一种全然无知下的贪婪心相,这是个巨大的"我见"下的无明,我们对待这种生命状态时需在陪伴中唤醒,助其从中走出来,井底之蛙跳出深井方能得以见蓝天。这是个完整观下的救赎,每个生命历经千锤百炼,终将百炼成钢。

心灵小练习

找一个物品,对着这个物品说"这个"和"那个",例如"这本书""那本书",看看发生了什么,你有怎样的感受?这个练习有助于让你感受到不同的心理距离和多角度对生命的影响。

2月21日　我认为

你可以说"我认为",因为这是完整生命下作为个体的权力,但假如你坚持你认为的那个是唯一,就忽略了完整的环境的衬托。所谓的"我"依然存在但已不是全部。当你放下自我的唯一即看到了其他,看到了其他才能看到关系,看到了关系才能看到位置,看到了位置即已在全部中。这是个内观的旅程,思维和心和身体在这个旅程中不断碰撞,最后合一形成真相,这就是完整观。

本周省思

2月22日　盲点

　　每个人都有自己的盲点，往往最习惯的模式恰恰就是自己看不到的，当别人提出来了还难以接受，这就是盲点！

　　无论是课程、场地、团队、社会、国家等都有其习惯和盲点。盲点其实是可以看到的，但不改的背后究竟发生了什么？这是个可以探索的话题，无论是价值观，还是逻辑思维模式，还是执着于对错，还是在意面子，还是基于恐惧，还是想获得什么，总之是有原因的。

　　我也在其中，也在体验着其中的酸甜苦辣，每当事件发生时都会不自觉地找适合自己逻辑的因，来证明自己的果成立，明明在事实面前已无处可逃，但稍有缓冲就会找对自己有利的因，找到一个理由，很快进入自己的逻辑思维里，并且产生情绪。

　　当情绪到来时已无理性而言，只有最习惯的逻辑成为主宰。

　　看看下面哪些话是自己常说的：

　　我是对的。

　　我没做错。

　　我的确是这样想的，我真的没有错。

　　都是你的错。

　　我的心你不了解。

　　我虽然没说，但你们也不能那样想。

　　……

　　这些话的核心是怕犯错，怕承担责任，怕丢人，恐惧的核心是贪嗔痴。

　　贪嗔痴是个范畴，其背后就是戒定慧，这也是二元的韵律，有来有去，螺旋上升，提升你的觉知，去到合一的路，无处不在的生命韵律会带领我们抵达生命的本质。

心灵小练习

　　静静地坐着，想象自己在真空中浮起失控的感觉，回忆自己最近一次情绪的失控，随之而来的是什么感受呢？把它写下来，并且看到失控背后的恐惧。现在，深呼吸，让自己全身放松，用最舒服的姿势躺下或坐着，感受自由自在的轻松。

2月23日 生命状态

亲爱的朋友,我们每个人的生命都时刻活在内心世界和外在世界里,这内外世界的不同构成了每个人的生命状态,如果你的内心世界完全与外在世界相同,那么,这是一个合一的生命世界;如果你有一个自我强大的内心,无视大自然的规律,为了满足私欲,经常自以为是地破坏大自然,那是一个暴力的生命世界;如果你有一颗不足够的、没有安全感的、贫乏的内心,一定是被外在花花绿绿的世界所诱惑,一定是求认同,一定会在自卑下伪装光鲜,这是一个充满了欲望的、不完整的、恐惧的内心世界。

一个人的内心世界是什么样,是什么价值观,是什么范畴,是和谐还是紊乱,投射出来的世界一定是相应的。所以说每个生命都在制造自己的世界,但自己并不知道是自己造的,反而总是归罪于外界,归罪于别人,怨天尤人,这就是无明。

唤醒每个生命内心世界的那个太阳,唤醒每个生命内在世界的格局,唤醒每个生命内心的主控权力,唤醒每个生命内心世界与外在世界相应的感受,这是一个唤醒的旅程。

心灵小练习

静静地坐在房间里,深呼吸,闭上眼睛,回想自己从小到大学习过的知识,感受自己沐浴在前人的智慧里,观察自己的内心世界,与外在世界是相应还是冲突?看到自己内心原本什么也不缺,让自己内心充满了喜悦和满足感,深深吸气,吐气,对自己说:我原本自具足。

2月24日 无从下手

人的一生其实相识不了多少人,经历不了多少事,然而面对这花花绿绿的世界似乎无从下手,完全被外在世界所笼罩,无法挣脱,这就是你此刻心境的反应,这就是内心世界的投射,这就是内心世界决定了此生的世界。

这是一个生命范畴的确定,诸多无明让自己的世界暗淡无光,无力感、恐惧感、孤独感、抱怨、仇恨、贪心、占有等统统呈现,这一切都如地狱般煎熬着生命,如行尸走肉般麻木生命,真是一念天堂一念地狱。

睡与醒如阴阳转换自然运行,但人会装睡,人会固执己见,人因爱面子而不去看真相,宁可错误地活下去,这是生命的主控权,只是方向相反。每个生命都有这个能力,那就是反转,这个反转、这个转身、这个回归生命本来的过程就是我们体验生命的开始,就是我们的使命,就是我们对生命最大的尊重,就是我们愿意臣服生命的态度,就是我们完整的开始。

心灵小练习

静静地走到花园里,仔细地观察一片树叶,然后把它翻过来,看看它和正面有什么不同。思考在你的人生里,有哪些观念是牢牢地控制着你的,它们是否可以松动?反转一下,把它们写下来,试着反过来看待问题,看看你能得出什么结论。

2月25日　抛砖引玉

抛砖引玉,首先可以从"是与不是"的角度来探索,我长期擅长这个模式,所以我是。突然让我反着做,我不是,我不可以。那么是什么阻碍着我不是?我不可以呢?担心、顾虑、恐惧、冲击信念价值观、评判标准、道德、不安全等等都会导致这个结果。

通过看自己过往的模式,切换新的角度,切换新的模式,每个人都开启了智慧,当我们固死在一个形式里时,一切都远离了。我们来自各行各业,每个人的专业都有机会帮助到他人,大家有缘相识一定是互相帮助的,这也是自愈愈他的开始,关键是初心和焦点在哪里。只活在自己的世界里,融入不到大家里,失去的就是大家了。

智慧地看到因果,智慧地去做因,果自然呈现。分享即是付出,分享即是流动,分享即是疗愈,是什么卡住了你? 此刻觉察。

心灵小练习

仔细观察一朵花,思考它从一粒种子到发芽到开放的全过程,闭上眼睛,体会到花的自由自在,把自己想象成它,感受无忧无虑、随风飘荡的自由。通过这个练习,体味到生命的神奇并感知自己也是生命。

2月26日　意义和规律

亲爱的朋友,意义和规律是我们常说的两个词,仔细思考一下,哪个对你影响大呢?把意义看得很重要的是一类人,把规律看得很重要的又是一类人,你属于哪类人?

当我们决定做一件事时常常会用意义来强化其重要性,为了某些意义而去做,而另一类人是规律的探索者,不太在乎所谓的意义,这真是一个值得我们思考的话题。

这个世界有意义吗?答案是:有。是谁制造出来的?答案是:人制造出来的。这意义与人有关,那么与大自然有关系吗?答案是有的,因为人和大自然的确有关系。任何意义虽然是人的事,但意义作用心的时候是和大自然相关的,所以意义确实可以影响到自然。但意义与规律有关吗?你能改变得了规律吗?你到底可以改变的是什么?

我们的思想是可以变化的,同时也可以僵化的,你要看到这也是一个规律,你所做到的就是如何遵循这个规律而已,或者说通过探索不断发现规律的完整。你是呈现规律的那个表演者,每个人都是这样的表演者,所以才会说,每个人都是你的老师,是因为他正在告诉你一个角度的规律!那么多的人,那么多的规律,那么多的意义,那么多的现象,那么多的呈现,那么多的大自然与我同在一起,没有分别,并不因为有没有意义而多了或少了什么,每一刻的发现和探索,对于了解生命都是有意义的,当我们完全和大自然的所有规律合一时,也就是说我们放下固执己见的角度,放下单一的规律,放下单一的意义,你一定会看到全新的世界,这是完全不同的范畴,固执己见的思维模式是无法看到的。

我们人类既有发现的能力,也有创造的能力,发现规律的同时创造出意义,但是当掉入到意义中时,一定忽略了发现规律,你在哪里呢?

心灵小练习

静静地坐在房内,回想自己做事的时候,是探索事物的发展规律,还是为此寻找很多的意义,这是不一样的角度,也是不一样的发心。让自己做一件事,不规定意义,只是全然地探索其中的规律,看看是怎样的感受?把它记录下来。

2月27日　生命的元素

　　生命的范畴里承载着所有与生命相关的元素,其中包括规律和结果,所以经历越多,见地越广,领悟越多,就对生命了解得越多。

　　我们生活在二元世界里,由二元探索生命的韵律。一来一去的韵律如此平衡和鲜活,在规律面前无明和清明又是一对二元韵律,我们在自以为是的执着中得到了无明,掉进一边回不来了,进入了偏执的状态。

　　唤醒、放下、蜕变、探索,这些词都很熟悉,每个词的内涵都是生命的全部,每个词之间的关系都是生命的全部,每个词的作用都是生命的密码,都是生命的元素。

心灵小练习

　　静静地坐着,回忆你曾经登山的感觉,在山脚下看到的风景以及登山之后看到的风景,有什么不同?注意自己视野的变宽,告诉自己这些都是生命的过程,并把它记录下来。

2月28日　没有意外

亲爱的朋友,你相信生活中有意外发生吗？如果相信,那你一定是被你的感官绑架了,例如你似乎会知道今天谁会来看你,你虽然似信非信,但他真的来了。你不知道这是为什么,你认为这只是意外,但其实没有意外。

你太依赖五官和大脑了,这让你丢失了很多无形的信息,一个能推演过去与未来的人,一定能感知到此刻的信息,这是宇宙所呈现的全息对应现象。这是因果相应不二的法则,这是缘起不二的结果,这也就是我们常说的——没有意外。

这个世界所有的物质,包括有形的与无形的,都正在提供给生命全部规律的呈现,并没有什么你之外的奥秘。感恩生命中的每一次相遇,感恩生命中的陪伴注定成就,感恩在一起的此刻,缺一不可,各就各位,各司其职,协调统一。

完整的每一刻,完整的相应。你,就在其中。

(本月省思

3月1日　奇怪

亲爱的朋友,你会不会偶尔产生奇怪的感觉？人间奇怪的事很多,大致有两个方面：一类是神秘的看不见的,诸如鬼神、外星人之类。另一类是人间反常规的行为,诸如道德世俗法律之外的现象。只要说奇怪,一定与事件本身无关,与当事人也无关,与评判者有关,因为评判者的认知体系已不容纳这个结果了,所以才被称为"奇怪"。

一般来说,一个人了解的越少,值得他奇怪的事就越多,有句话叫做：少见多怪。就是这个道理。一个经历丰富、见多识广的人,已经不会动辄大呼奇怪了。

我们理当深感自己的匮乏,因为我们都无力看到完整的世界,让自己回到学习中去,敞开心灵拥抱世界吧！人生就是探索与陪伴相应的关系,形形色色的万物究竟与自己是什么关系？看到的、看不到的都是自己的一切,这也许正在看到之中,深感奇怪也是兴趣起源的开始。愿我们都在这学习中不断成长,面对大千世界,升起敬畏臣服之心。

心灵小练习

来到一片湖水边,静静地观察水面上的落叶。平静地呼吸,什么也不想,观察落叶是如何随波逐流的,看落叶是如何和水流保持一致的。深呼吸,让自己的心和大脑全然地放松,感受这一切,想象自己就是落叶,保持顺流而下的姿态。

3月2日　拖延症

亲爱的朋友,你有拖延症吗?我突然意识到我把顺其自然这个概念绑架了,它已经成为我的借口了,已经变成拖延症了。是什么让我拖延呢?首先是担心!怕别人抗拒,说我不好,怕麻烦,怕承担后果。这背后是自己的习惯逻辑,就是自以为是的逻辑,而且还会绑架真理,当绑架后就完全催眠了自己。其次是活在过去的习惯里很舒服,不想改变,不愿意面对改变所带来的不舒服,道理我都懂,就是不动。所以,这是需要推力的,但最大的推力还是来源于自己,因为只有自己才能决定自己的生命轨迹。

每个人的起因都会不同,形成信念的过程也不同,不是外因发生改变,就是内因发生改变,但内因是关键,信、愿、行最终要落实在行动上,方能合一成长。

心灵小练习

安静地坐在桌旁,拿起纸和笔,写下自己一周以来最想做,却一直没有做的事情。看看是哪些原因让你自己放弃了行动。不要去找任何理由,制订好方案,立即开始着手行动。

3月3日　记录

　　亲爱的朋友,你有记录的习惯吗?每天的体验无法全部用语言来叙述,每天的事不止一件,每一刻的感受一定不同,把每一刻的感受全部记录下来不容易,每天记录一次感受还是可以做到的。这本书的形成就是我每天说一个感受并把它记录下来,每日分享给大家,一年之后就拥有了二十几万字的记录,这是送给自己最好的礼物,同时也是献给社会的礼物。在提出完整观、完整生命观、完整医学观,并开始建立完整疗愈体系以来,很多奇迹呈现,很多能量聚合而来,很多志同道合的人成为合伙人,很多对生命有帮助的方法自然呈现,这即是吸引力法则。在当今社会,非医院性质的生命疗愈体系必将成为生命疗愈的一员,也将是我们传承的一部分,当医院和非医院性质共同承担起生命维护的大任时,完整医疗体系的初型开始,这仍然是二分的非合一的状态,但可喜的是另一半已经开始作用,这是个渐渐合一的过程,这是个通过大量体验磨合的过程,这是个渐渐普及理念的唤醒过程,当每个生命都持有自愈力时,新的人类医学时代随即呈现。不问收获,只管耕耘的人会越来越多,这是大势所趋,我们的使命就是在陪伴中唤醒生命的自愈力,唤醒沉睡的生命的另一半,唤醒被自我催眠的现代医学,唤醒被现代医学催眠的大众,唤醒这物欲横流的当今医学,唤醒被边缘化的被同化被灭绝的人类自然医学。

心灵小练习

　　静静地坐着,思考喝水的因缘。试着写下来,看看需要具备什么样的因缘才能让一个人喝到水,接着怀着敬意和爱意给自己倒一杯白开水,慢慢地喝下去,感恩你所有得到的。

3月4日 二合一

　　窗外云卷云舒，日出日落。整个宇宙都是二合一，没二无一，由二看一，由生活中的二元世界看到一的存在，由二中醒觉出一，由偏执去向平衡，由自我去向自然，由我去向本来，当你看到了一个点时，那一定离发现另一个对应点不远了，掉入我发现的一个点时就是我执，放下我执去看另一个对应点就是探索。

　　我的责任我负，你的责任你负，这是各就各位，各司其职，那怎么才能达到共同协调，缺一不可呢？每个人都看到自己的责任的同时，都会为所有的责任负责，这就是二合一，这就是大局观，这就是完整呈现。

　　我们在生命中呈现不同的身份和位置，每个当下都是有自己的位置和身份的，如果不清明，那一定会错位，在不同的层面和时期每个人的位置也会不同，这些不同的组成构成了本来，只有放下自我的认为和逻辑才有可能看到当下的所有发生，才有可能清明地看到自己的位置，才有可能二合一。活在自己的逻辑里，活在自己的世界里，活在自己的情绪里，活在自己的惯性里，是永远看不到真相的，也是无法合一的。

心灵小练习

　　静静地坐着，感受自己渴望得到别人关注的愿望，深呼吸，睁开眼睛，默默地去关注身边的一切，用慈爱的眼神注视它们。看着身边的物品，和它们保持交流，直到让它们进入你，使它们成为你生活的一部分。

3月5日　掉在自己的认为里

　　完整观是对世界的观,放下个人的观点去看存在的一切,其中包括我们对抗的事物和人。

　　在生活中每个人都有自己的习惯看法,有人喜欢阳光的、向上的、乐观的、完整的事物;有人喜欢阴暗的、负面的、担心的、片面的事物;尤其是钻了牛角尖的还不在少数,掉在了自己的认为里。我坚信自己是对的,无法自拔。往往把责任推到别人身上,以受害者的身份达到负面的心理平衡,这所谓的平衡是个漩涡,越漩越深。

　　所以每个人在建立观念的过程中,由偏渐全是个学习的过程,也是体验和成长的过程,当看到阳光时会想到黑暗,当看到自己时会想到大家,当看到伤害时会想到受益等等,最终就会达到完整地看见真相。

心灵小练习

　　安静地坐在桌前,回忆自己和别人最近一次的冲突,把你当初认为自己是对的观点一一罗列出来,然后从对方角度来分析,也许你会得出不一样的结论。放下这些纷争,告诉自己你和他都是一体的。

3月6日　兰花

今晨想起个故事,说有一个老和尚养了一盆兰花,非常爱惜用心,欲出门时交与徒儿照料,徒儿尊师嘱非常用心。一日徒儿外出,将兰花置于窗台室外,不料狂风大作,兰花被风吹落,破碎不堪。徒儿惶恐不安,不知所措,几日师父归来,见状并没有责怪徒儿,徒弟非常不解,问师父原因,师父笑着说:我养兰花不是为了生气的。

养兰花是为了高兴而不是为了生气的,那么兰花坏了我又为何要生气呢?我做这个不是为了那个,这是个典型的范畴区分,也是个因果对位。然而,这在日常生活中我们经常是错位的,经常忘记我们的初心。我们如果每一刻都是顺其自然规律,明了结果,那是不会生起怨恨的。当我们不明因果规律时,一定是用了自我标准来衡量,一定会产生因自我标准没达到而滋生指责和怨恨的结果。

我做什么都是为了快乐的,我做什么都是为了探索发现的,我做什么都是在看到规律性的,我做什么都是在寻求此生的真相的。我干什么都不会掉入贪嗔痴。为了面子,为了一个贪念,为了一个事件,为了一个虚荣,为了所谓的事业,为了工作,为了一个标准,我们丢掉了初心,丢掉了快乐,丢掉的太多了。

心灵小练习

经常告诫自己,要是乱了,回到初心;要是不清明了,回到初心;要是累了,回到初心。回到最初你想要的是什么?我相信那一定不是垃圾,不是愤怒,不是痛苦。你要的一定是阳光的、快乐的、温暖的。时刻清晰自己是为了什么,时刻不离初心,时刻都在探索中。写下你做事的初心,并时时刻刻提醒自己。

3月7日　活在逻辑里的你

我们在成长的路上经常会体验到：我想通了，我看明白了，我听明白了，我讲明白了，我品到这个味了，我感受到了，我知道了。这些不同的体验堆积出我们对自己和世界的关联，形成了我们的信念和价值观，渐渐地堆积有了自己的世界，渐渐地自己的世界与自然的世界有了界限，渐渐地远离了自然，不再继续探索了。

活在自己的逻辑里，抱着大象的腿说这就是大象。当旁人说这只是大象的腿，大象还有别的，我们就会生气，就会暴跳如雷，最激烈的反应是你们否定我摸到的，你们太自以为是了，你们不尊重我的感受，你们是狭隘的，你们必须相信我，你们需要提升。听起来这很可笑吧，但却常常上演。

对于疗愈师来说，首先要看到那是一个观、一个逻辑、一个认为，这是疗愈师每天都要面对的，不了解其观念，不了解其逻辑，不了解其目的是无法接受这个局面的，否定他只有对抗发生，不可能帮助到对方。所以心理学比较经典的法则说先跟后带，跟是了解对方的规律是什么，了解对方的范畴是什么，了解其认为的形成过程，然后再带，如此一来松动才可以呈现。

逻辑本身没有对错，是说逻辑在广义上与因果律不二，在狭义上就是特有的被固化所致，因为我看到的就是这个，所以我是对的，你们都是错的。

本周省思

3月8日　语言的成因

人类之间的交流离不开语言,我们说出来的每个词都是个"因",都是个"咒语",都具有各自的能量,都是我们内心的投射——那么,是什么让我们经常说这些语言呢?

这与我们成长过程的以下因素有关:

(1) 前世。在民间有很多案例证实了前世的存在,不在这细述。

(2) 家族的文化影响。这是我们内心较大的一股能量,是我们的信念价值观的主要组成部分,是亲情中对关系的认识体系的主干,是安全感的主依托,也是独立呈现的能量来源。

(3) 所处地域自然环境的影响。冷暖的特点决定了成长的特点和语言的特点。

(4) 民族文化、国家文化、地球文明。这些不同范畴的大文化决定着个人的信念价值观,这种价值观也体现在语言上。

(5) 个人成长中自己的体验、对生命的认识。这个部分的核心以专业呈现为主。

(6) 其他关系。如人与人、人与物、人与概念、人与欲望、人与恐惧等等,这些都是在成长中遇到的,每次的跨越都是一次影响。

所有影响因素的汇集使我们不断看到生命的本来,渐渐形成了系统,渐渐看到整体,渐渐活得真实,渐渐循道而行,渐渐拥有了智慧,我们的语言也渐渐趋向完整,具有正能量。

心灵小练习

静静地坐着,看自己平时是如何运用语言的,你有没有看到自己的语言中沉淀的过去经验的印记?看到自己是如何运用语言与外界沟通的。尝试在家人中用1小时谢绝语言的沟通,看看发生了什么。

3月9日　生命的能量

亲爱的朋友,你是否知道我们每个生命中沉睡着多少能量呢?从完整观的角度去看,包含整个宇宙,每一次的人生经历都是一次唤醒,这即是学习的真谛所在,见多识广者一定有能量。与天与地同步者哪有能量耗尽之理,只有自我封闭者才会力不从心,这在生活、工作、学习等方面都是如此。

近期来访客户多有纠结,共性之一是掉入某一层面或事件出不来,掉入自我催眠的逻辑里,什么科学,什么事实,什么生命,什么关系,什么道理,一概视而不见,对自以为是的认定,固执己见的惯性而不觉,就像某人已掉进洞里而怨天怎么这么黑一样愚钝。要想知天明暗,先清醒自己在哪,然后再去寻天,自知明暗,只盯着自己影子而不去看太阳的模式,实在愚蠢,这在生活中较为常见。当然自己成为太阳,照亮四周的模式也是一种模式,也可以去体验,这种切换的能量来自探索生命的初心。如果只是为了健康,那么初心一定还有恐惧疾病;如果为了挣钱,那么一定还有恐惧贫穷;如果为了不贪嗔,那么一定还有好恶的贪。探索学习循道而至,我遵循大自然而去,来去之间即是学习成长的人生,人生经历的一切都是学习和探索生命的课程,在这个过程中所遇一切人和事物都是助你成长的因缘,只有感恩,还是感恩,从不孤独的相伴与相遇,万物皆有灵,每个生命都有机会看到,只要你愿意陪伴你这生来具足的生命,一切尽在眼前,你正在经历中。

心灵小练习

安静地坐在屋里,看着阳光慢慢移动,一段时间之后,深呼吸,慢慢站起来,走到户外,投身于阳光之下。沐浴在阳光之下,深呼吸,去感受阳光的温暖,在阳光下待一会儿。感受阳光的能量和自己的生命能量交融。这个练习可以增加自己和宇宙之间的连接,增加内在的能量。

3月10日　人造的世界

亲爱的朋友,你知道吗?我们活在人造的世界里,身份在这个世界里是个通行证,做任何事要合情合理合规矩,而非合规律。在人造的世界里有世俗、道德、法律和人权,在这个人为和自然相混合的杂合体中,矛盾就产生了,纠结的人生就出现了,但任何事都有规律,适应规律探索规律的人则生存着,脱离人造世界的智者们也大有人在,但不论你怎样选择,只要不被外在这些规矩束缚,选择探索一切内在规律的人,都会活出生命的真相,都会成为拥有规律掌握命运的智者。

生死似乎是个规律,但只是一个外在的相,了解生命的来去是内在的规律。人造世界是一个虚幻的世界,你要做好准备保持觉知不要掉入。

心灵小练习

双腿分开,与肩同宽站直,手指张开靠在大腿上,深呼吸。花一些时间感受双腿根植于大地。意识到你和大地的连接,与此同时,能量从你的手指处,流经大腿一直抵达地面。将双手举向天空,获得宇宙的加持,感受到双手微微刺痛的感觉,然后向下合掌带到胸口正中间,把这股能量注入你的体内。如果你身体上有某个特别的部位需要治疗,将充满能量的双手放在那个部位上。通过此练习可以增加你和大自然的联系,获得正面的能量,克服绝望的念头。

3月11日　固有模式

亲爱的朋友,也许你从来没有想过,自己无意识当中有多少固有的模式,正如我们平日里不以为然的动作、行为、念头,这些习惯性的模式,都让我们感觉到舒服和自在。如果到了一个陌生的场合,用一种陌生的行为处事,你会不会觉得很难受? 同时很局促不安? 此刻你唯一想做的,就是回到过去那个熟悉的地方,用熟悉的方式来展现自己。

能不能看到,你不遗余力坚持的,成为了你的固有模式? 你喜欢跷二郎腿,你喜欢不被打扰地看书,你喜欢别人安慰你,你喜欢皱眉头,你喜欢生气,你喜欢打断别人的谈话,等等。

我们固有的模式在不知不觉中,经过长期的作用,就会呈现出当下所有的结果,如你的身体、事业、家庭,等等。这是个因果,在这个习惯的模式下,仔细检查以下是不是你经常会说的话,或者在你大脑里反复出现的想法。

(1) 我一直都是这样,我这个人就是这个性格。
(2) 我不相信你说的(不愿意尝试,怀疑)。
(3) 我真的做不到。
(4) 我试过了,但没有用。
(5) 我天生就这么笨!
(6) 我知道你说的是对的,但我就是改不了了。

这些完全自我催眠了的限制性信念,这个固有的强大的自我的信念体系,是在完整疗愈体系中至关重要的点,这个点不松动不转变不重建,则疗愈无法展开,新的结果将大打折扣。生与死在一念翻转中产生本质的不同。如果一个生命愿意去改变,那么一切皆有可能,你的心完全可以主控这生命的一切,如果你仍然活在过去的担心、怀疑、舒适的习惯里,那么将永远无法重建生命。从自我中走出来的是一个醒来的过程。

心灵小练习

静静地坐着,回想一下自己在日常行为上和思想上都有哪些固定模式,例如说话的口气、表情、做事的快慢、想问题的角度等,看它们给你带来哪些你不想要的结果。质疑它们,并且试着改变其中的一两种,看看会发生哪些变化。

3月12日　过度

人类创造物质和精神财富的目的是为了满足需求,但过度就会紊乱和失去平衡,会在心理上和身体上出现不良反应。可以说,一切心理和身体的疾病都是由于过度所致,例如思虑过度、欲望过度、担心过度、自我过度、恐惧过度、悲伤过度等。

每个人的过度点会有不同,但原理全部相同,被唤醒的生命看到自己过往习惯时,改变会出现,重建会开始。从过去走向新的过程就是成长,这个过程中所有的元素都影响着下一刻,这是尊重生命的基础,这是感恩的基础,这是生命链接的基础。

看到生命的缘起,敬畏生命的缘起,同时看到自己也是其中之一,这非常必要。你必须了解到,所发生的一切都是完整的一体,并无分别,每个生命的完整都包括了所有的内容,不多不少,这是生命的本来。

人为了满足欲望会拼命地占有资源,多占的资源满足的只是欲望而非必需。当恐惧的心理发生时,为了获得安全感会拼命地多占。这里有很多形式,有的人会用付出的形式来控制对方,这也是一个欲望。有人会拼命地工作来证明自己我能行,其实是没有安全感。所有怕错的、怕被否定、怕担当责任的人,都要看到这个怕的背后一定是恐惧,即使是呈现的拼命和不怕,其实也是基于恐惧。

如果没有看到生命的本来运行规律,一定会活在未知的恐惧里,头脑里的担心和演绎的结果会围绕着你,为了摆脱它们,你拼命地劳动,拼命地占有,拼命地担心,拼命地痛苦,拼命地不惜生命。这,就造成了过度。

心灵小练习

闭上眼睛,用呼吸去清除心灵的黑洞。现在,看向窗外,看那映入眼帘的光线照亮了什么?把被照亮的东西举起来,去感受物体吸收的光线,而你的心也在冒险和安全之间移动。感受那些光线进入你的心里,感受这些光,增加你内在的能量。

3月13日　坚持

亲爱的朋友,我们都看到结果了,例如疾病、痛苦、抑郁……可是为什么我们还一如既往地坚持这个生命状态呢?这是一个探索生命的点,让我来陪你看到这一切的真相吧。

1. 你要看到你太相信自己的观念了,无论是有意还是无意,你从不放弃"我是对的",这背后有很多信念支持着你;

2. 你太习惯你的模式了,改变后变成不习惯的模式,所以改变是不舒服的;

3. 你没有看到你的习惯系统是造成当下的因,你不相信这其中的因果。

当然,我们从有限的知识系统走向完整是需要代价的。

人生中会有碰壁,会遇到大事、大灾、大难、大贵人、大转变,如果我们在习惯中麻木了,不觉了,那很多机缘也就错过了,烦恼真是烦恼了,烦恼真是痛苦了,烦恼真是地狱了;如果我们被唤醒了,看到了背后的故事,看到了因,看到了下一步的方向,那么烦恼即菩提了。

作为疗愈师之所以能唤醒每一个生命,是因为他们坚持每个生命都是完整的,每个生命都能醒来,每个生命都是自己的主人,每个生命都会自己选择最好的下一步,每个生命都会在看到真相后为自己负责任,所以不断地给客户照镜子,不断地在陪伴中加宽信念系统,不断地在系统能量上多角度加持,最终会获得完整疗愈。

心灵小练习

静静地坐着,保持平稳地呼吸,回想你正在追求什么,也许是对生命的探索,也许是一段更亲密的关系,也许是一个温暖的家或者更好的工作。

仔细审视它们,为此你做出了何种努力?你所在做的是让一切分崩离析还是合而为一?你是解放了自己还是禁锢了别人?

3月14日　初心与医学

　　初心好并不代表你不在欲望中,欲望是个人的事,与自然规律无关,就比如你想救人这原本是一个好的初心,但你却不知道怎么才能真正地救他;如果用自己有限的能力和知识,甚至是自以为是的判断和经验,那结果很可能是终生遗憾的事,到头来只能用:我是好心,来宽慰自己的良心,这在日常生活中是常常发生的事。

　　医学,是建立在宇宙和生命的规律上的一门学问,完整观就是基于此而提出的,完整生命观和完整医学观也是如此。每个完整疗愈师在完整观下去看生命的状态,其中包括疾病的呈现和转归,再运用人为的手段去干预生命的过程即是完整疗愈体系,这其中是以每个生命自主的启动展开的,所以唤醒每个生命的主控权,是疗愈师的首要责任,之后的所有方法都在这个前提下才会有效。对于自己不想活的生命,神仙也是无法保证其生命的存在的。

本周省思

　　请认真诵读并抄写下面一段话。
　　我愿意放下一切面子、担心、怀疑,对生命完全的负责任的担当起一切,没有我不能做的,没有任何顾虑的,没有什么不能触碰的决定。我的生命从此刻开始改变。

3月15日　担心

　　亲爱的朋友,你会担心吗?你的父母会时常为你而担心吧?担心的模式是每个人都有的,那担心是什么时候形成的呢?为什么会担心?担心的好处又是什么?

　　刚出生的小孩会担心吗?答案是会的,因为在妈妈的孕育中胎儿就有了体验并形成记忆,温暖舒适的母体培育他成长,其中包括模式的建立,触及其生存环境的一切变化都会令他产生反应,到出生那一瞬间的反差构成了一个牢固的生存担心模式,此时的担心是本能,是潜意识,是经验不多的单纯的保护模式。

　　从"初生牛犊不怕虎",到"一朝被蛇咬,十年怕井绳",这是一个由体验转经验最后形成意识的过程。每个人的成长经历、家庭背景都有所不同,形成的故事不同,但模式相同,小孩子大脑还没有完全启动时是在生存的层面,他对外面的体验是全然地接受着,每一次的反应是基于胎儿时的舒适体验,所以当他被刺激到不舒服时会有反应,每一次的刺激都在丰富着他大脑的记忆库,这是一个形成模式的强化阶段,所以说大人的模式往往是孩童时期建立的。

　　担心害怕都是为了保护自己,其中包括为他人担心、为亲人担心等等。怕死亡、怕失去、怕难受、怕麻烦、怕担当、怕孤独、怕贫穷、怕讲话、怕丢脸,等等,每个人都有无数的怕,都是与自己有关的,没有我是不会担心的,没有好处是不会担心的,没有生存的本能是不会担心的,只要你想活着一定是担心的,因为你怕死,或者说只要你在二元里一定是会担心的,因为你怕错、怕失去。

　　考虑自己多的人一定担心多,考虑团队多的一定担心少,或者说格局大的人担心少,连因果都能看清的人一定是坦然面对的,只有因果不明时才会瞎担心。透过完整观去看一切时会消除担心,担心的模式虽然还在,但不会掉入担心,会去看全局,会去坦然面对,会专注在当下而非担心未来,在完整疗愈体系中我们有很多方法可以去发现担心的成长经历、担心的点、担心所产生的结果等等,这是在信任的基础上渐渐展开的,越是根深蒂固的模式越是要有耐心。

心灵小练习

　　静静地坐着,观察自己的内心深处,有没有担心?这个担心是因何而来?会给你带来什么?担心是出于什么目的?缓慢呼吸,进入你的担心,看到它并且和它在一起,呼气,将担心释放。

3月16日　我们生来具足完整

　　亲爱的朋友,我们生来具足完整,但我们不觉,在具足完整的生命中,障碍我们看到完整的,是我们的自以为是的狭隘认知体系、自欺欺人的小聪明、自我的强大界限、欲望和恐惧、惯性思维模式、贪嗔痴的心态。

　　当我执着于这些时,任何满足不了我的发生都会被排斥,这是二的呈现,这是本来和自我的分离,这是远离真相的,远离具足完整的,远离感知力,远离系统韵律,远离了生命的真相。

　　每个当下我们都会收到无数信息,这些信息被我们的自我进行了处理,处理后的信息被碎片化,把本来完整系统的信息破坏了,所以我们就活在了片面的自以为是里,活在自己的逻辑里,活在习惯模式里,活在远离生命的韵律里。

　　放下自我的标准才能看到规律,其实我们不需要任何规定,因为我们本具足韵律,只是需要发现这些规律。前人的发现会给我们很好的提示,会很好地指导我们去不断发现,但任何满足前人的经验不去自己探索发现者,都是活在片面的教条的僵化的逻辑思维里,没有生命的活力。没有活力的标准答案,没有鲜活的灵动的体验感受,这一切只会让人感到窒息。

心灵小练习

　　找一个安静的地方,静静地回想自己从小的成长经历中,有哪些是自己"好心办坏事"的?都产生了怎样的结果?还有哪些是别人对自己"好心办坏事"的?自己的感受又如何?放下依旧困扰自己的心结,告诉自己一切都过去了,重新看发心并寻找更加合适的方法来行动。

3月17日　　因果自造

因果自造,因果自负。当下所得的果一定是此之前的因所决定的,从起心动念到结果呈现相应不二。

我们不知道初心时,看结果就知道初心。我们每天都会看新闻,尤其是奇闻逸事,然后会发生争论,各有各的道理。事件发生了结束了,然而道德、对错、责任、担心、恐惧随之不断。就因果角度看,当事人所呈现的状态和角色表现一定是其之前的人格、特性、习惯模式、品质、价值观等所决定的,一定与发生的事件相匹配。

每个人都在其原生家庭中与父母建立了很牢固的模式,无论是爱的模式,还是怨恨的模式,是逆反,还是亲近或疏远,是敬畏或挑战,还是感恩或诋毁等,都会在进入社会后与其同事、爱人、孩子的关系上再次呈现!这即是不自觉的但经常去做的习惯模式,结果其实自己也不想要,也是需要助缘帮助才能看到的。

习惯往往会在重大事件上停止的、醒悟的、看到的、悟到的,因果自造,因果自负。当下所得的果一定是由此之前的因所决定的,从起心动念到结果呈现相应不二。

愿天下人都能在事件的发生中看到真相,看到自我,看到智慧。感恩有你!

心灵小练习

选一个你喜欢的小物品,放在自己面前,静静地坐下来,看着它。过一会儿,慢慢地把小物品拿起来,用你的手去感知它,抚摸它。平稳地呼吸,用手通过触摸去感受它。回忆你和它之间是因何而结缘。感恩这份因缘。

3月18日　学习

亲爱的朋友,你喜欢学习吗?你是热爱还是厌恶学习?你可知道你随时随地,时时刻刻都在学习中?

高处看世界,落地看行路,每个人的分享都是如我角度的呈现,同时都在探索着自己角度之外的全部。

从母亲孕育生命到整个世界的呈现,从人生体验到因果的福报呈现,从人到万物,从字典世界到本来世界……我们渐渐地开始去触摸到自己之外的存在,开始对完整观有了方向性的确立,开始接受自己之外的角度,开始真实,这就是学习的过程。

其中关于能力的生来具足和平衡虽然没有展开探讨,但从母亲孕育的安全享受到去未知领域的挣脱冒险,每个人都具足无数平衡的一对能力。有人自信地说我很不自信,有人流利地表达着我非常不会说话,有人清晰地说自己很混沌……当下呈现的与自己认为的如此不一致,这是一个非常普遍的现象。

"我不如他人"的攀比让我们看不到真实的自己,我们只看到攀比后的认为,我们只相信所谓的评判结果,甚至执着地说那是事实。

学习的确让我们开始慢下来,去看我们过去自以为是的轨迹,去看困扰我们的死角,去看那些我们视而不见的、看不全的世界。

结伴学习的路就是生活的路,就是成长的路,就是智慧的路,这个路所有生命都在那,只是状态不同而已。

心灵小练习

将一勺盐放进一杯水里,同时将同样的一勺盐放进一桶水里,分别尝尝这两份水,咸的那个为什么会咸?将自己的心放大,展开,想象成一片广阔的海洋,然后慢慢看着自己的痛苦被化解。

3月19日　月亮的启示

亲爱的朋友,你喜欢月亮吗？当抬头仰望明月时,满月当空黑夜如白昼,我们会想起祖先们在观察自然中给后人留下的巨大的智慧,并不禁感慨。人有发现的能力,同时也有创造的能力,然而在创造的过程中人类为了满足私欲却破坏了自然的和谐,但人类并未意识到这点,依旧活在自己创造的世界里,越来越远离自然界和自然规律,沾沾自喜于创造中的人,是看不到自然的。所以当你被某焦点吸引和锁定时,你应觉察是否还在完整观上,是否还是真相的观察者。被锁定和被吸引甚至陶醉于其中的你,一定会失去完整。

在生活中每一刻都会发生被吸引,这是个染着,这是个心的投射,这是个捆绑在心性上的枷锁,要么你享受着睡去,要么你醒来去开锁,一切都由你决定。

心灵小练习

闭上双眼,静静地呼吸,把自己想象成一支木质的笛子。保持平稳的呼吸,试着去体会如何吹奏生命的乐章。睁开眼睛,用心去呼吸。感受生命的乐章如何在你的身上流淌,感受来自宇宙的爱。

3月20日　盲人摸象

亲爱的朋友,你小时候一定听过盲人摸象的故事。人一生走南闯北会碰到很多事,见到很多人。所谓见多识广,无非是个链接的过程,每一次的链接都会形成一个固执的念,这是个盲人摸象的过程,只要不停地去摸,总会有一天把大象摸成完整的本来。

在探索生命之路上也是如此。我们都不是救世主,生命之间是平等的相互依存的整体,每一个生命都是个完整的体系,心主宰一切,若心生死念,则身必随心去——无一例外。

如何协助生命通过起心动念回归生命的本来,是当代医学缺乏关注的,这是生命之道,不是技术能替代的。有道则术生,无道则术废。这在当代医学中表现得淋漓尽致,治病不治命的术不少,这不是技术有问题,是人类现阶段思维方式出现偏执,对生命完整的探索远不及对疾病的恐惧和对抗强烈,这是人类整体意识的话题,当人们把疾病当成全部时那一定是盲人摸象,因为疾病只是生命中的一部分,完整的生命一定包含健康和不健康,无意识会导致疾病的形成,而有意识的升起则可以转变,这也是生命本来具有的特性,唤醒无意识的生命惯性,达到有意识的终止惯性是我们对生命疗愈的主题之一。

感恩在你生命中出现过的所有人和事,见多识广方可见机随缘,创造是个妄想,随缘发现是个妙趣,道已在那里,只是需发现。你,已在路上。

心灵小练习

静静地坐着,进入深深的思考。回忆自己和周围人最近的一次冲突,看看是因何而起,自己的观点有无局限性？有没有更多的可能性？还是答案只是唯一？给自己另外一个答案,看看当初如果不坚持自己的观点,会发生什么。

3月21日　运气

我今晨头脑中冒出的词全是关于"运气"的,如"我真走运""我真幸运""我太有福报了""我今儿点背,喝凉水都塞牙""运气太差了"等等。这运气是什么呢？这运气和我有什么关系呢？这运气和过去有什么关系,和现在、和未来是什么关系？这运气和韵律是什么关系？这运气好坏是谁定的？

由于我们活在自己的标准里,所以才有了好坏运,由于我们在大自然面前有了自我认知的限制,所以有很多不知道的东西让我们无法解释,同时在每刻发生中根本不知道是什么原因所致,或者说过去所做和当下发生的关系链接不上。所以,当结果出现了我们会感到不能理解和诠释,故就冠以"运气"来填补空白,我们是不允许有空白的,我们是不允许没有答案的,我们是渴望答案的,我们是非常在意结果的,我们的平衡点在答案和结果上,而非在因果的完整上。

当我说某人走狗屎运了的时候,说明我很嫉妒对方的结果,再者我根本不了解对方在结果之前所做的功,更不了解对方的背景和整个缘起,只是在结果的好恶上进行评判,只是根据自己的标准进行反应,这是自以为是。

如果面对发生觉察自己的反应,放下自己的反应,放下自己的评判,放下所有的我,真的去看发生,去探索发现其中的一切,真的随顺发生,那一定能体验到什么是"塞翁失马,焉知非福",一定能看到其中的韵律而不是运气,一定能感受到当我们的心随顺韵律时,回归到生命的韵律中。那本来的智慧是如此的美妙,活在自己逻辑里的局限和痛苦瞬间消失,你可以不清楚所有的因果缘起,但你不能不相信因果缘起的韵律。

在我们与疾病结缘的过程中,我们能不能升起兴奋？答案是:不可能。因为这个结果太坏了,所以只有认为这个结果是个礼物时,才会开心兴奋。但实际上我们这样想实在是这太难了。有人说:我看不到,我也做不到。那你到底想怎样？

——我想好。那就做可以好起来的事:听话照做。如果不想好,简单,那就继续过过去的一切。一会儿想好,一会儿继续过去,结果就是病情迁延不愈,反反复复,好好坏坏。这就是因果对应的结果,这个结果的责任人和主人是自己。

把命交给医生的模式是大众模式,没有任何人能接住一个生命的,只有自己可以做自己的主！所以完整疗愈体系的核心之一就是建立自己的主控权,建立自己的见地,建立自己的认知体系,建立完整观;建观念,践行,见效;建系统,见自己,见因果,见完整,见真相。愿天下人都能在疾病中见到自己的一切!感恩有你陪伴!

本周省思

3月22日　珍惜

恐惧和爱是我们所有情绪的两大根源。而珍惜源于爱,恐惧和珍惜的区别在于有我和无我,有我即是在有限的、欲望的、占有的、无知的、恐惧的生命状态里,无我即是在真相的、完整的、原本的、当下的珍惜的生命状态里。

无知者无畏,敬畏之心是在知道真相后油然升起的。经常会听到感叹道:天哪!原来是这样!在真相面前人们是没有自我标准和评判的,只有臣服、敬畏和尊重,所以人来此世学习、体验和探索生命真相,从表面内容到规律到整体到无形到当下的全部,渐渐升起敬畏心、尊重心、感恩心、无我心,乃至合一心。

不论你是初生牛犊还是满腹沧桑,都是在无知的范畴里,都是在自我的范畴里,都是在二元对立的范畴里,都是在局部的有限的结果里。

心灵小练习

安静地坐下来,保持平稳的呼吸,知道自己在这个思维的空间里是安全的。听一首熟悉的音乐,随着乐曲感受韵律,如果感到舒服,就可以去感受心里藏着的悲伤和焦虑,让它在你的心里像水波一样经过,并不去试图改变什么。这个练习有助于你释放掉过去的悲伤。

3月23日　自我催眠

亲爱的朋友,你会催眠自己吗？要知道,我们每天都在自我催眠中度过,因为我们太相信我们的自以为是的所见。这还不是关键,关键是我们的认知体系的狭隘,障碍了我们本来生命的完整。你会不会经常这样说:"这怎么可能？""这太难了！""我相信！但我做不到！""整个社会都这样,我又能怎样？"等等。如果你经常产生这样的想法和语言,你要警觉,因为你正在自我催眠。你整个生命完全被条件所控,要知道每个生命的世界都是自己的心投射出来的,也就是说:你的世界你做主,你想呼吸,你想睡觉,你想挣钱,你想依赖,你想贪婪,你想要面子等等,如此这般,都是你在想要什么。当大脑贪婪地想要时,你就渐渐远离了生命本来的需求。维持生命存在的元素很多,但每一秒所需要的量却很少,基本上与人所说的价值无关,甚至维持生命较关键的元素都是免费的,如空气阳光等等。那么人为什么让自己变得如此贪婪地去占有？为什么觉得自己不足够？为什么那么恐惧贫穷？为什么那么向往富贵？为什么那么怕失去？为什么那么依赖固有而不愿意去探索,去冒险？为什么不顾生命死活地去实现什么个人价值？这些为什么构成了一个庞大的个人信念价值观体系,让本来简单的、规律的、有序的、鲜活的生命,变得复杂,劳累过度,变得失去光泽而机械。当然,从这么大的催眠中走出来确非易事,一定要用助缘的系统去唤醒,即个人系统一定被整体系统所包容,当个人与整体共同和谐地运行时,完整的生命才能再现。

心灵小练习

静静地坐着,缓慢的呼吸,直到感觉呼吸有了节奏。感觉这个节奏,因为你的心正跟着唱和。将手放在心脏的位置上,深深地吸气。呼气的时候,将内心的情绪释放,即使你并不了解这是一种什么样的情绪,即使你听到的是最低声的轻叹,那也是一首歌曲的开篇。

3月24日　慈悲

亲爱的朋友,你身边有慈悲的人吗?你会不会因为他的慈悲心而要求他很多呢?很多人都在要求别人慈悲:"你说你慈悲,所以你就要随叫随到地帮助我,不然你就是假慈悲!"这是什么逻辑呢?这是一个混乱的逻辑。

慈悲是关于对生命的臣服和尊重,是无分别的范畴。这其中包括了我们世俗中所说的喜欢和不喜欢、好人和坏人,但一切生命的本质都是平等不二的,所以慈悲并不代表我必须按照对方的标准来帮助对方。如果一个人指责对方不帮自己,不慈悲,那一定是用自己的标准绑架了他人,呈现出来的是不尊重。不论基于因果,还是缘起,还是形式,如果我们能够了解每个当下都是这样,那么我们只会感恩。因为一切的出现都是我们的助缘,缺一不可,决不能用自我的标准来评判对方的好坏。这就如同出门碰上一只恶狗对着我们狂叫,耽误了我们的飞机。你知道后面会发生什么吗?深深地体会一下便可知道。有时候看似不慈悲的事,也许反而是深深的慈悲。

如果你只活在自己的认知体系里,那么好恶的评判只能让你丢掉那么多不喜欢的缘,那么多缘起你的助缘将被你的标准切断,甚至以怨报恩还不觉。

慈悲和因果是并存的自然规律,在尊重生命平等的同时看清因果的韵律是探索的方向,如果把生命的方向和韵律当做范畴时,这些怨气都将烟消云散,而且会升起感恩。

心灵小练习

找一个舒服的地方,安静地坐着,深呼吸保持宁静,对自己说:愿我是心怀慈爱,愿我一切安好,愿我安详自在,愿我快乐。接着,选取一个平时在生活里对自己有恩的人,然后默默地念诵这四句话:愿他心怀慈爱,愿他一切安好,愿他安详自在,愿他快乐。然后,推广到身边的陌生人,想到自己身边的邻居或者小区里的人,默念这四句话。最后,寻找一个自己心中怨恨的人,为他默念这四句话。这个练习有助于培养我们的慈悲心。

3月25日　自以为是

你一定不喜欢自以为是的人,但如果细细观察自己,也许你正是这样一个人,事实上,我们每个人都常常自以为是。

我们在没有看到全部时,每一刻都是在盲人摸象,都在自以为是。对一直在摸的我们称为探索,探索是人生中持续不断的主题,是人生延续的动力,对停止探索的生命来说叫自以为是,叫以偏概全。什么看破红尘、什么亲眼所见、什么好恶评判、什么宿命论等等诸如此类,都是自以为是。

在疗愈师陪伴自以为是的生命中,应具备以下几个原则:

第一,不要妄想瞬间改变对方,只是陪伴,聆听生命内在的声音,慈悲为怀。

第二,同频共振,放下好恶评判才能没有对抗,没有对抗才能建立同频,建立同频才能有信任基础,有信任才会有机会共同去探索生命。

第三,在探索中适时切入,在共同中寻找不同,重新共识,这是方向。牵着盲人的手去摸着新的部分之前一定是要建立信任的,而指责盲人错了会引发更多对抗,陪伴和等待是一个必需的过程,陪伴着一起看到曙光。

第四,对于急于看到结果为导向的心智模式,先给方法,用体验引入信任,适时切入完整观,重新建立系统,当系统能量恢复重新启动时那将是春天,生机盎然,这是个量变到质变的飞跃,这是个奇妙满怀希望的蜕变旅程。焦虑、期待、无望、惊喜、情绪、麻木、怀疑、侥幸、感动、感恩、发现,尽在其中。

心灵小练习

安静地坐下,保持平稳的呼吸,在心里想想一个你不能理解的人。慢慢呼吸,每一次吸气,都让这个人离你更近。每一次呼气,都试着从他的角度来看问题。慢慢地调整好,平静地呼吸,并且告诉自己只需爱的陪伴,用意念祝福他。

3月26日　面对疾病

亲爱的朋友，你参加过短跑竞赛吗？你需要跑一百米才能到达终点的红线，现在假设你到达任何一个目标，都如同跑步一样，你都需要有一百米的过程，那么你到达疾病这个红线也需要一百米。是什么力量让你如此坚定地走完这一百米呢？毫无疑问，这个终点红线肯定不是你想要的，然而从信念到习惯、到好恶，它们共同引领着你的无明到达了你不想要的结果。我执、贪嗔痴让你无明于其中难以自拔。你是如此浑然不知地跑完了终点，却面对红线痛哭流涕。

亲爱的朋友，你如果不醒觉，那么无数信息的提示都会擦肩而过，你依旧会跑完这一百米，直到结果呈现而悔之晚矣。

这在生活中的例子太多了，大道理已无人愿听，古人言、老人言已成耳旁风，如你此刻想获得智慧，可让自己臣服于如下的提醒：

一是信念更新：信念与成长相关。

二是家族系统的能量传承和成长：家族系统的能量会影响到你的成长。

三是心之力：心力决定一切。

四是身体的感受：身体是你的信号源。

五是环境的规律：尊重环境，照顾到每一个因素。

请注意，收集信息的方面越多越接近真相，越接近缘起，越智慧。

心灵小练习

搜集家族信息，例如祖父母和父母的性格、疾病，看到自己对家族能量的传承。写下那些需要清理的负面能量，用意念切断这股能量，对自己说肯定句：我尊重并感恩我的祖先、我的父母，我是独一无二的生命体，我的身体与他们不同，我爱他们，但我不接受父母身体的遗传病。我的生命是完整、完美、完全的，我是我生命的主人。

3月27日　觉察的点

看看每天发生了什么事情,如你吃了个馒头、桃子,喝了碗姜汤,你换了衣服,你出门了,你上班了,你逛街了,等等,这些事件对你产生了什么影响?与你的关系是什么?这些都缘起了什么?这是个觉察的点。

不论是大的事件还是细小的事件,都有可能成为我们转身的点。在记忆中,亲人离去是最大的痛苦,同时也是亲人用生命给我最大的提醒,这是我一个觉察的点。事件无时无刻不在发生,如果你能收到这个提醒,你将改变你的人生。当我的父亲离开我时,我收到了他老人家的提醒,我戒了酒,我戒了赌,我开始探索人类医学究竟是什么。这种提醒在生活中每天都在发生。

没有无缘无故的发生,只有自以为是的麻木,生活在习惯模式的惯性里是不会收到任何提示的,是不会看到因果的,只会活在评判里,只会掉入事情里,纠结于对错中,根本觉察不到此刻的发生已经是提示:要刹车了,要转身了,要改变了。

事情发生了,首先是一定有其发生的道理,一定有当时的必然,麻木的自以为是,只会习惯地去理解,去演绎,去反应,这正是通过事件看到自己模式的好时机,因为这个结果正是自己的模式制造出来的,如果这个结果正是你想要的,那就继续,如果不是,那就恭喜你找到了原因,下次就有机会创造不同,这就是探索、发现、觉察、成长的路径,这就是人类的智慧。

心灵小练习

拿出纸和笔,回忆一下你生命中转折的关头,都出现了什么事件,这些事件让你收到了哪些信息?有了哪些变化?认真对比,你能发现自己的习惯性模式,有可能一直未变。这个练习有助于你突破过去的模式,呈现新的生活转折。

3月28日　偏执

每个人都拥有这世界全部的活法,但当你太在意物质或精神所带来的舒适时,一切都会变为一种偏执的生活模式,原本丰富多彩的生命被推动成了机器,这机器的主人又不自爱而过早瘫痪甚至报废。

人来此世究竟是来干什么？每个人的缘起不同,所呈现的行为也大不同,但人可以学习,可以转变,可以感悟,可以解脱。而且可以从生命不同的角度去探索到人生的真谛(不排除其他生命也正在用不同的方式去体验生命),这是个态度,这是个开始,无始无终,有始一定有终,因果不虚。体验生命的每一刻不同是你自己的事,与任何人制造的标准无关,与任何条件无关。但与生命之道有关,如果你把条件凑足后才去关注生命,那么也许会在来世了。你可以去挣钱去工作去实现价值,但这并不妨碍你去体验生命本来,你拼命工作的目的究竟是什么呢？这的确是需要静下来认真思考的话题,如果是为了面子、为了身份、为了安全、为了欲望,那么试着让自己放下,换个方式去体验一下人生,也许会有惊喜,这是价值观的转变。

献给此刻看到或听到这段文字的你！祝福你！

本周省思

3月29日　阴影

亲爱的朋友,你心里有阴影吗?不要以为一个乐观开朗的人,就不会有阴影。每个人都一样,在生命成长中背袱着许多过去的阴影,有些在潜意识里,有些在意识中形成信念,有时引发无明的怒火或悲伤升起,有时将信念设为底线,我们把这些反应统称为无明。

在这个由无明导致的所有行为的影响下,身体会发生各种情况与其相应,这是自我性质的结果,也是过于自私的产物,当一个人活在自我的束缚中不能自拔时,一定是无明,身体会用各种方式的呈现提醒你停,我们对疾病所致结果的不接受和抗拒是无明的延续,作为一个疗愈师如何让这个生命看到其自我,并让其走出来去看完整的生命是负责任的,非自我的!这是完全不同的生命范畴,一反转即不同,疗愈师在陪伴中只有相信,绝无急功近利的期待,奇迹就在这陪伴中发生。

心灵小练习

淋浴,认真对着镜子看自己的身体,抚摸自己的肌肤,对自己说:我是完整、完全和完美的,我是独一无二的生命体,我爱全部的自己,我接受全部的自己。找一个自己身边的朋友或家人,做一个肯定句的表达。例如:我相信你是最好的。传递给对方,给他一个爱的拥抱。

3月30日　结果

　　我们的生活是在结果中呈现的,产生这样的结果的原因是什么可能谁都不知道,但结果其实已然告知为什么,智者可以得果看因,看因得果。因果有两层,一层是生活化的起因现果,如想挣钱所以才做这事,这事是助人之事,其结果是助人了。另一层是生命的因果,决定助人已是结果,自己不知道之前是因何起心动念做助人之事,尊重每一个结果的呈现吧,原因全在里面,我们的身体也如此。

心灵小练习

　　仔细观察摆在你面前的结果。看看自己是如何对待结果的,试着不按照自己的习惯判断事物,集中精力思考结果中蕴含的原因,勇敢地承担起全部的责任,同时明白不同的念头会导致不同结果,现在的结果也是下一个结果的因。不要轻易地去否决一个结果。如果你没有得到自己想要的,请不要认为这是失败,把它当成生命中的一个意外,接纳它。

3月31日　条件

　　亲爱的朋友,你知道人活着的基本条件是什么吗?能进能出平衡即可,例如,呼吸、心脏的收缩与舒张、吃喝拉,等。而维持这个平衡的资源消耗是有限的,害怕失去这些资源的欲望是无限的,恐惧失去这些资源后的演绎,如贫穷、死亡、富贵、长寿,等等,是个体生命离开完整生命本来后的产物,即我是贪嗔痴的根源,孤立的我一定与生死相关,而孤立的生命必死无疑。一个享受探索生命乐趣的人,和一个享受一时身体舒适的人是完全不同的生命状态,前者是动力无穷,后者则安逸懒惰!怎么样也是一辈子,这句话我常听到,就像上大学四五年,怎样过都是毕业,但收获和体验差异甚大,进入社会后呈现的结果更有不同,这也是因果。探索上大学究竟是干什么,与探索此生究竟是来干什么甚为相同,我们恐惧如果不上学没文凭,就会低人一等,就会找不到工作,就不能光宗耀祖,这还是纠结于名和利。而上学本身是为什么早已忽略,只剩下充满欲望的功利心,所以一个生命降临此世,注定是来经历此生,体验此生,感悟此生,探索自己,呈现生命本来的精彩,这丰富多彩的生命中注定有如身体、生活、自然等全部未知的存在组成。亲爱的朋友,如果你愿意去解开这充满神奇的组成,你将一生充满了活力,充满了阳光,充满了能量,充满了智慧。

本月省思

4月1日　臣服

昨天下午我们怀着对祖先无比恭敬和敬畏的感恩心，由沈老师带领大家经历了一场回归生命韵律的历程！每个人都在生命本来的密码下臣服，顿感范畴清晰，方向明确。从个人的属性和位置，到彼此之间的关系如何相处，到彼此之间的相生相克，再到系统中各就各位的共同完整呈现，真是无可抗拒的生命本来，真是生命密码的呈现。

我们所谓的迷失就是离开了原本就是的样子，比如我是儿子，儿子有原本的样子，有其生来的韵律，有其内在的品质等等，但由于自我的膨胀，自我认为的固化、自我逻辑思维模式等等，呈现出一个比父母"厉害"的不肖子孙，这个错位的现象是非常多见的。

错位只是个结果，有其果必有其因，完整疗愈体系中有个重要的环节就是要解开这背后的因。解密的初心是回归生命本来，所以我们是在完全尊重生命的韵律，完全臣服生命的韵律，完全敬畏生命的韵律，完全遵循生命韵律的指引。

如果一个生命个体系统紊乱了，那这个果给我们的提示，至少有三个系统同时紊乱着。第一是原生家庭系统，第二是个人家庭系统，第三是个人生命系统。这其中的角色系统一定有紊乱，或为儿女角色，或为夫妻角色，或为父母角色，如果这些紊乱带进社会系统，那呈现的关系一定也是紊乱的，如同事关系、上下级关系。其中个人系统紊乱的生命，自己与自己无法相处，否定自己或自负，拥有矛盾的心理，投射出来的就是对每个人的自我认为，比如我很自卑，所以就很嫉妒比自己强的生命，其实那个外在的生命就是自己内在未发现的自己。

如果内在系统回归本来韵律了，那么再去看其他生命时就会发现都是自己的一面，这即是关系，这即是说这个世界只有你自己，因为生命之间本无韵律界限，自我之间开始有了分别，本能之间有了关系，艺术品质之间有了区分，韵律之中有了一体，这是我们常说的生存、生活、生命的三个世界的内涵。我们此生是来探索发现其中秘密的，是来体验其中各种变化的，是来感悟这无量世界之完整的。愿天下人都能在此生当下体验到生命的韵律！感恩有你的陪伴！

心灵小练习

我的心像深谷沟壑中飞舞的萤火虫，那是爱的舞动。

第二主题

生命唤醒

深呼吸,感受自己的内心,感到一只爱的萤火虫在你的心灵深处飞舞。放慢呼吸,让萤火虫飞跃山谷,将你的心门打开,说出自己的爱。

4月2日　鱼池

　　我已经有几次在晨梦中出现鱼池,鱼儿很自由欢快地游动,非常清晰。我收到了信息,我有觉察地去发现一些关系,总会有些结果与之相应的,如果你有急于要答案的模式,那你是不会有耐心去发现的。

　　我们在学习的路上,从概念认识,到体验感知,到身心脑的系统感悟,到成为一个觉悟者、智慧的人。这是需要一个有次第的,渐进的,从见地的印证的过程。在建立见地的过程中,我的体验是,经常会用过去的模式和认知体系来诠释一个新的见地,那真是牛头不对马嘴的事,就是我常说的,不是一个范畴。

　　在见地学习的过程中是很容易有混乱,有时清楚兴奋,有时觉得没用,这个过程是自我模式与新的见地并存的阶段,甚至一回到生活中、事件中、特定环境中,过去的模式就自动启动了,这是非常正常的过程。

　　见地的建立其实就是相信什么,愿意什么,我们在学习中听明白了,但未必相信,甚至不接受,一遇到事情来时就怀疑了,甚至诋毁过去的学习没用,这是因为还没有建立起完全相信的见地,功夫不到,没有相信的愿意是有杂质的,不纯粹的,甚至是假的,所以要想在行为上有成果,还是要扎扎实实地去做见地的功夫。

心灵小练习

　　找一个你信任而又敬佩的人,安静地坐在一起。互相诉说你觉得对方身上吸引你的闪光点。如果你听到对方说了一个你并不知道的,自己所拥有的闪光点,认真思考一下,去重新体会自己所拥有的这个"闪光点"。

4月3日　受困

透过完整观看自己的生活,有一个方法是可以帮助自己觉察的,那就是当自己被困住了,转身去看看反面是什么,一定会有重大的突破。

我们经常会把自己逼到死角里,绝望地说:没有办法,我已尽力了。无奈地放弃了,如果觉察到并转身一定能看到背后的风景,一定能看到事物的另外一面,一定能到达完整。

当下觉得不完整的感觉都是有觉察的,只是有时我们没有看到那个方面,所以我们都会有盲点,所以需要他人帮助指出,我们需要镜子,需要自我觉醒。

在生活中两极存在的事情无处不在,比如:我们设定了远大的目标,就一定要脚踏实地地去做。我们关注了细节,就一定要不忘终极目标。我们关注了定量,就一定要转身去看定性,我们此刻走不通了,就一定要转身看背后的发生和其他方向及反方向的路。总之,有情绪的产生,那一定是单一了,行不通了,认死理了,此刻正是好时候,此刻正是突破瓶颈的好机会,此刻正是完整的开始,此刻正是成长的机缘,放弃了就半途而废了,放弃了就前功尽弃了,情绪化了就失去了理智,就一条道走到黑了,也就没有灵动了。

心灵小练习

用一个舒服的姿势,安静地坐下来,现在请闭上双眼,慢慢呼吸,感受这个世界中让你觉得受到束缚和压抑的一面。不去想周围的人或者环境,单纯地将这种束缚想象成下一个成长的临界点。想象你身体内的神性如何伸展和成长,并想象如何打破束缚你的那个外壳。吸气,想象你拥有了力量;呼气,想象你正在挣脱束缚,理解这并不是一件坏事,而仅仅是为了灵魂的成长。

4月4日　完整观下看感恩

感受整个宇宙的存在，感受完整的存在，将自己感知的范畴逐渐放大放全，直到所有因素缺一不可，那就是完整观下的感知范畴，或者说那就是真相的范畴，这是一生用生命探索的方向和范畴。

恩是一个因，是缘起的一切存在，没有无缘无故的发生，只有无明无知的昏昧。恩也是所有发生背后的一切，有形的和无形的、精神的和物质的、三维空间和多维空间的、狭义的和广义的、生活和生命的、二和一的，等等。

把"恩"这个字分解开来，我们将看到上面是"因"，下面是"心"，用心感受一切因缘机会，就形成了恩。感恩，就是感知这一切，感谢这一切。

当一个生命感知了生命的一切发生时，那一切的存在都是恩赐。那就是感知一切的存在。这是如实、如是的因果！感恩是因，用心体会方能感悟。

心灵小练习

在自己面前放下纸和笔，写下一个"恩"字，仔细观察上面的"因"，下面的"心"，了解世间万物存在的因缘，无因缘则无法呈现，有因缘才能呈现，升起对一切存在的感恩之心。

4月5日　踏青

春天到了,万物苏醒,一种熟悉的特别的气息迎面而来,该去踏青了！你记得你童年最快乐的场景吗？我记得童年最喜欢去的地方就是动物园,最爱看的动物之一就是猴子,全然的看着,有声音流动没有语言；全然的感受着,有喜怒哀乐但没有评判,那是不用语言但全然感受的时刻,没有对错,只是感受。

我们用语言的好处太多了,沟通交流、发泄和助人、掩盖和表现、攻击和保护、抒情和愤怒等等,用完整观去看的话还有很多层面,但最终回到生命本来时,语言只是个工具,用多了就没有心了。表达的目的究竟是为了什么？是乞求还是传递爱？此刻,请用心感受所有万物的瞬息万变吧！

完整观下看生命亦如是,当我们用心去感受身边人时,不论是喜欢说的还是不喜欢说的,你都可以感受到对方的初心是什么,是掩盖还是证明,是害怕还是担心,是攻击还是愤怒,是自责还是羞愧,是放弃还是无力等等。总之,当你用心去感受,一定能与对方同频,一定能感受到初心,一定能知道对方的需求,一定能建立共同的方向。

多听、多看、多感受、多问、多思、多观照,尊重他人的呈现是最基本的品德,当我们置身于大自然中,一草一木、一花一虫,微风细雨、阳光雨露、狂风骤雨,无一不在陪伴着你,这就是完整的一体,这就是生命的全部。

心灵小练习

和家人或朋友一起,到郊外或公园里散步,静静地看着身边的花草、小鸟和各种动物,用心和它们交流,感受它们的感受,呼吸新鲜空气,认真地观察一个破土而出的嫩芽,感受到大自然的生命力。

4月6日 固化模式

当一个模式被固化下来时,一定是对自己有好处的,如果没有就不会有固化的模式了。作为凡人都会活在好坏和利弊的模式里,那一定是有选择的去除和保留的生活模式。选择的标准一定是自己的标准,所有选择其实是自己决定的,无论你是清楚还是糊涂的,有意识还是无意识的,总之没有谁能强迫你做出任何决定,包括有人用枪逼着你,你也可以选择服从还是抗拒。

那我们什么时候决定得癌症的?估计没有人认账,这就是无明状态,因为他的确没有意识到这个因果,我选择了忍耐,我选择了欲望和贪婪,我选择了很多习惯,我选择了只吃爱吃的某种东西,我选择了这个,选择了那个。但结果出现时我们是不承认这里的因果的,甚至还会说,这不是我想要的,我太委屈了,我对人多好啊!我从不做坏事,老天不长眼,让好人不长命,其实,这老天才真是冤枉啊。

如果你真的相信因果,那就去看看,你每一刻都离不开这生命的韵律,当你相信有因就有果,你会由衷地去感恩一切,陪伴你的一切,如果你相信因果,你会努力探索因的世界看结果,你会坦然地感恩一切结果让你选择新的开始,你会接受这一切发生所带给你的成长。

在生命陪伴的路上,疗愈师会碰到很多不愿意去看自己因果的生命,在拼命对抗结果的路上,直到消耗到生命最后一口气,这就是因果。疗愈师要陪伴这完整的过程,因为随时发生的机缘都有可能帮助这生命醒来,所谓完整观就是让疗愈师中立地、自然地、无分别地、鲜活地去与生命的链接,所有的生命状态都在自然中规律地呈现,万物皆有灵性,这灵性在陪伴中随时呈现。

心灵小练习

现在,用一个舒服的姿势,安静地坐下来,深呼吸 5～10 次,感受一下自己的身体,从头到后背,再到脚底。呼吸时感受胸腔的打开,腹部的起伏,血液的流动,尽量释放出体内的废气,并且吸入新鲜空气。感受自己身体的内脏和血液以及骨骼,觉得哪里不舒服时,将意识集中在那里,用意念之光笼罩它,安抚它。

4月7日　分辨

我们能分辨出食物和垃圾，这似乎应该不是一个问题，可是离开物质的区分，到达精神层面时，很多人就开始犯糊涂了，什么是精神食粮？什么是精神垃圾？茫然不知，以至于颠倒乾坤，大逆不道。

每一刹那的生命韵律都是建立在进出平衡上，任何执着于自己的好恶，无视韵律的认为，习惯无明的逻辑等都是垃圾，都是在抱着垃圾不放，都是在破坏着生命的韵律。

我们对有形世界的区分能力让我们沾沾自喜，而面对无形世界时却毫无智慧的区分，错乱而不觉，这是系统紊乱的根源，我们太关注外在，从小就很忽略内在，我们太在意物质，从小就没有建立强大的内在，我们本来就是精神和物质的合一体，可是随着时间的推移，越大越分裂。物质丰富了，精神却空虚了，说得头头是道，做得颠三倒四。错把垃圾当宝贝都在呈现着钻牛角尖的状态。

我们拼命发展的所谓创造力，大多都是自我的垃圾，损人利己、损人不利己的事比比皆是，人类的杀戮和对自然的摧残，都在人类的身体疾病上对应呈现着，因为这是一个系统，与我无关的事在这个世界是不存在的，这是完整观的核心之一。

系统无处不在，韵律从未离开，无明呈现贪痴，觉察即成智慧，回到韵律其实不难，放下贪嗔痴，回到生命韵律。

完整疗愈中心的使命就是提供给更多人学习和探索生命的场所和范畴，在探索感恩这个大缘起的前提下，去到自愈愈他之果。踏着生命的韵律去成长吧！

本周省思

4月8日　一叶障目

我们在生活中经常会一叶障目，你也不例外。这"一叶"是什么？是"我"的认为，"我"过去的认为，"我"习惯的认为，"我"体验过的经验，别人都这么认为的认为……你在用这些认为时，会在生活中感受到它的指导作用，那么，你就更加认为这是真理，这时的认为很有可能让自己一叶障目，看不到真相。在"我是个什么样的人？我有多大能力？我的个性是什么？我今生能做到什么？我此刻的生命状态是个什么样？我和世界的关系是个什么状态"等等，这些范畴里都会障目。这也是我们经常会说的：我就是这样的性格，改不了，我今生不可能达到那样的境界！我就是个俗人，我就这点爱好，爱谁谁，我早看透了，就那么回事等等的原因。这就是每个生命的固有的认为，这就是那"一叶"。

当某个机缘到，把这"一叶"拿开时就会恍然大悟，如梦初醒，看到了天，看到了地，看到了山，看到了水，看到了阳光，看到了月亮，看到了生命——完整。别太在意"我"的认为，这并不是说你没有认为，并不是说你没有立场，并不是说你不能深入，并不是说你没有焦点，而是你面对一个人并不是你只看到了他（她）的鼻子或嘴巴或眼睛或耳朵，是看到了全部。这只是个道理而已，实际中每一刻都是如此，这即是当下而言，而每一当下之前都有上一刻的基础。由初心、观念、经验、信念、价值观、习惯、行为所组成，听起来很复杂，对于学习概念者，这是一个无法掌握的系统，对于实践者这是一个体验后合一于身心的、自如运行的系统，就像做呼吸一样如此自如，就像心跳一样快慢也不会脱离那生命的韵律。

物有两极，山有高低，水有动静，天有不测，地有表里，人有无常。这是格局，这是观念，这也是完整的开始。

心灵小练习

走进花园的小路上，静静地观察树叶和每一朵花，它们都各自呈现不同的风采，你可以慢慢观察它们的不同。这个训练帮助你打开心胸，了解大自然的多样性和差异性。

4月9日　价值

你和所有人一样，都是一个有价值的生命体。曾几何时，我们拼命地劳作，创造所谓的价值，成为价值和意义的奴隶，当我们渐渐逝去青春活力，步入老年之力不从心退休之际，我们突然间恐惧：我没用了！我老了！我不行了！我没价值了！这是一个活在价值和意义模式思维下的产物。当这个感受主宰了我们的生活时，一切的对比都在负面中，如我脑子记忆力大不如从前了，我睡眠不好了，我没有力气了，等等，一个认为自己老了的人会有精神和力气吗？答案是肯定没有！

昨天一位朋友带父母来完整疗愈中心复询，老人家近期状态都很好，身体健康，但活力缺乏，大脑清晰，但思路僵化，感受到被束缚的状态，是典型的价值观的产物。认为自己没价值了，老了没用了，一天不如一天了！还活在年轻的价值观里，没有进入此阶段人生应有的价值观。当我们沟通到与自己的生命交流，接纳生命规律，享受是老人的价值时，新的价值观开始建立了。我们要健康，我们要智慧，为了什么？我们造因得果，但不接受果，不享受果，还沉湎于创造价值的惯性里，耕耘，收获，享受，这是个生命的规律，我们尊重生命的完整，那就要看到有耕耘就有收获，这从未分离过，生命从出生到死亡的过程也是因果，从尊重生命的规律到享受着生命的全部过程，这是个不断成长经历的过程，每一刻的经历都不会相同，价值观也会随着经历成长发生改变，年轻时的努力学习是一种享受，到了老年，儿女的孝顺更是一种享受，同时健康和智慧的呈现又是个付出，是儿女对父母的期望，是儿女的福气。真心祝福天下老人都在这幸福的享受中。

心灵小练习

安静地坐下来，进入深深的思考，看看自己父母年老的模式，他们是否认为自己没有了价值？你又是如何对待他们的？重新开启你的孝顺模式，用新的方法让他们感受到生命的价值，让爱在你们之间流淌。同时看到自己的生命状态，是否与自己的生命规律相吻合。

4月10日　活在惯性里

　　昨晚出门取预订的火车票,去和回应该是两张票,这是我取票之前的固有概念,所以当屏幕上出现三张票时,我的经验告诉我有一张是错的,一定是订票的订错了没来得及退票,我想也没想就只取了两张,上车后发现是我错了,原来我还买了第三张去另外城市的车票,但却忘记了。白纸黑字在固有思维下根本看不见,这是一个典型的带着固有的模式面对当下发生,障碍看到真相的例子。如何才能做到活在当下？这真是个人生每一刻都需要做到的话题。活在过去的概念、模式、经验、身份等的惯性里是做不到的,活在未来的目标、期待、担心、恐惧等等也是不可能的,因为过去和未来的干扰让你无法全身心地去看到当下的一切,所谓如实观照即是如此。我们如能在每个当下都能如实地搜集到完整的信息,然后依照未来的方向,依据过去的经验分析,就会有效地做出相应的决定,这也是完整观在每一当下的如实体现。作为一个完整观下的完整疗愈师,其面对的是一个个无常流动而鲜活的生命,你若是机械地带着固有模式去看生命,那将是个悲剧,那将是无法对接的尴尬场面,所以一个完整生命的疗愈师首先要具备中立的心去陪伴生命,这才有机会去搜集到、看到、听到、观到完整的可能,才有机会找到那个生命的唤醒点,才有机会在完整的当下找到完整的疗愈体系,所以培训疗愈师是从每个当下的完整开始的。

心灵小练习

　　今天一天带着觉察做事,每一刻问自己:我正在做什么？将自己拉回当下,吃饭的时候就全然吃饭,看电视时就全然看电视,走路时就全然走路,努力让自己不受思绪的干扰。

4月11日　破除信念绑架

　　每个生命都是在无数体验中形成了强大的信念体系,这些体验后的记忆储存在身体各个部位各个细胞中,个体的记忆被固化,形成了各自的信念而远离了自然,只有当这些固化的信念被冲走时,一切方能回归自然,这时你会有一种空灵的宁静的感受、一种毫无牵挂的感受、一种瞬间融化的感受。虽然在那股巨大的能量扫荡自己的瞬间还有很多反应,如恐惧、假设、强迫、抗拒等等,但当瞬间到来时一切都如是回归,那是个真正的自然的完整,那真是妙不可言。几年前当我看到了自己已被信念绑架和束缚时,曾经发愿我一定要破掉这个束缚,破掉这个逻辑思维,破掉这自我的界限,这的的确确是个开始,这是一个决定,这是一个渐渐的到达,这是一个量变到质变的体验,一切都在不离决定上,尤其是在生活中、具体事件中,体验过去的信念体系和当下的自然冲突时所带来的感受,这感受即是菩提!烦恼越大,能量就越大,就越能冲击到固化的体系。

心灵小练习

　　找一个安静的地方,平稳呼吸,思考一下生活中有哪些常常让你感到难受的事情;也许你的车子经常出毛病,也许你目前的人际关系出现了问题,也许工作压力太大,你晚上难以入睡,或者同屋人的呼噜声让你无法入眠,或者学业很重,等等。开始深呼吸,把困扰你的事情放在一个更大的背景下,站在更高处观察它们,深吸一口气,去吸取困扰之外的世界给你的能量,然后缓缓呼出,释放掉这些困扰。

4月12日　照见自己

　　古人常说:近朱者赤,近墨者黑。这是一个范畴决定内容的角度,也意味着人是可以改变的,同时也说明环境不同会影响到人的信念价值观,你知道自己所处的环境吗？你知道自己的信念价值观吗？

　　一个人的一生是个生命的旅程,完整的生命体验让我们有了对生命的认知,同时生命一刻都离不开这孕育万物的世界,即世界也是生命,我与世界合一为生命。这是一个高度的认知体系,落地的价值观呈现的是平等的相处关系,生命并无高低贵贱之分,也无远近亲疏之别,更没有占有欲望和恐惧失去的生命,物质是变化无常的,精神是永恒的话题。

　　当我们的思维模式固化时,一切都在否定中,因为周围在变,自己的不适应就会去对抗周围的改变,只要对抗就会产生消耗,产生负面情绪,产生仇恨,产生抱怨,产生疾病,这是很多来访生命的根结所在,我们在陪伴中用镜子令其看到自己的过程即是愈他的过程之一,这是一个探索的过程,并无非常固定的方式,但方向非常清晰——照见自己。

　　每个人都有当下的需求点,这是一个共识的基础,达成一致的目标就是让其需求成为现实,而非想法和逃避的借口,在这目标的前提下共同的目标将信任建立起来,共同去探索奇迹,没有人能保证以后的事情,我们可以共同去发现、去经历、去体验、去改变、去成长,这是一个疗愈师的心态,同时也是所有生命的价值观,这是一个自愈愈他的共同体,这是一个动物、人、生命的共同体,这是一个从未分开过的共同体,这是世界的本来呈现,只有臣服和尊重才能够体验到其核心。

心灵小练习

　　找一个安静的地方,静坐,深呼吸,闭上眼睛。想象自己在走近一间小木屋,那是安放自己灵魂的木屋。在进门之前,放下手中所有的物品,放下身上所有的负累,也放下心里牵挂的所有未完成的工作。伴随着平稳的呼吸,进入灵魂的小木屋,张开双臂去拥抱另一个自己。伴随着呼吸,感觉自己的灵魂拥抱自己,去体会这特别的一刻,让喜悦从心里升起。

4月13日 习惯

我们都有自己的习惯,不知不觉一晃数年始终如一,不管事件怎么变化,我们的反应是一模一样的,这个模式就是我们常说的自动化反应模式。这个模式是不会被觉察到的,所以成为无明,其实每个人的性格就是如此产生的,如内向外向、易激动、易抱怨、压抑、易演绎、易自卑等等。只要是已习惯不觉的模式,都是你的特点。

只要一个特点会给你带来好处,那么这个好处就会加强这个模式,直到达到固执已见的地步而不觉。

什么是不觉?就是当有一天你得病了,家庭系统散了,紊乱了,事业垮了,等等,最后得了绝症时,你都不认为是自己造成的,你并不认为是自己的模式所致,甚至会继续用这个习惯的模式再对抗所面对的结果,绝不回看自己,这就是不觉。我是不可能错的,这是一个需要觉察的范畴,这个固执已见的范畴一旦被觉察到时,一切都会回归自然,一切都会重新开始。

结果都在面前我们还不向内看自己,这本身就是一个如此顽固不化的模式,如果你相信你的世界里一切结果都是你造成的,那么发现原因的可能性才会有,如果你只是在找外在的原因,那么一切的结果都会继续发生,直到死亡而不觉!这是完整疗愈体系中反复强调的生命主控权的核心之一。一个抱怨他人、抱怨社会、抱怨家庭系统、抱怨外在的一切都是没有生命主控权的人,只有当我发现我是我生命的主人,我的一切由我造就,所有结果是我导致的时候,来去就可以自由了,生命的韵律就可以呈现了。

心灵小练习

1. 仔细审视一下自己身体有什么方面的疾病或不适。
2. 思考这些疾病和自己的哪些习惯有关,例如紧张、焦虑、担心、抱怨等模式。
3. 告诉自己从此刻起放下这些模式,转变成另外一个模式,只有这样才能彻底改变疾病的成因。

4月14日　成长的因素

决定我们成长的因素有很多,缘起缺一不可,但障碍我们成长的因素只有一个,那就是我们自己的固执己见,固有模式,自以为是,自我无明,贪嗔痴。

透过完整观来看生命的韵律,可以让我们看到自己的固执己见,通过很多角度的方法,可以让那些障碍我们多年的模式松动,瞬间转变,甚至蜕变。

一个生命完整疗愈师,会透过完整观来看整个生命的系统,会把有形和无形的转换运用到自然流动,以无形的能量化有形的身体病变,由有形的部位的有形的方法,瞬间转变成无形的模式。这次首席疗愈师何导的疗愈,就是由有形的方法来影响无形的模式,这与无形影响有形共同构成了完整的生命韵律,进一步证得完整疗愈的无形决定有形,有形影响无形,无形隐于外相中,外相彰显所有无形。这是由每个人自己的心智模式所决定的,由每个人的逻辑所决定的,由每个人的见地所决定的,由每个人的生命底蕴所决定的。

我们身体有很多的痛点,长此以往会导致功能障碍,这些都是自我模式的结果,打破这个恶性循环是我们要做的事,何导这次的探索成果,让完整疗愈又上了一个台阶,由痛症入手,由有形入手,由结果入手,由破痛入手,在立竿见影的效果中松动内在的固有模式。

本周省思

4月15日　生命周期

我们此生的生命,从孕育到死亡经历的时期大致可以分为孕育期、婴幼儿期、青少年期、青年期、中壮年期、解惑期、老年期等等。如果以十年为一期的话,孕育和婴幼儿期为第一个十年,以依此类推。十年一个圆满的周期,对于思维模式的建立是一个重要的形成过程,其中解惑期是我们人生所经历的重要时期,大概在四十岁到五十岁之间,这是一个价值观升级的时期,这是一个总结成果,思考困惑,改变自己的时期;这是一个人生阴阳转换的时期,这也是一个达到完整人生的开始。

我特别感恩在四十到五十岁这个时期所有推动我成长的贵人,他们用自己的方式让我看到、学到、体验到什么是自我,什么是困惑,什么是真相,什么是价值观,那是一个认识自己,剥离固有模式的过程,渐渐地清晰了什么是贪嗔痴,什么是范畴决定内容,什么是习惯的反应和惯性,什么是角度和完整等等。

当价值观开始松动时,我的世界渐渐不同了,我看到的不同了,我感受的不同了,我的专业也不同了,我开始可以清晰地区分到什么是范畴、什么是内容,我每一刻忙忙碌碌的都是由什么决定的,我学会了很多人生的范畴。这是一个因果关系的建立,我知道了什么是因,什么是果,此生使命何在,那就是看清宇宙规律,贡献人类医学,这条路很漫长,很宽广,很神秘,但是很有价值。

心灵小练习

静静地坐着,想象自己是一片海水,海浪拍打着岸边,潮起潮落。看到大海的潮汐,同时看到自己的生命规律,告诉自己,生命的韵律有高有低,有起伏,学习接受潮起潮落的起伏。

4月16日　接纳结果

亲爱的朋友,你相信因果吗?善于在结果面前总结因的人一定会升起感恩之心,看到因并接受果的人一定会升起喜悦,因为真相的魅力四射,因为因果所对应的就是这样。

我们面对结果而不接受时一定看不到自己所造的因,我没做什么啊!怎么会是这样?我一直都很努力的,我真是冤枉啊……结果无论好坏都已经是存在的过去了,是无法改变的过去,它的呈现是在提示给我们这是你制造的,你是要负全责的。你究竟做了些什么?你愿意去探索吗?你愿意去面对吗?你相信你的作业吗?你逃避责任有用吗?你想忽视这一路走来所发生的一切吗?你还想继续这个结果吗?你想自欺欺人一生吗?

人生会相遇无数个结果,每一次都有机会,但何时醒来却是个天大的谜,习惯于自我的模式里而不觉是比较普遍的现象。相遇而不见的贵人遍地都是,相伴而不觉的缘分时时存在,用有限的知识去怀疑,去评判,去对抗的心到处碰壁,屡战屡败,屡败屡战,从不总结经验而视为坚持,视为意志,视为美德,这是该醒醒了。

一个所谓好的结果一定与其前因有关,而因是心因主导的一切发生,每个生命都具足这主导的心因,你不相信就是无明。不信一定会怀疑,一定会否定所为,这是一个恶性循环,这是一个发心,这是不愿接受结果的根源。相信自己的思维比相信结果还要坚定不移,这是一个巨大的能量,只是方向反了,一旦转身就是智慧,就是重新开始,就是生命的重建,这是一个优雅的转身。

心灵小练习

仔细地观察一株植物,想象它刚发芽时候的样子,了解每一颗种子都会长出相应的植物,回想自己有哪件事是不能接受的,看到成为那个不能接受结果后面的原因,然后放下这件事。

4月17日　品质

　　品质是不会因为什么条件而改变的,是什么就是什么。什么是品质呢?品质是品种、品位、质量、立场的一种综合性的评价,其中就包括了品种的不同、品种的属性、品种的纯粹、品种的优良、品种的特点等等,也包括了不同的品位所呈现的丰富多彩,从本能的属性到丰富多彩的世界属性,到千姿百态的生命属性,到生命的立场,再到完整生命的境界,无处不在的生命状态呈现着不同的品质。

　　每个阶段的生命品质是不同的,主要表现在信念价值观上。当我们的信念价值观固化时,便会与世界的流动脱离,与世界的完整背离,会呈现对抗性、矛盾性、纠结性,所以我们一生都在丰盛自己的认知体系,信念价值观也在不断地丰盛和改变,最终在完整地看到全部的存在时与本来合一。

　　活在自己的标准里是不可能接纳标准之外的任何呈现的,只有发现了自己的固执己见,才能真正接纳所有的发生,而且是无条件的接纳,无条件的付出。

　　信念价值观不改变时,一切的所谓付出和决定都是假的,都是以我为中心的决定,疗愈师可以通过照镜子的方式让其看到核心。只有当他真的看到了自己和他人的关系,看到了自己的价值观直接影响着他人,看到了自己的改变就是系统的改变的根源,那时,觉知体系所形成的信念价值观才是主导系统的核心价值观,那时的决定才是真心的决定,那时的改变才是真正的改变,那时的负责任和角色才是到位的角色,那时的家庭才会和谐而阳光灿烂。

心灵小练习

　　仔细环顾四周,选择一个或两个陈列在你身边的物品,通过细细观察它的细节、品质,看看和你平时的观察有什么不同,越仔细越好。这个训练有助于练习你的观察力和感受力。

4月18日　点燃生命

看到每天完整疗愈自愈愈他成长班学员分享体会，令我感受最强烈的是，他们是一群点燃自己照亮他人的团队，他们是探索生命的勇士，他们是敬畏生命的智者，他们一定是生命陪伴中的大疗愈师。

我们在成长中探索追寻着我们的本来，这个本来就是说，我们原本是个完整的生命，此生就是来通过这个肉体与原本的生命合一的过程，这就是有形与无形合一的过程。我们原本无形的生命本质是完整具足的本来，我们的肉体是这无形本来呈现的相而已，这是个无法分开的真相，这些真相由谁去探索发现呢？这是个"我是谁？"的大话题！每个人都拥有这个令人敬畏的使命，因为在这个世界上只有生命的智慧和完整韵律构成了我们存在的主题，探索和拥有构成了我们的智慧财富，发现未知的自己，同时照亮他人。

烦恼即菩提是我们的感恩主题，我们感恩众缘缘起之福分，其中包括我们的烦恼，我们每一次的突破和发现都是在众缘和合下发生的，缺一不可。所以说感恩是因，才会有喜悦的果，才会有流动的生命成长。

如果你突然发现自己一直无明，一直很固执己见，一直好恶分别，从而心中生起贪嗔痴，那么这些发现是没有任何价值的，因为逻辑思维范畴没有改变，发现的也是一个自以为是，还是无法突破。我的体验告诉我，任何超出此刻我的意识的所有信息，都是我探索的点，都是由无明到清明的点，都是生命的超越。

心灵小练习

理解平面和立体两个不同的表现形式，如果你始终在平面上，在一根线段上移动，你将永远无法站在空中看到这个线段，只有你到达了立体三维空间，你才可能真正挣脱二维世界的问题，二维世界的所有问题，也就不存在了。画一根线段，再画一个三维的立体正方形，比较一下两者的不同，告诉自己，如果想要提升自己，首先必须提升自己的纬度。

4月19日　自己与世界同步

亲爱的朋友,经由探索世界,你会发现原来自己和世界同步,此刻你会有由衷的喜悦,你会有鲜活的智慧,你会有绽放的能量,你就是源头。

每个人都是颗璀璨夺目的星,因为发光而成为源头,当你看到一颗星星时,你就是对应存在的那颗星,你同样在源源不断地释放着你的光芒。

所有的自以为是都是让自己活小、活窄、活死的因,所有的逻辑都是自以为是地阻碍着自己与真相在一起,所有的认为都是僵化的念头。

当我升起我内心恐惧时,当我升起我内心的逻辑时,当我升起我的判断时,一切就都死了,因为已无可能了,因为你已决定放弃了,因为你认为没有可能了,因为你已认为死是无疑的,唯一剩下的就是不甘心,不愿意,不想死。

我碰到不少的人从内心做了一个决定,我没事,我活,当下由悲转喜,当下由死转活,当下由点滴开始改变过去的习惯。而不是如果有来生,我会如何如何的,如此悲观不负责任地去对待此刻的生命。

当下的力量就是当下做到,所有的逻辑都是在证明自己的认为是对的,难道你认为你要死了,也要证明自己是对的吗?这是一个人固执己见的结果:死路一条!

完整疗愈是帮助那些愿意改变自己的人,愿意探索发现生命韵律,愿意与生命合一的人,一切发生由愿意开始,每个生命的主人都是自己,如果你愿意才会吸引帮助你的人,如果你愿意才会吸引生命的能量,如果你愿意财富秀会帮助你,总之,如果你愿意,一切都是你的助缘!愿天下人都能看到我是改变一切的源头!

心灵小练习

静静地坐着,回想自己有没有什么时候因没有听别人劝说而出现了错误的地方。回想那件事的发生,为什么自己没有听别人的劝说而一意孤行?事后是什么感受?看到自己陷入自我判断的误区中,同时看到经由体验而得到结论的收益,告诉自己一切的得到都是最好的礼物。

4月20日　两面性

透过完整观看我们的每一刻发生，一定是两面合一。例如负责任与受害者，承担与推卸，就其本质而言都是初心所决定的，倘若初心是付出，目标达成全局，那么呈现的一定是负责任、积极、想办法、承担，反之一定是推卸、不积极、借口，还要证明我是对的，我是受害者。

有偷心的人是不会全力以赴的，因为其目标是投机取巧，占便宜，不敢担当，害怕负责任，所以结果一定是在解释上下功夫，结果一定要找个替罪羊，结果一定是目标丢失。

责任有多大，权力就有多大，愿意付出，愿意承担者，权力一定是自然凝聚在身上，任何一个团队开始找借口，怨他人，推卸责任时，都是丢失目标的开始，都是团队瓦解的开始，都是内耗的开始，都是无力的开始。

我愿意，我承担，我负责，我贡献，我们共同达到——这是个方向！我完全融入团队，那是一个融入而完整的缘起！缺一不可，没有比较，只是融入。

心灵小练习

安静地坐着，认真感受一下自己个性当中阻碍你的部分。你是否很固执？或者无法信任他人而不能融入团队？时常感到嫉妒？当你平稳地呼吸时，允许自己看到障碍自己的恐惧点。不要急着去修改它，用温柔的爱去包围它。

4月21日　病由心生

病由心生,这句话很多人赞同,也相信有因就有果,但心无时无刻不制造着因,很多人也许并不能真正理解和相信。

我们都在说感恩,感恩是基于生命的缘起和因果而升起,这是属于"明天理做人事"的范畴。人从来都是一体于世界的,人不可能离开而独立存在于世界之外,无论是阳光、空气、雨水,还是周围的花草树木,都是大自然的恩赐,一切的发生都在因果规律中,你的心念是制造因的发源地。所以要觉察每一刻的起心动念,觉察每一个行为背后的起心动念,觉察面对结果的起心动念,觉察担心背后的起心动念,觉察否定背后的起心动念,觉察肯定背后的起心动念,觉察多了就知道自己的心了,就知道自己的心有多大力量了,就知道心与结果的关系了,就知道心与疾病的关系了,就知道一切发生由心开始,万法由心造。

对每个人而言,心有多大,你的世界就有多大,在你的世界里,你是主人,一切由你决定,因果都是你自己的,这是关于我要对所有的发生负责任的背景,你的世界别人无法干预。但是,你总想把你的世界交给别人管理,但实质上别人无法也无权调动你的世界,也无法替你承担你自己之前的作业,只有帮助你醒来,做好自己的主人。

你的世界与别人的世界无法分开,但自己的世界与别人的世界的确有很大的不同,你看到的很有限,自然的本身就完整地在那里,非常耐心地等着你去发现,非常慈悲地等着你去拥抱,非常自然地呈现着规律,等待你和宇宙的合一。

完整观是对世界观察和描述的一个方法,方向是与自然本来合一,顺应规律,让自我强大的紊乱归位,去向有序和和谐,由无明的因果去向清明的自然,由无明的奴隶去向清明的主人,去向因的源头。

本周省思

4月22日　我是我的主人

　　我是我的主人,我是我生命的主人,我是生命主控权的主人,这主人都在做什么?能做什么?拥有什么?所有结果与主人的关系又是什么?

　　完整疗愈是个方向,是面对生命的探索,系统落地是帮助自己和他人解决当下的困惑,成长和开悟是每个生命自己的事,完整疗愈只是在把做梦的人唤醒,然后在陪伴中解决意识、情绪、身体等所遇到的障碍、错位、紊乱等,陪伴生命回到本来的韵律。

　　完整疗愈是个系统,就如每个人、每个家庭、每个国家、每个星球一样,都是有韵律、有规律、有生命的本来。我们在尊重这些规律的前提下,各就各位,各司其职,共同维护系统的完整和谐,这是系统中每一成员的位置,也是自愈愈他的基础……

　　我是我的主人,我的决定和行为制造着一切呈现的结果,同时我知道我在每个当下都在做什么,一切都是我所作的因,所有结果我都是要承担和负责任的,这是主人的范畴。在自己生命的世界里没有其他的主人,只有自己!感恩自己的一切,包括我生命中一切陪伴我发生的所有助缘!愿天下人在唤醒之路上建立自己的主人范畴!

心灵小练习

　　静静地坐着,回想你担心袒露真相引发的尴尬和难堪。如果可以,细想一下是什么让你羞于承认真相,你害怕承担真相后会发生什么。如果将来再次处于同样的境地,你的表现会有不同吗?如果可以,告诉自己,坦承真相不会为你带来任何灾难。

4月23日　花花世界

亲爱的朋友，所有花花世界的呈现都是在提醒你自己是个生命，除此之外没有什么其他意义，如果你还在抓着生命之外的幻象不放，那就是在埋葬生命。全然地和生命在一起吧。

所有自以为是的逻辑都是幻象，所执着的逻辑制造出来的所谓成果，依然是更多的幻象，直到不知不觉地失去生命。

在面对生命中所遇到的困惑和疾病时，我们会有两个方向，一是贪嗔痴的方向，那就是恐惧、怕失去、对抗、不接受、无奈。二是醒觉，回到生命的方向。这就需要终止贪嗔痴，回到生命的韵律，去探索生命的本来，让生命重生，也就是转身，这是别人无法替你做的事，只有你自己去拿回这生命的主控权。如何才能终止贪嗔痴呢？首先要看到自己的贪嗔痴，当看到了，才会终止它。

如果你的心不变，你的心不转，你的范畴是不会改变的，你就是拼命地去求所有的方法也是无济于事，这就是完整疗愈所说的意愿度的核心，例如我们付出金钱时，开始心疼，这就说明在自己心里，钱比生命重要。当需要我们配合治疗时，我们强调条件，这就说明条件比生命还重要；当需要我们去臣服于生命规律时，我们想不明白，我们做不到，这说明我们内在并没有做好真正的准备来改变。这都是不转身、不醒觉、不臣服生命的韵律，只活在自己逻辑里的典型表现。

每个人在面对改变时都会有这太难了的感受，其实这太难了就是个习惯，就是对过去习惯的一个执着，习惯与否本身也是韵律，但是只贪着习惯而抗拒不习惯也是贪嗔痴的表现。

疗愈师首先是陪伴者，允许无明的生命呈现的一切，同时寻找一切可能发生的机缘去唤醒生命，静待花开。疗愈师在陪伴中需要不断地应机施教，让对方看到生命的范畴与疾病的关系，臣服生命，这就是最大的疗愈，就是最大的改变，就是对生命最大的尊重。

心灵小练习

静静地思考一个问题：我是一个固执己见的人吗？能否找到一些例子来证明自己？学会多聆听别人意见也是一个良好的品德。但同时也要看到，坚持自己的立场也很重要。拿出纸和笔，写出自己认为固执的地方，看看有哪些固执的信念影响了自己前进的步伐，破除这些障碍。

4月24日　身在福中不知福

身在福中不知福，这是关于范畴的，如学习前人的智慧，一定是沐浴在前人的能量中，让自己少走很多弯路，就如接力赛一样，人类就是一棒一棒地接力而来的，不可能每一个人、每一代人都要从原始社会开始人生，我们一定是接过前人的智慧，继续向前。

我们一出生就已沐浴在此刻的时代能量中，这个能量就是人类不断接力发展的结果，在接过棒的过程中把前人的智慧接过来，同时通过自己的体验和感悟形成并得到下一刻的见地、世界观、价值观、信念体系，这就是范畴，这就是因，这就是一个人生的范畴，这就是此生韵律所在的使命，这就是一个生命的格局所在，这些都在生命的韵律中。

每个人都有自己的见地，当固执己见的见地成为唯一时，当自以为是的认为障碍了我们去探索时，那一定与生命的韵律相背离，那呈现的一定是二，所以放下固执己见，放下自以为是，放下无明的贪嗔痴，首先要建立清明的范畴，建立清明的见地，建立生命的韵律范畴，如果不去学习建立，那所有的所谓方法和所谓的修行都会延续在过去贪嗔痴的范畴里。

完整疗愈中心组织开放式免费学习组，其目的就是通过大家的学习探索，把自己的生命范畴建立起来，把自己的生命韵律感知起来，把自己找回来，回到生命的韵律范畴里，让自己身在福中也惜福。

心灵小练习

静坐，闭上双眼，深呼吸进入冥想。想象自己坐在一个巨大的水晶金字塔里，面前有一张透明水晶桌子，有十二把椅子，你的高我(灵魂)坐在那里，你需要交流和沟通的人的高我(灵魂)也坐在那里，他们在进行高层次的沟通。你吸取了水晶的能量。睁开眼睛，缓慢地呼吸，你觉得非常舒服。

第三主题
生命主控权

第三主题

生命主控权

引言

亲爱的朋友,如果你确信你有思想,如果你确信你有灵魂,如果你确信你有对世界的见地,那么这些确信就是你无形的能量,这些能量的流动呈现出很多有形的结果,这就是我们常说的无形决定有形的角度之一。

我们拥有这无形的全部,这无形的能量是我们自己的财富,所有人生无常的一切发生都是由你缘起缘灭的,这就是我们说的生命主控权的核心所在。

我们的每一个起心动念,这个世界里就会有相应的东西呈现,包括我们的身体、情绪和想法都是由我们自己所支配的,这个韵律的核心是因果律。无形决定有形,万法由心造,你的世界你做主,每个人都是生命的主人,你了解的生命越多,你这个主人就越称职,所以此生的主题之一就是探索发现生命的韵律,做好生命的主人,拿回生命的主控权。

如果你很自卑,说明你从未做过有意识的主人,那么此刻你可以马上做个决定,我决定相信我看到的都是我拥有的,这就是主人了,这就是做主了,这个转身就是回到生命主控权上了。

完整疗愈体系的核心之一:生命的主控权。就是要让更多的生命从昏昧中醒来,回到生命的主人位,回到系统的自己位,回到当下发生的缘起位,回到韵律中的本质位,在面对结果时,清明这里的因果,知道自己与结果的关系,负责任地决定下一刻怎么做,我探索发现这韵律,是因为我从未离开过这完整的生命体系,这个体系的主人是我,我要为这一切负全部的责任,这是决定下一刻结果的核心力量。没有哪个生命可以逃脱这个本质的,你在这个系统中,你在自己的位置上,只是不作为或没做好而已,这不代表你没有这个位置和权力,一旦你清明了,醒了就回来了,回来就到位了,到位就可以行使你的权力了。愿你能够在这个主题的探索中醒来,回到自己的位置上去行使自己的主控权。

4月25日　是什么决定了你

亲爱的朋友，你可知道，是什么让你决定成为今天这个状态，我们之所以是这样，一定在此之前做了一个决定。虽然你不会承认，但这个决定一定是你亲自做的，不管你遇到了什么，决定一定是自己做主的，与别人无关。

既然决定是自己做的，那么一切结果也一定是因自己而收获的，这是一个公平的世界，你做什么就得什么，你决定什么就成为什么，你努力就会成功，你懒惰就会落后，你帮助他人，就会受到尊重，你索取就会枯竭。

你会问：那么为什么有些人很努力工作，却并不成功呢？这的确是一个值得探索的话题，也是一个很常见的现象，这是一个与初心有关的话题，这是一个与决定有关的现象，这是一个因果。

先让我们思考以下问题：在努力工作的背后究竟发生了什么？我是一个什么人？我是个天才还是个奴才？我是生来具足还是渺小贫穷？我是感恩万物还是怨天尤人？我是糊里糊涂还是清明了然？我是自以为是固执己见还是活在当下看到真相？我是生命的主人还是我从来没有看到过生命？我是拥有全部能力的生命还是我是能力的奴隶？我是一切的源头，我要对一切负责任，还是除了我之外都与我无关？我是个有担当的人还是一个不负责任、爱逃避的人？不一样的心，不一样的行为，不一样的结果。我的心就是这样做了个决定，这是一个巨大的起因，这是一个决定命运的决定，一切都是如此而产生的结果。

你所做的任何决定一定会有结果，这就是因果不昧，种瓜得瓜，种豆得豆。现在，你清楚你做了什么决定吗？

心灵小练习

静静地坐着，看自己从小到大为自己做了哪些决定，让自己得到了这样的结果，有了今天一切的呈现。有些决定是自己主动做出来的，有些决定却是不知不觉被迫做出来的。明白一个道理，我们所得到的一切都和别人无关，一切都是自己决定的产物。深呼吸，放下过去的一切，从现在开始做一个新的决定，并且认真执行，看看由此而得到的结果。

4月26日　系统

你从出生就在一个巨大的系统里，无法摆脱。每个生命都有其独特的系统，符合系统的运行规律则自然呈现其优势，背离系统则处处碰壁。我们生来具有的系统是自然，是生命，是人，是人心，我们常说的先做人再做事就是先了解系统学习范畴。当我们为了满足自我虚荣，满足贪嗔痴，满足懒惰，满足各种欲望时，一定会背离培育我们成长的自然系统，包括看破红尘者，包括痴迷信仰者，包括那些假慈悲伪善者，等等。

背离自然系统最明显的因果是做事不顺和身体表现疾病，回到系统则一切自然和谐。所以我们一生的学习都是在了解系统，了解得越大、越宽、越深、越全、越完整，就越接近我们生命本来的系统。这个系统建立起的意识观念就是我所说的完整观。

心灵小练习

集中精力，去思考一个重要关系的真实状况。深呼吸，放松自己的心，试着不要让自己期望对方会改变成你希望的那样。平稳呼吸，去感受对方真实的一面，以及他带给你的痛苦。那个真实的人给你什么样的感受？真实地面对自己的感受。

4月27日　自己过河

亲爱的朋友,你是否能感受到相信的力量?相信具有能量,不同程度的相信会导致不同的结果。凡人总是固执己见,甚至不相信已经成为结果的事实。这是我们头脑里的逻辑,也是我们习惯了的模式。这是我们放弃成为生命的主人,成为习惯模式奴隶的真相,觉悟从看到自己的此刻开始。

每个人都有自己的习惯模式,但未必都清楚为什么会这样,为什么会那么顽固不化,为什么总是那么做而不愿意改变,为什么对帮助自己的恩人都会心生嗔恨,为什么对外面的世界毫无感受,为什么不可以接纳自己不喜欢的人事物。这背后的形成究竟发生了什么?

完整疗愈体系中,首要的就是系统的秩序。首先要清晰每个人的位置,才有可能各就各位,到了位还是不能保证有效,所以要学习在这个位置上要负什么责任,对生命是什么责任,对系统、对团队、对范畴、对身体、对他人分别要负什么责任。当你都在探索中看到了,你就是那个位置,你就是智者,你就做到了各司其职。

掉在答案里是答案的奴隶,评判标准就是答案,所以出口就是答案,由于没用心感受,所以在大脑评判中会经常不在当下,说出来的标准答案会与当下不吻合,驴头不对马嘴,甚至对方指出时不但不接受,反而对抗,这都是成长中形成的习惯模式。这个模式的背后是有原因的,是有很多自己都不知道的故事的,都是自己所导致但不觉。如果你愿意探索,你愿意成长,你想看到真相,那么完整疗愈体系可以帮助任何一个有意愿的人,看到这背后的发生。

面临一条大河,一个过不去河的人,你可以帮助他用各种方式去解决问题,但最终是需要他自己过河,当下次你不在身边的时候,他自己能过去,这是完整疗愈体系最终的目的。

心灵小练习

静静地坐着,看自己是一个愿意去信任的人,还是不愿意去信任的人,为什么?不相信的背后发生了什么?是自负还是恐惧?把这些感受写下来,仔细区分。这个练习有助于自己找到过去的习惯性模式。

4月28日　开心

我们每个人都喜欢过开心的生活，如何让自己开心起来？开心的原因是什么？又是什么会导致我们不开心呢？有人说因为老是担心使得我们不开心。那么，担心什么呢？担心自己所恐惧的、不接受的会发生，这种担心是基于演绎的和经验产生的。我们在以往的经历中沉淀了很多经验和标准，这些经验和标准会自动对当下的事件进入判断，当得出不如意的判断时，担心就会升起。而演绎是对未来的一种想象，这可能基于过去个人经历后的经验，例如"一朝被蛇咬，十年怕井绳"，当我们看到井绳的时候，头脑里会迅速演绎出被蛇咬的可怕结果，从而产生恐惧。也有可能基于前人的经历被流传下来的经验，例如偏僻的森林里有老虎，不论我们是否亲眼看到过老虎，我们内心都会紧张不安，这是演绎的结果。

当对过去或未来产生恐惧时，不开心就产生了，这是个情绪，视贪嗔痴的程度而呈现出各种不安、焦虑、失眠、暴躁、逆反、钻牛角尖、疑心、被迫害、抑郁、错乱等等，当自我被固有时，这一切都在其中呈现。"我的"这个词一旦被固化在自己的信念里，对立的范畴就开始了。如贪嗔痴的根源来自于有了"我的"固化，不是我的就会不开心，失去"我的"我就会痛苦。占有的欲望让更多的担心升起，每一刻的占有都被担心所控而不可能开心。面对无穷尽的世界，自己的占有如此渺小无力，这更加没有安全感，欲望继续膨胀，拼命地去占有，直到痛苦地死去。

其实，让我们开心的事有很多，当我们内心全然地拥有时，看到了这即是我生命的全部时，这就是合一，全部意味着喜欢和厌恶同在。同时每一刻的真相都清楚，与自然规律在一起的时候是开心的，站高一线看格局，脚踏实地看规律，两极在手乾坤现，无我无常无染境。这是个开心的范畴，这是个生命的状态，这是个完整的生命，这是个不二分的生命，这是个自然究竟的呈现，已无对任何的偏执，一切都在完整之中。

心灵小练习

静坐，想象自己沉入深处。把每一次呼吸想象成一次划水。慢慢地呼吸，慢慢地划水，不要去管沿途的风景。生活像平静的海面一样包围着你，什么也不要做，就漂浮在海面。感受大海的完整，感受自己投入到其中，与海水合一的状态，生命中需要包容一切，当下就是一切。

4月29日　种瓜得瓜

我们都知道种瓜得瓜的大道理，却不知道自己都在种什么，只是总想得到什么。可现实残酷地告诉我们光想是得不到的，那么这中间到底哪出了问题？是什么干扰了我们去得到？是什么让我们不能纯粹地去实现？是什么让我们怀疑自己怀疑他人？

首先，要知道什么是种子，这种子是谁种下的。让我们一起来探索，我们从出生以来的一切行为究竟是谁做主，包括我主动地做主，主动地决定被别人做主，要看到一切都是我决定，每一刻的决定促成了下一刻的发生。这决定的背后有很多不同：有心存怀疑，有心存侥幸，有逆反对抗，有心脑不一，有不确定，有试试看，这就是不纯粹的背景，这就是二分的根源，这就是说种子都是由自己种下的，其背景也是自己造成的，决定是种子，背景是陪伴种子成长的一切条件，所有因素汇集成一体时结果就产生了。

我们在决定时过去的经验会帮助我们判断，同时也会在分析中否定，这是一个纯化的过程，从否定到怀疑到试试看，到相信到坚定不移，这是一个人的成长过程，同时也是实现结果的过程。满意的结果一定是在纯粹的决定下产生的，这是每个生命的权力，是每个生命生存的必要条件，是每个生命到达下一刻必须要面对的过程，也是我们常说的因果。

在决定时我们经常会对未来担心，担心决定错了，担心取得不到满意的结果，担心这个担心那个，这是一个没有纯粹决定的反应，只要不是纯粹的决定，一定会产生很多担心和否定。所以如有担心请回到原点去看决定，因为决定决定结果，心态决定结果，范畴决定内容，相信决定结果，自己决定结果，心决定结果，我是一切的源头，我决定。

心灵小练习

请静静地坐着，回想上一次你勇敢地直面生活的时刻。一边回忆当时的情景，一边将你的注意力放在三件事上：你如何打开自己的心灵？生活的冲击又是如何改变了你？用力像鲑鱼那样向上跃起时你落到了哪里？现在请平稳地呼吸，仔细品味开放自己的心灵，接受改变后你的感受。慢慢地呼吸，体会你正处于这样的过程中。放松自己，勇敢地放开心胸，拥抱眼前的一切。

4月30日　有形和无形

　　来到这个五彩缤纷的世界上,你能感受到的都属于有形的部分,而无形的部分则被人们冠以神秘的色彩,其实你从未离开过这两部分,因为它们从未分开过,它们是一体的,就像你看不见自己的后脑,但借助镜子你看到了,我们每个人都有这个镜子,只是你还不会用。当你从粗糙的感受和有形的思维中出来时,这个镜子就在你的面前了,这个镜子与静下心来有关,与惯性的固有无缘,与大脑的固有无缘,这是个修炼的过程。当你真实地看见时,完整的生命就在你面前了,在这个过程中会有很多片面的奇迹出现,会有走火入魔般的痴迷,这仍然是在有形的思维里,或者说在二元对立中,在整个人生中对无形的世界的探索太少了,但是在生活中又无处不在,尤其是在科学未证实之前,无形的被解释为巧合、迷信、神秘的、上帝的、神仙的等等!只有当我们放下固有的有形思维,开始去看前人的体验总结,开始去探索生命本来就有的能力时,才会发现一切都在那里。

　　完整的生命一定能呈现出完整观,完整观下一定会进行完整疗愈,中医、西医、各种医学和药都在其中,它们各就各位,各司其职,共同协调,缺一不可,这是医学要到达的方向。这不仅仅是医生的方向,也是老百姓和每个生命要知道的方向,在这个体系中每个生命本身都是主体,在生命中疗愈的过程是自愈的过程,在自愈中主体的意愿决定了助缘的能量。也就是说,主动助随,即每个生命的主控权在自己,这是个普及的广而告之的生命疗愈的观念,这是我们这代人的使命,我提出并宣告,我愿意去用生命广而告之,愿天下的生命受益。

本月省思

5月1日　　大脑计算机

　　亲爱的朋友,当你大脑意识没有记忆时,一切发生如新。想象一下,我们的大脑就像一台计算机,电脑的芯片里储存着许多记忆,还有许多处理信息的程序,时刻发出"这个可以,那个不可以"的指令。这个指令的产生完全依据过去的经验,或说已固化的信念,但凡超出这个过去的范畴,结果就会出现程序中断。我们这一生会形成无数经验和信念,新的经验会冲击或代替旧的信念,这就是失败是成功之母的含义,当我们固执一念时,最大的挑战是与众不同,你可以有不同的选择,一种选择是做真实的自己,不在乎别人怎么看,这样的选择会更自在更自由。另一选择是要求别人的赞同,试图改变他人的看法,这是个妄想之路,人们的看法会刺激到你,你感觉一切都不如愿。人一生有很多关注点,但核心焦点只有一个,自己与生命的关系,探索自己的一切行为和体验,帮助别人并非改造别人,共同体验生命的真相,体验在生命陪伴中不断持续,这是自己的体验,而非评判他人的过程,同时感谢他人不同的看法,一切都在变化中,如此一来会持续产生体验,不断发现完整。

心灵小练习

　　安静地坐着,轻轻地呼吸,不要再去反复考虑你的问题。随着每一次呼吸,放下一个压在你心头的问题,感觉不受问题困扰的轻松。自由呼吸,去体会完整的自己和问题其实没有关系。感受到自己内在的生命力。

5月2日　限制性信念

在信念的形成过程中，让我们深信不疑的因素有很多，在不了解真相的前提下，根据自己的逻辑判断而认为的、相信的、固化的信念就是限制性信念。因为无法改变了，因为看死了，因为已经是标准答案了，因为已经是真理了——所以无法改变了。

"我是一个擅长这样的人，我不擅长那样的。""没办法我改不了！"而且会搜集无数理由继续催眠这个信念，这个固执己见的过程所造成的结果和责任，往往是推卸给别人的，所以限制性信念的人怨气冲天，都是别人不好，从来不会承担责任的。这是我们经常听到和看到的现象。

事实真是如此吗？比如我有一个标准限制了我对人的看法，我拿这个唯一的标准去看所有人时，发现只有一个人符合我的标准，那么，其他人就是我怨气的对象了，同时在怨的同时根本不会意识到这是自己的问题，只会怨恨对方怎么会是这样呢？这是个比较典型的自我标准固化成限制性信念的例子。

在限制性信念下的生活，日积月累的怨气和挫折，会形成一个封闭式的自我，会造成很多精神和身体上的疾病：易怒和伤人，非常的自负和自卑，心胸狭隘和不自信，经常情绪化而从不感受他人的感受。

一个人是一个完整的系统，这个系统完全和家庭系统和事业系统相应，只要是系统都是完全对应的，这是个合一的状态。所以当我们关注外在关系时，同时也要关注自己内在的系统关系，这是一个了解系统的必经之路，我与我的信念、我与我的情绪、我与我的身体、我与生命的韵律、我与我周围一切的关系，等等。

活在自己的逻辑和信念里和活在自己的生命及系统里是有本质上不同的，这点可以从贪嗔痴和戒定慧上开始区分。先了解什么是范畴，然后了解什么是内容和结果，再了解什么是贪嗔痴，戒定慧，渐渐地，你会形成见地，渐渐地，会有体验，渐渐地会有感悟，渐渐地会有区分能力。愿天下人都能在探索中发现自己的限制性信念！感恩有你陪伴！

心灵小练习

安静地坐下，思考自己的现状，找到现在你生活中最大的障碍是什么。它从哪些方面阻碍了你？将这个障碍想象成大自然中的某个事物。它看起来像是被海浪冲破的贝壳？是否像一个巨大的礁石？还是像泥石流中翻滚的小石子？你想要的或者需要的东西和它想要的或者需要的有什么冲突？

5月3日　生命的主控权

有时你会发现一个奇怪的现象，一个欢蹦乱跳的人有可能身体已有严重的疾患，而无力卧床不起的反而生命并无大碍。这从我们的五官和脸色是可以透视到的，其中信念决定了行为呈现，这是方向性的决定，这是生命的立场。一个纯粹的态度、决定、信念和心智模式都会呈现出一个鲜明的生命立场。而这个立场决定了生命的同时，呈现出力量，甚至固执的人他的力量都是更加可怕的。所以一个没有聚焦的思维心智，身体能量一定是散的，也就是说我认为完蛋了，同时又有侥幸心也许没事，同时又有存活的本能，同时又有无数的想法，这样的生命立场所吸引的能量是不定的，是起伏跌宕波动的，面对这样的生命，作为疗愈师要做的方向是聚焦、立场、生命主控权。

人无非是活出个立场而已，不论你是健康，还是亚健康甚至是死亡，只是你生命立场的呈现和结果而已。有福之人可以随时看到自己的立场并调整；无福之人在无明中煎熬，甚至把爱和帮助误解为怜悯和看笑话等等。所以可怜之人必有可恨之处，这是他的信念的愚昧所致，每个人的立场都由自己决定，每个生命的立场最终一定会去向自然规律也就是生命本来，在这个成长中疾病即是检视的果，同时也是示现我们转身的时机，任何惯性都会在这个成长中被喊停。所以疾病是善缘，我们要处好这些关系——我与生命主控权、我与疾病、我与信念、我与生死、我与身体能量、我与心力、而非自我。这是个破自我的体验过程，有反复无常的波动而渐渐地聚焦。作为完整疗愈师要觉察你是急功近利，还是生命陪伴，这也是立场。当所有人的立场归位，和谐的系统即启动并运转，这时的系统力量会无穷大。

心灵小练习

静静地坐着，感受到自己内在力量的逐步增强，向自己发出宣告，要取得自己生命的主控权。注意自己的呼吸，感受它们的频率。

5月4日　三生万物

通过完整观看生命，有个数字是我非常感兴趣和探索的点，这个数字也是整个人类世界中使用最多的，那就是——三。

不信你瞧，首先我们是生活在三维世界里，我们老祖宗的智慧是三生万物，我们的系统最基本的要素也是三点一面，我们的身体也是由上、中、下，前、中、后，思、情、身，身、心、灵，现象、载体、本质等等三个方面组成。佛学的智慧也有很多与三有关的经典例如贪、嗔、痴，戒、定、慧，信、愿、行，无常、无我、涅槃寂静，等等，这些都是由三来组成的。

当你开始进入三的世界里去探索时，你会发现奥秘无穷，真的是三生万物。当你的心念一旦升起时，相应就出现了，在这个相应之下，能够呈现出各种结果，不同的念形成不同的因缘，不同的因缘产生不同的结果，大千世界，芸芸众生，一花一世界，一叶一菩提。这就是三生万物的过程。例如，你的初心是占有，那么，你就会呈现出恐惧和暴力两个外相，这两个因素相互作用，会产生一个结果，那就是痛苦，这就是一个"物"的呈现。若你的初心是拥有，那么产生的外相是付出和努力，其结果就是喜悦的呈现，所以说起心、结缘、结果构成了这三生万物的过程。

佛陀四十九年的应机施教，说的就是"因缘"二字，说的就是因果规律，天地之间阴阳互补，循环往复，生生不息，滋生万物，构成了众生之相，一切的呈现从未离开生命的韵律，从未离开事物的本质，也从未离开世界的本来。

完整疗愈的最基本的存在就是系统，其中因果是我们要遵循的韵律，从起心动念到结缘到结果每一刹那，都在这个韵律中，从未离开过。

心灵小练习

安静地坐着，看自己的每一个起心动念，都会制造出什么外相，相应的会出现怎样的结果。我想拥有一个好工作，我想拥有一个快乐的人生，我想考上一个好大学，我想好好孝敬父母，等等。看看自己的每一个念头的背后，应该怎样呈现，你准备怎样去做？它会结出怎样的果实来？

5月5日　醒来

醒来！当我探索到惊醒时，我的经历开始启动，1991年父亲因病去世把我从浑浑噩噩的生活中惊醒了，开始疑问和自问。现代医学究竟能治哪些疾病？这是个苏醒的开始，这个过程是一个漫长的过程，也是个学习探索的过程，在苏醒的过程中有很多迷茫，有很多困惑，有很多过去的惯性，但不会离开主线，不会丢掉主题。随着学习和探索的深入，我渐渐清晰了很多角度，渐渐地有了架构，渐渐地有了格局，这是一个由苏醒去向清醒的路，这个学习的过程因为不清明而掺杂着很多过去的惯性、过去的观点、自以为是的架构、自我的标准。所以这个时期很容易反复，这个时期很像我们的生命客户被疗愈师唤醒初期的状态，这个时期的客户是需要呵护的，是需要耐心陪伴的，是需要反复地去引领学习的，当其渐渐地明白了清楚了，有了架构了有了格局了，自愈开始了。

从唤醒到苏醒，是有很多方法的，包括无形和有形的方法，都是快速有效的，立竿见影的，一旦苏醒了，就进入了一个较为漫长的时间过程，这个过程中的客户极为敏感，在愿意接受新范畴的意愿时又怕自己不行，怕错，怕指责，怕否定，怕责任，等等。怕是这个阶段的特点，所以此阶段里疗愈师要用百倍的心去呵护这个幼苗的，去扎实地建立和巩固这个意愿下的范畴，刚刚苏醒的状态是懵的，所以不易用棒喝的方法，要等待时机，耐心建立范畴。

棒喝是一个很好的唤醒方法，但进入苏醒期就要有觉察了，只有建立信任，建立同频语言，建立共识范畴，建立共同目标，建立共同体系，才是走向疗愈的必经之路。

> **心灵小练习**
>
> 醒着和睡着有什么不同呢？请在一张纸上认真地写下来两者的区别，并且决定自己是继续沉睡下去，还是决定醒来，做自己生命的好主人？思考这个问题，并且把答案写下来。

5月6日　见地

当你看到或摸到大象的一个脚或一个鼻子时,你已经知道这就是大象了,这是因为在此之前你已经有了对大象整体的认识,这个认识就是见地,这是事前的积累,这是学习的积累,这是探索发现的积累,这是你平时积累的功夫。

在完整疗愈体系中,我们非常重视前期的沟通,建立信任,是因为每个人的成长历程和认知体系都不同,所以见地各不同,所以达成共识很重要,共同学习增长见地也很重要,只有通过学习才会有共同的语言和原理,遇到事情才容易达成共识。这是完整疗愈中心提供开放式学习的初衷,但见地是不断增长的,这个过程不是光通过理论就可以完成的,所以就有了更进一步的成长班。

我们常常被大脑明白了所糊弄,但等到事情真正发生就懵了,这是因为见地中有很多角度的认知,其中心脑合一的过程是个很重要的角度,光明白并不能成为,也就是说理论和实践完全结合了,才是符合生命的韵律,这是一个完整的学习过程。

我们每个人都有自己的逻辑和惯性,这个是你以前的见地,如果此刻你有了疾病,有了不满意的纠结,有了抑郁,等等,这就是你的见地所造成的结果,如果你想改变,想去除疾病,只有一条路,松开你的手,松开你固执己见的见地,打开自己的生命去学习去增长见地!这将是个大提升。

我们面对未知都会心存侥幸,同时又害怕发生恶果。这是一个二的状态!不愿意放弃过去的惯性,不愿意去做过去不喜欢的作业,这个不愿意的背后就是心存侥幸,认为不会发生和还没到那么严重,这个自以为的见地捆绑了自己,而且深信不疑。

在增长见地中慢慢苏醒,这个过程是符合韵律的,这是一个沟通的开始,这个角度适合一部分人。这个角度可以松动其过去固执己见的思维,这个过程是相互尊重的开始,在学习中开始相互了解,在学习中开始共识,在学习中增长见地,这是完整疗愈中心愿意完全开放,免费提供给有缘人的大礼。

心灵小练习

了解自己,挖掘让你感到沉重的原因。

是不是你会有不注意看、不注意听、不注意去观察的坏习惯?是什么阻止你畅快的生活呢?

如果你感觉到自己没有去体会别人,那么深呼吸,下决心今后要用心去感受别人。如果你的问题只是没有聆听他人,那么深呼吸,并下决心今后要停下来聆听他人的心声。

客观地去评估自己的问题。

如果你需要他人帮助你清除心里的障碍,你会向谁去求助?什么时候求助呢?

5月7日　如果你愿意相信

亲爱的朋友,如果不是亲身经验过,你是否会真正相信某些真理?这很难说吧!我们一直在所谓的口头相信中,一旦碰到事了,马上呈现的就是自己的逻辑思维模式,真理早已无影无踪,所以觉察自己是不是真的相信,事实上见。

分享经历的确很有力量,因为真实,没有经历过的,但可以相信。一生不可能经历这无量世界的全部,但你可以相信他人的经历,相信是巨大的能量,这是一个人的福报源泉,相信的力量多大,结果就有多大。佛陀一直在说,所言非虚,那么为什么还有很多人就是不信呢?是因为自己没有亲身经历过,很多人往往只相信自己看见的,经历过的。

如果你愿意,你一定会去相信,一定会去做,一定会有收获,一定会有分享,一定会帮助别人相信,一定会有更多的收获。这就是信愿行的完整疗愈体系。没有人能替代谁,去完成这从相信开始到愿意去做的过程,也不可能有人把自己的结果给了他人,因果都是自己所做所得的。

一位母亲,她相信什么,情绪在什么位置,怀疑和担心什么都会直接影响到孩子,而且无需说话,只是起心动念就会和孩子链接并得到相应的结果,这充分展示了相信的力量,母亲的心转了孩子就好了,这已经经过很多次验证了,但不相信是不会得到结果的。

> **本周省思**
>
> 思考一个问题:是先有相信后有结果,还是先有结果后有相信?

5月8日 命

　　每个人都有自己的命,这个命是什么并不是所有的人都清楚,终日忙忙碌碌地跟着社会走的人占大多数,例如我要提升能力了,我要挣钱养家过日子了,我要证明自己是最好的了,我要开悟,我要比别人强等等,都属于没有看到这个命才得出的决定。

　　命是什么?命包括什么?命归谁使用?这是体验学习认识自己的过程,任何人的开悟、超能力、欲望、生老病死都是自己的因果,没有任何人能代替,因果不虚。

　　一个人终止不觉此生为何,一定是落入自己不行,自己什么都没有,自己不如他人,自己很倒霉,命不好,怨气冲天的境界,还有人试图增加能力,以表现自己比别人强大,这时就产生了欲望,也有人拼命地去丰富自己,害怕自己不行,比不过别人,这时就产生了恐惧,甚至有人会走入极端,去骗人骗财骗自己,还有人用自己的糊涂去说教他人和下一代,把自己狭隘的认知当成真理,这都不是正知正见。

　　一个人如果有欲望,有所求,有怨气,有不安全感,有占有欲,想占便宜,有不中立时,那么其表情、其语言、其所为、其目的是显而易见的,其逻辑思维是显而易见的,其智商都是为满足欲望而生成,当欲望膨胀时一定是一叶障目,变得愚痴的。

　　命是自己的还要自己去了解,体验是自己的还要自己去体验,使用好自己的命是我们的使命,了解自己的命认知自己的命是认命,在千姿百态的生活中感悟人生就是生命,每个人都有自己的初心,每个人都是这样的旅程,每个人都会有结果,但因果不会同步相同,这是表面差异的根源,其道尽同。

心灵小练习

　　静静地坐着,思考自己的生命,从何而来?又将走向何方?你准备如何善待自己的生命?环顾四周,感恩自己生命的当下,回归到呼吸当中,决定好好掌握和爱自己的生命。

5月9日　心的指令

我们身体的胖瘦好坏是谁下的指令？答案很明确：是心。大脑和身体各个部门构成的是执行系统，这执行系统有了想法时就出现了"小我"，或者说"自我"，或者说自我的标准，于是出现了我执和人为的一切。

如果一个不足够的、怕失去的、不安全的恐惧之心启动了，那么其下达的指令就是要令自己变得强大、健壮、丰盛，身体就会去执行，同时形象也会发生相应的变化，如肥胖健壮等等。很多习惯模式都是在这样的范畴里形成的，可谓根深蒂固。

我们说，相由心生，境随心转，一切如是，每个人的心都是我们所有行为思想情绪的根源，我们的身体无论怎么产生各个器官的功能，也都是在心的指令下进行运作的，你此刻之所以是这样，一定是你的心就是这样。

所以说，改变从心开始，心动了，一切就不同了，被大脑绑架的人一定是他的心发出指令了，心不足够的指令让他变得妄自尊大。这是一个贪嗔痴的指令，所以一个没有心感受的生命一定是匮乏的，是不足够的，一定是活在恐惧和欲望里的。本心是如如不动的，那个贪着的心，那个产生了妄念的大脑，却时时支配着我们。这个心，是要让其返璞归真的。

我们此生是带着完整的生命来到这个世界的，通过体验印证到生命的完整，由个体的完整到达整体的完整之路即是开悟之路，这只是发现的旅程，并没有任何创造而言，因为在你没看见之前一切都已存在，你只是看见、看全、看完整，直到合一。这是一个心的指令，这是一个由心而动的生命，这是一个时刻在看、在发现、在完整中的生命状态，这是一个生来具足的呈现旅程。

心灵小练习

仔细观察自己的手背，然后观察自己的手心，将它们翻转过来，看到手心和手背构成了完整的手掌，缺一不可，手内还有血液流动和无数个细胞，感受到自己生命的有形和无形，感受到自己生命中的完整性。

5月10日　拿回你的权利

每个人都有自己的权利活此生，有自己的模式体验生命，有自己的圈子自得其乐，有自己的思想和经验来判断世界，也有各自做人的准则等等，因都是自己在做，果自然自己要背。可人都有个习惯，就是好的我喜欢接受，不好的尽可能地推卸责任，回避和逃避，甚至还要更多的理由说明自己是对的，这样心理才能平衡，才能不被批评和指责，这都与孩童时期的成长教育有关，与父母的关系有关，与逆反心理有关，这也是自己在做主后的结果。在你的世界里没有一个不是你决定的，没有哪件事与你无关，所以才会说你要对一切负责任，从有形的比喻上，我们每个人的心就像是一个太阳，在这个动力下一切都围绕着你而动，构成了与太阳系完全一致的相应体，你的世界只有你的心可以照亮，你的心只有你自己知道并点亮，你的心也如明镜般的把世界相应其中。这是一个醒觉的过程，这不是个逻辑推理，这个是如是。你的世界如宇宙如是，你活在习惯里是无法看到的，愿你的世界如实呈现自然，愿你拿回属于自己的权利。

心灵小练习

静静地坐着，思考自己都有那些权利，都放弃了那些权利。从今日起，为自己的一切做决定、负责，拿回生命的主控权。

5月11日　决定

亲爱的朋友，你是否发现自己永远都在决定中？我决定上班，我决定吃饭，我决定旅游……我们活在决定中，从未离开过，虽然我们经常无意识地做了很多反应，但那也是你决定的。我们经常活在被动的世俗惯性里，但那也是我决定我要被推动而已，这种被动的局面是什么时候由我决定的，我们已经不记得了，因为太习惯了而不觉，我们活在自我催眠里，给自己找了无数理由证明自己是对的，这是一个合情合理的逻辑，本来我是害怕失败，但给自己不去做的理由却是：这不是我喜欢的，这个项目不成熟，这个太累了等等，这无数条件听起来都是合情合理的。那么如何分辨决定的真假呢？当你做了一个决定时，要想证明你的决定是真是假，那就去做这件事吧，如果你在做的当中遇到挫折立马就动摇的，那就是假的决定，你要知道如果是发自内心要去实现的是不会动摇初心的。如果你不相信你是，你是不会发出大愿的，你的行为也不可能在实现中，这就是我们常说的：此人不在状态里。如果此人在状态里，那么一定是他相信自己就是，一定会发出愿力（我要在什么时间、什么领域，实现什么理想），同时他每一刻的行为都会让人感受到就是这样，这就是发自内心的决定所呈现的信愿行。

发心为因，为一切的源头，为一切的吸引力，做时所需要的条件都是在这个引力下不断汇集而成的，假的发心或者说心脑身不合一的发心，由于没有吸引力所以会掉进事不如意的状态里，反过来又会给自己找了理由说：我早就说这不成熟，这不具备条件，这不成立等等，这是一个恶性循环圈。这是一个范畴，这是一个逻辑。

我们的发心形成的背景能量大致有三个：一是你的家族能量传承，二是你生长的地域文化能量，三是你此生学习的积累能量。这三个能量的汇集决定了你的格局，决定了你的发心，决定了你的位置也决定了你的生命状态，决定了你的使命。"高高山顶立，深深海底行"，站在山顶上才会相信你的眼界是那么的辽阔，相信了自己才会发出大愿去付出，才会去落地去践行，真心祝福你在自己的山顶上去实践自己的使命。

心灵小练习

放下书，走到户外，告诉自己我决定轻松呼吸，我决定轻松看风景，然后照着去做，看看发生了什么。明白你生命中的一切，都是你你自己决定去做而引发的。

5月12日　由蜕变看到开始

亲爱的朋友，我们每个人都有自己的特长，这个特长的形成是由很多元素构成的。我个人的体验是，从小的生长环境、家长的职业影响、个人的爱好、在成长中所遇见的重要人物和重大事件，都是形成特长的因素，其中还有前世所发愿的力量。总之，一个特长的结果是由那么多的缺一不可的缘起所组成。

当结果出现时，我们往往基于个人的喜好而做出各种反应，遗憾的是，基于尊重和清晰而产生反应，情况很少。我们对于当下做什么所导致的结果并不是很清楚，尤其是侥幸心理会让我们做一些明知不对的事，这都是在因果中的，任何生命都在其中。

我们都会有因果的体验，但从内心完全遵循的不多，因为自我的强大经常会凌驾于本我之上，自以为是的逻辑和所谓聪明完全占据了自己，已无明地麻痹在惯性里。除了令自己昏昧外，别人都看到了，都很清楚了，这就是我们常说的当局者迷，旁观者清。

完整疗愈师的工作是用生命陪伴的态度，不断地用生命影响生命，照亮生命，照见自己，真正让生命客户看到自己的一切，做出自己的决定，决定对自己的一切负责任，同时决定我就是这一切的主人，只有我自己的决定才能去到要去的方向和目标——我是一切的源头。

在生命中有发病的原因就一定有疾病的结果，在面对结果时，要负责任地把原因找到是个很重要的环节，如果只是想把结果消灭掉，不去找原因，那么即使是结果暂时消失了，由于原因还在，以后还会再次发生结果，原因很多但主人只有一个，那就是自己。没有哪个病是与自己没关系的，所以在疗愈体系中的角色就是：患者是主人，系统是主人，所有的疗愈师都是支持者和助缘，这个疗愈关系是完整疗愈体系的核心关系之一。

当我们通过沟通、陪伴渐渐地建立了信任，建立了疗愈关系，建立了决定的方向和目标时，疗愈的效果其实就已经显现了，因为在这个过程中就已经开始松动了很多的因，就已经开始建立新的因，并呈现新的果了，所有的因都在你的脑细胞、心细胞和身体各个部位的细胞里，无论哪个部分的细胞开始工作了，都会对我们的全身产生作用，都会将过去的习惯打破，都会走向新的开始。愿天下人都能在完整疗愈体系中看到自己的主人位！

心灵小练习

做一次温暖而舒缓的沐浴,想象水流中充满了爱,充满了喜悦,洗净自己的身心疲倦,感恩这水流对自己的冲刷。沐浴后仔细对待自己的身体,感受到它们的爱意。

5月13日　成长

孩子的成长离不开家长的呵护,但依照家长的设计而成长的结果往往得来的是逆反和对抗。孩子在心智模式上处于好奇体验期,而家长恰恰刚从冲动好奇转为理性分析期,同时从孩子身上看到了自己的过去,并试图拔苗助长,这是对孩子成长的第一干扰,同时也是植入家庭信念价值观的开始,这是一个家长学习的开始,要学习尊重孩子的体验和好奇,同时也要检点自己的行为和语言,家族的传承一定是要从自己的言行影响到孩子的,绝不是说教和要求所达到的,甚至说教和要求会让孩子逆反、背叛和错乱。

当家长的言行影响到孩子时,自然会带入他的世界,如反社会、好恶、与人没有信任感、不负责任、逃避等等,只要是学习中暴露出来的品质都与家长有关,其中也包括了优秀的家族品德,这些品质都会在进入学校后得以验证。

当孩子们有了老师和同学们时,所谓自信才真正开始建立,这是验证家长呵护成果的开始,这是家族和社会共同培育孩子的开始,在此期间接受这个世界的全部是孩子的成长方向,任何家长的限制性信念都可能造成孩子成长中的障碍和代价,甚至是身体健康的代价,这是一个系统套系统的世界,每个系统都会产生影响,同时也会受到影响,彼此依存,共同协调而存在。

心灵小练习

如果你是家长,试着从全新的角度来认识自己的孩子,陪伴他(她)。选择一个时间,全然地和自己孩子在一起,不需评判,只是陪伴他,看看会发生什么。

5月14日　困惑

昨天下午有朋友的孩子来访,正处于高一的困惑中。孩子与老师冲突,与家长冲突,与自己冲突,坚持自己是对的,很在意形象和面子,这自尊心的背后是什么呢?这是一个用生命来探索的话题!

我们什么时候开始有自尊心的?没有的时候是什么样?有了以后是什么样?看破了以后又是什么样?为什么会有自尊心了?自尊心是给谁看的?自尊心的好处是什么?自尊心在别人眼里又是什么?当掉入自尊心时你的感受是什么?你的处境是什么?你最后的收获又是什么?随着时间的推移,随着体验的丰盛,随着感悟的提升,我们都会在回首往事时给自己的人生一个总结,一个阶段性回顾。

我们在能力上最不缺乏的就是坚持,因为坚持自己的认为,坚持自己的观点,坚持自己的面子,坚持自己的尊严,坚持自己是对的,从来没有动摇过,只是放下的能力此时就偏弱了,在一叶障目时,只有先放下这叶子才会有机会看到全部,所以我们不缺坚持,因为我们怕失去,放不下。亲爱的朋友你能看到你坚持的是什么吗?愿你会放下而看到真相!

本周省思

5月15日　修行与生活

你有没有经常在日常生活中碰到所谓的修行人,他们常常对世俗的生活方式表示不接受甚至嗤之以鼻,那么,修行和生活矛盾吗?

其实,每个生命在表象上有所差异,但在内在规律上却都是相同的。我们常常会听到很多所谓的修行人要求别人,你应该这样,不应该那样,那因为他们并未了解到这一点,他们对别人的要求恰恰暴露出他们的"假修行"。

不论是什么形式的活动,都需要由活生生的人来做,都是在做的过程中看到和体验到其中的生命规律,都是感悟生命的载体,不同角度的体验慢慢构成了生命的完整。大脑的学习也好,心的感悟也好,身体的体验记忆也好,无关乎外在形式,只关乎内在的得到,无论哪样的学习都是丰盛自己的,看清自己生命本来的过程,学习就会永无止境。

任何缘起的元素都是个定数,都是自然的规律,都是恰到好处的呈现,修行是基于内在而非外在,是修心而非修外在。"众生皆为未来佛","众生皆具佛性",每个人都有自己的模式,每个人都拥有体验习惯的力量,生活就是修行,带着觉知生活就是修行的过程,当觉知升起,一切模式都开始让路,一切自我的坚持都开始松动,这是修行的过程,这个过程是成长,初心不同呈现不同,初心决定了所有行为的呈现。

心灵小练习

过一天修行人的生活,带着意识来看自己一切行为背后的念头,也许你会觉得很累,因为我们大部分行为都在无意识中滑过。试试看你能坚持多久,把这种感觉记录下来,你会知道修行和生活是不二的。

5月16日　分享

　　分享是能量流动的体现,疗愈的本质就是让郁滞的能量流动起来,这瘀滞的部分有大脑的,有心的,有身体的。很多人带着自我固化的认为,只说自己的,不感受他人的,完全活在一种自己都不是很清楚的概念里出不来,就是老百姓常说的:着了魔了!

　　内心的能量瘀滞大都和家庭和小时候的经历有关,一个没有长大的人,处处表现得很不成熟,逆反心理很强,这样的人一般在幼年成长中,最需要爱,最需要阳光温暖时,最需要呵护时往往是严重缺失的,表现出来的形式是吸引人关注,证明自己强大,另一个极端是好强、好胜、好斗的目的是掩盖内心的脆弱和不足。

　　由于内心是胆小的,那么身体也不会强壮,这就是相由心生,由于内心渴望爱的温暖,所以要求和指责就会多,即使嘴上滔滔不绝会传播大爱,却和身体的能量瘀滞完全不匹配,呈现的是分裂的状态,这样的生命状态是需要疗愈的。但自身福报不够时也无法疗愈,所谓主动助随,没有主观意愿的升起,没有主观意愿的福报,神仙都难下手,正所谓"佛度有缘人"。

　　身体的疾病一定与能量长期不流动有关,这就是长期的瘀滞所得到的结果,也是完整观所说无形决定有形的形,望人们看到这点,让自己的能量流动起来,让流动的能量温暖自己,温暖他人,让自己过去的瘀滞在流动的爱的能量中化去,千万别让这瘀滞自伤和伤他还不觉,唤醒是疗愈,其实是自醒。

心灵小练习

　　伸出你的右手,仔细看自己的五个手指,大拇指代表你最近某个让你最放松的时刻,深呼吸,然后微笑。食指让你回想起最近你看到的爱人或朋友的某个最放松的时刻,深呼吸,然后微笑。中指让你看到你在工作中轻松的一面,深呼吸,然后微笑。无名指让你回想起小时候你最开心的一面,深呼吸,然后微笑。小拇指让你看到你整个心灵中最柔软的一面,深呼吸,然后微笑。继续深呼吸,体会这些情形的相似之处。让自己的心灵感受这种轻松,和世间万物一起享受阳光的普照。让能量流动在五个手指之间。经常做这个练习,可以让自己瘀滞的能量得到消除。

5月17日 生命状态

亲爱的朋友，不论你是从事思想工作还是心理工作，是从事身体健康方面的工作，还是其他任何与生命相关的工作，这些工作的范围都包括在生命完整疗愈体系内，其共同的核心是在生命完整观下去看生命的不同状态，你能看到，不同年龄、不同信念、不同身体的心智模式，生命是多元素相互作用并依存的完整体，同时也是变化无常的流动的活动体。人对生命的了解多由结果而来，当看到死亡，体验到恐惧和痛苦，有人也会体验到喜悦。

这些结果渐渐形成我们对生命的认知，形成二元对立的好恶体系，包括想要的和不想要的、健康的和不健康的（包括亚健康的）、应该的和不应该的。生命到底是什么？当你站在山下看山时，你仰望山顶，当你站在山顶时，你俯视山下，当你远远地离去再去看山，当你升到天空中再看山，它只是个点，并无山上、山下、山前、山后、山左、山右之分，但这些又全部在这个点里。不同的站位决定了当下所见，不同的心智模式是由经历、知识、感悟所影响而建立，人生的这些元素从未中断过，我们的心智模式也会一直在变动。亲爱的朋友，让自己流动起来吧！变化，是生命的特点，放下暂时的固执己见、暂时的病痛、暂时的情绪、暂时的一切，因为你是生命，而生命是一个过程！放下上一刻体验的执见，去全然地活在生命的全部中，活在当下，这才是完整生命的本来状态。如果你执着过去恐惧未来，那么你一定不在当下，如果你尊重因果尊重系统了知无常，那么你一定正在体验着生命的过去现在和未来的全部。

心灵小练习

准备好纸和笔，安静地坐下。集中精力，当你呼吸时，去感受内心的千头万绪，头脑中的万马奔腾。放慢呼吸，回忆一次改变你人生的重大经历，并把它写在纸上，在这一刻，将注意力放在所发生的事情和事情的结果上。现在，将注意力放在这次经历所带给你的收获上，去感受自己的生命因为这次经历而受到了触动和发生的变化，并且把它写下来，现在，再去感受这次经历是否给你不同的收获。

5月18日　一切由我改变

昨天一位40多岁的企业家朋友来访,诉说自己经常偏头痛,去了很多医院无结果,在谈话中渐渐感受到他非常严谨的理性和大脑极强大的逻辑思维模式,然而心的感受力极弱,身体长期不运动,导致整个生命状态完全被大脑所控,连笑都只是大脑在笑,身、脑、心的能量停滞不流动,形成了典型的不通则痛的病症。

在谈话式催眠的引导下,他的信念开始松动,生命状态开始轻松,尤其是对生命的关注开始有了意愿,开始愿意负责任地去转变以往的模式,非常开心地去迎接下一刻的不同,这是完整疗愈的第一步。在相互信任的建立中做出决定,决定负责任地对待生命,决定一切由我改变,决定开始学习探索发现生命的奥妙,而不仅仅只是事业的成功,物质获取的多寡,也并非只是惯性驱使自己,只是被动被迫无奈。当决定主动时,这就是生命重建的开始,这一刹那的觉醒将注定改变生命,这一改变将真正收获内心一直缺失的需求,这一刻正是生命的完整疗愈。

心灵小练习

静静地坐着,闭上眼睛,让生命的能量流经全身,问自己:是否愿意做自己的主人?是否愿意为自己的生命负起百分百的责任?睁开眼睛,深呼吸,感恩并记录下自己的感受。

5月19日　财富

你平日里熟悉的是你的财富,不熟悉的是你的资源,整天活在习惯的、熟悉的思维、环境和行为里,你会渐渐失去觉察,甚至害怕,为了保住这个结果而在无意识中膨胀贪婪,甚至不择手段,导致扭曲。这是一个画面,是一个试图维持结果和活在过去的画面。

如果此时你能明白,人生其实一直是在体验未知的过程中,不断获得人生财富的话,那么此生对你来说将有无穷尽的财富,这个财富是精神和物质的统称,这是人生中与财富相处的体验旅程,这是人生与名利相处的醒觉,这是人生格局不断扩展到无穷的过程,是由小变大的过程,心中装多少由你决定,你的世界你做主,你的世界在你心中,不论你做什么你都可以拥有这个世界,因为世界不属于任何人,它一直按照其本质在运行,你我都在其中。

心灵小练习

静静地坐着,思考自己拥有的财富,除了金钱物质之外,还有哪些值得你为之骄傲的?看到自己拥有的财富,是你通向丰盛的开始,把它们写在书的空白处。

5月20日　恐惧从何而来

亲爱的朋友,我时常会有担心,相信你也是一样。怕做不到,怕失去,怕失控,怕丢人现眼,怕出意外,怕这怕那。这么多的怕是怎么来的呢?假如人生没有标准,没有定义,没有期待,没有经验,没有我的、你的,也没有死亡,你还怕什么呢?假设你怕的真的发生了,那会怎样呢?你所经历的"怕"在发生后,又是如何走下去的呢?你真的因为"怕"死而体验过死亡吗?你除了怕难道不记得后来的体验是什么吗?你真的因为怕而耽误了你要去的目的地吗?答案也许不一样。人生各有不同,但规律只有向前,我们每一个人都活不回过去,只有当下,当下也瞬间变为过去,转瞬即逝,没有一个片刻是相同的。怕什么来什么似乎都有体验,怕是到达目标的最大障碍和干扰,我们经常用全部的能量来证明之所以害怕是对的,而不是用在如何到达目标上,最终我们又会以这不是我喜欢的作为借口而放弃目标,完全活在安全舒适的模式里,不敢去冒险去探索未知的领域,这是生命成长的部分,这是鲜活人生的精彩呈现。每一次疾病都是对未知生命的冒险,也是生命成长的体验。经历了内心就充满了,自信就形成了。得病和疗愈、缺乏和足够、没钱和有钱,这二元是一对兄弟,我有能力得病,同样我也可以有能力自愈,一个匮乏的心升起,一定会激发你到达足够,这种共存转换关系构成了生命能量的流动,同时也构成生命陪伴的基础,一切助缘的能量都将在生命流动中汇聚在一起,呈现出前所未有的精彩。

心灵小练习

静静地坐着,深呼吸,想象自己内在充满力量。有什么愿望是你内心深处一直渴望的?把它写下来,想象它实现后的样子,告诉自己你值得拥有。

5月21日　位置和角度

亲爱的朋友，如果我们用完整观去看世界，就不会落在站在南极否定北极的局限上。昨晚我梦见打赌的内涵，发现输赢只是个结果而已，如果我们完整地去看输赢，就会发现它只是整个发生的一部分，对于整个事件的发生来说没有输赢这个事，只有所有参与的元素和整个过程，这只是一个发生，这个发生的能量自然会去到下一刻。

我们每个人都用自己的角度看世界，这是构成价值观的基础，但我们所有的人都在完整的世界里，有些人在完整里并看到了完整，有些人在这完整里却没看到，没有任何人不在完整里，即便你否定完整，但你也在完整里，因为离开了完整就没有这个人了。

人是很关注结果的，尤其是输赢，但结果是怎么来的？系统是如何建立的？其中的韵律是什么？我在其中的位置是什么？我与系统中其他元素的关系又如何？这些都是从完整的角度去看的。

我们每个人都在自己的位置上看到了所看到的，但实际上我们离开自己的角度再去看时会发现不同，这是个换位思考的话题。同样的一件事，可以从不同的角度，看问题。首先是从自己的方位来解读，其次是站在对方的位置，之后是第三人的位置，然后可以上升到系统之位，最后则是完整观位。这些位置从不会独立存在的，一有全有，这是实际存在的完整，自己没看到并不代表不存在。

我们在探索发现中看到完整的过程就是如此发生的，因为不完整就是完整的一部分，所以，所谓的不完整本身就是去向完整的过程，疾病也是如此。

执著于自己的角度会趋向否定他人的角度，会发生对抗，会发生不接受，会发生排斥，我们在完整观下看生命的完整，首先是要看到自己不唯一，角度是 n 个 360 度；其二是不对抗，无论是结果的喜欢和不喜欢，还是观点的一致和不一致；其三是不排斥一切存在的次第发生，不排斥其他角度看世界，最终的目的是看到完整生命的本来。不是关于谁对错的，是关于共同看到完整存在的，如果只是单纯地呈现自己的角度，就不会发生排斥和对抗别人角度的情况了。时刻觉察自己的初心是在什么位置上，这在有结果时会更突显些。如果初心是为了探索发现完整，那就继续，如果是关于自己的那就回来，一切都在自己的觉察中发生。愿天下人都能在探索中发现自己的位置！

本周省思

5月22日　破除假象

我们的大脑会制造假象,因为大脑依照过去的经验和知识会分析,会判断,会记忆。也就是说,大脑的反应全部是过去的记忆和思维逻辑,新的知识的进入有两条路径,一是死记硬背,二是身心体验,而成年人在身心体验中依靠大脑分析判断的能量较大,容易进入逻辑思维模式的假象,也就是说虽然明白了却不代表你真的知道了,你明白了如何做人但未必真的会做人,你明白你被一种模式控制了,但你回到生活中又会不自觉回到老的模式中。

这些假象要在启动身心能量后与大脑汇聚合一时方能成为真。大脑明白后一定要加强身心感受的训练,用心去体验每一个当下的一切,而非想当然。如果我们把一天所遇分为三类的话,则为:一类与过去相似,这是大脑所反应;第二类是用心感受到的事,事事无常,千变万化;第三类是身体行为的事,除随心脑支配外,每时都在接受前所未有的信息。

这是我们所说的完整生命观,每个人都有自己的主能量,无论偏脑偏心偏身,最终将以平衡为主,以合一共同协调运行为主,偏执导向极端,极端导向失衡,让一切回归自然和谐的宁静吧。这是一个生命陪伴的方向,无论发生什么,希望你一直遵循生命本来的规律而行。

心灵小练习

静静地坐着,平稳地呼吸,观察天上的云,看到云不停地流动,变幻无穷,正如你的大脑里无时无刻不在制造的各种念头,想象念头就是白云,看到云背后是天空,你的心就是天空。不要被各种念头牵制和拉走,不要掉进念头里。

5月23日　相信

　　完整观下看待相信,应当包括:我即一切,他即一切,真相即一切。什么叫"我即一切"? 我即一切,是说我是一切之初,一切之本,一切之一切,你难道不相信你自己吗? 没有完整观的人是会怀疑自己的。如果你相信你即一切,那么你一定会尊重他人智慧,因为他和你一样,所以要相信他人智慧具足。如果你相信他人,那么你一定会相信真相就在当下,而不是你、我、他之外还有个什么真相。这在完整疗愈的生命陪伴中是至关重要的,如果不相信对方则相信不成立。相信是巨大的能量,这背后是聚集着全部的一切才会巨大,这就是系统的力量,也是缘起的聚集,也是完整的核动力,也是一个发心者、发愿者、发动者所应具备的能量。

心灵小练习

　　静静地坐着,闭上眼睛,想象一团温暖的白光笼罩着你的全身,你完全放松并且舒展自己,当你将自己完全交付出去的时候,感觉非常放松和喜悦,白光是疗愈之光,透过它,你的细胞得到了很好的修复,你得到了深深的疗愈。片刻之后,睁开眼睛,深呼吸,用手做干洗脸的动作,用全新的眼光看周围,充满了深深的喜悦和感恩。

5月24日　生命的本来

你可知道,你拥有的每一天都是不同的一天,因为每一天都具有各自的成因,而每一个不同的当下都会给我们带来不同的感受,这些感受被我们记忆下来成为经验,这些经验在下一次体验时又会被我们调用。经验确实可以帮助我们区分事物,但同时又会障碍我们新的感受,这是我们对事物体验失去兴趣的基础,经验会分类,而不会区分感受,那我们该如何去做? 放下头脑中的经验,用心体验感受,因为这个世界并没有一个一模一样的事物,每一刹那的体验都是新的,就像上楼的台阶似乎长得都一样,但每上一级台阶都是不同的,因为不同才会最后上到楼顶,每上一阶的感受也是不同的。用心去感受生命中的每一个台阶,你就会体验到生命的全部,这是与一切合一的生命体验过程,生死都在其中,这是生命的本来,这是生命的体验基础,也是回归生命本来的过程。

心灵小练习

静坐,平稳地呼吸,回忆自己快乐的一天,进入当时的场景;感受它。接着回忆自己悲伤的一天,进入当时的场景。感受它,告诉自己每一天都不一样,所有的日子流动形成了现在,深呼吸,对它们说我爱你们,感谢你们。

5月25日　生命本有的规律

生命自身的规律是本来具有的，是不以人的意识为转移的，你我通过学习、体验、感悟规律。规律就身体而言，从出生、成长到衰老，如果以十年为一阶段，则每一个十年的信念价值观都有所不同，如果以尊重生命规律为信念价值观的话，那身体一定不会因为透支而亚健康甚至猝死，不会因追求名利而抑郁，也不会因退休而失落，因为价值观决定了你的生命状态。孔子所说"四十而不惑"，其实是解惑，历经磨难拼搏后所升起的诸多困惑会在四十岁之后开始思考，这是成熟的标志，是为"五十而知天命"做准备的十年，所谓知天命，意味着开始与万物之源链接，去掉重重迷障接近生命的本来面目，知天命，实则是知晓生命的规律，知晓大道。所以五十岁以后才是生命的精彩开始，把这篇文字献给五十岁以后的人们，让我们共同去享受生命的真谛吧！

心灵小练习

静静地思考，自己目前处于生命的哪个阶段，这个阶段有哪些需要重视和尊重的生命规律，例如身体方面、心理方面的规律，看看自己有哪些违背生命规律的行为，看到生命规律并且尊重规律，将它们写下来并且遵守你的生命规律。

5月26日　我

　　我认为的、我相信的、我的标准、我的判断,这些都是以我开始建立的自以为是,这个不断强大的自我体系,渐渐形成与本我的分离和对立,同时在与人与自然关联中形成对立。自以为是与自然之道不吻合时会产生怨天的情绪,自以为是与他人冲突时,会产生尤人的情绪。怨天尤人态度的出现是对自己的一个提醒,这是一个被自以为是所控者的结果,因为处处不遵循规律,到处碰壁,但从不认为自己有错的模式,一定怨天尤人。天长日久找不到出路会归咎于命不好,身体也会出现各种疾病,精神由焦虑开始消耗身体,失眠是伴发的。当能量被大量消耗后无力折腾时,人就会抑郁,会产生怨气,消极,进入无路可走的死胡同。所以看到自我标准,破除我执有的标准,是我们每个人的人生功课,多学习多体验,放下自以为是,去探索无止境的世界,是从自我走向本我的过程,也是生命完整疗愈的开始。

心灵小练习

　　看看生活中自己和家人或朋友发生争执是因为什么?哪些是自己的标准制造的争执?这些标准为何障碍自己,让自己无法和外界和谐共处?放下对错,看到自己把持的自以为正确的信念,把它们写下来。试着问自己,能不能放下这些观点?如果放下了,会得到怎样的结果?

5月27日 巧合

亲爱的朋友,如果你不相信,再多的体验也是在怀疑中疑惑的自语:这不可能,这是个巧合,这打死我都不会相信。这是我们经常在生活中发生的一幕,面对事实和结果,用自己的逻辑和知识无法解释时的反应。

那什么是我们要相信的呢?首先要相信的是你所生存的世界上有太多自己未知的东西,你当下所知的和世界存在的相比可想而知是 N 分之一。如果我们坚信这一点,那么,在我们面前所有的发生都是真的,没有假的,只要你认为是假的,那一定是你认为的假的,与事实没有关系,这是日常生活中经常发生的。

当我们相信一切发生时,就会与结果结缘了,就会探索结果背后的发生,这是去向韵律的开始,尤其是让自己尴尬的、无地自容的、死的心都有的事情,那是我们最不愿意碰触的背后和内心,也许生命的密码就在这里。

当我们的探索发现中看到的多了,自然就会接近真相了,这是我们常说的感悟,是人都有这个能力,把碎片信息搜集起来,还原到原本的样子,这个过程就是人的感悟过程。当我们从本能到生活,到生命;从人的本能到人的创造,再回归生命本来;从个人到关系,到系统,再到所有的生命韵律,都孕育着一个从碎片走向完整的过程。

如果今天发生了什么,我有了抗拒,那么一定是在自己的认为里了,一定是碎片逻辑了,一定是在好恶里了,一定不在探索发现中了,所以接纳每个当下发生的一切不是依据自己的标准而定。如果只坚持自己的标准,那么结果是自己从真相中出局,真相不会因自己的标准而改变,或者说生命的韵律是不会改变的。只有我们自己去找到、看到随顺这个韵律,一切就是合一了!愿天下人都能在探索发现中看到完整的生命韵律!感恩有你的陪伴!

心灵小练习

找机会去坐一次登山缆车,随着缆车的上升,你会看到不同的风景,这是一种层层递进的喜悦和体验。这会重新让自己看到视野被局限的状态,看到自己承诺无法实现的原因,重新调整自己。

5月28日　足够的心

如果你因为内心恐惧贫穷而拼命去占有,那么你一直都会贫穷,因为这贫穷的心就像无底洞永不会被满足。如果你内心充满了满足,充满了爱和阳光,那么你每时每刻都会释放出阳光和爱。恐惧贫穷一定持有一颗不足够的心,一定在贪婪的欲望下拼命占有,而拥有世界的心一定是颗足够的心。

足够的心是一种生命状态,呈现出祥和、淡定、喜悦、温暖和阳光的爱,这是没有担心和恐惧所带来的焦虑和烦躁,一切如是即一切存在及发生都在心中如实相应一体。一切存在与我从未分离,存在中所呈现的一切规律在我身上全部存在,存在中所呈现的一切物质与我身上的能力完全合一。

本周省思

5月29日　生命的韵律

亲爱的朋友,我们从没有离开过世界的所有,因为离开是一分钟也活不下去的。既然是这样,那我们已经拥有了全部,同时也拥有了所有帮助过你的人,缺一不可。看不到这个缘起的人是不会感恩万物的,更不会感恩每一刻陪伴的所有,自以为是的认为这是自己的能力、自己的创造、自己的才智(自我),看不到别人的人,看不起别人的人,被福报冲昏头脑的人,被有限的认知障碍着而不觉的人,都是在拒绝福报的人。

从我们被母亲孕育开始,我们就沐浴在福报中,因为这个世界上没有哪个东西不是助你成长的,有形的、无形的、支持你的、障碍你的,都是令你成长的福报。决定接受的权利在自己,你决定接受了福报就来了,反之就失去了。

此生的经历是一秒一秒经历的,自我的认知体系也是一秒一秒丰盛的,错过是因为自我的唯一,对抗和排他,觉察自己喜欢的和不喜欢的分别,觉察由于成为了好恶的奴隶而失去了多少,甚至于在自己喜欢的世界里继续分别,直到走入绝境。

有些人会说:你说的太虚,没那么严重,我活得就很好!我很喜欢我的专业,我不想让自己太累了,想那么多干吗?但一旦触碰到自己逃避不愿意想的部分时,委屈、抱怨、嗔恨、困惑等随情绪泪奔,这是躲在自己舒适的带自欺的状态。封闭的门一旦打开,犹如阳光驱散黑暗,在释放的同时你会感受到轻松和喜悦。

我们关注着生命的韵律,并非说你说的事不重要,我们遵循的韵律是看不见的,看见的事是规律下呈现的结果,因果是一体的,探索发现这未知的一切包括结果和规律,其中也包括疾病。

心灵小练习

静静地坐着,感受自己内在生命的韵律,也许此刻是低谷期,也许正是高峰期,告诉自己生命的韵律都是循环往复的,告诉自己随顺生命的韵律,尊重它。注意自己的呼吸,感受它们的频率。

5月30日　敬畏生命

当我自以为是地说别人时,其实是很二的,只是自己不觉。首先自以为是的认为就已经与其他分开了,已经孤家寡人了,已经远离当下了,已经看不到真相了;其次是对结果的不接受和对抗,当我们感恩所有陪伴的人事物时,只有看到其中奥妙的关系后才能全然地升起敬畏和感恩。

我们提出的完整疗愈体系中,每一位疗愈师都是在敬畏生命的前提下自愈和愈他的,每个生命都是独一无二的、完整的、有主控权的,每个生命中都具有吸引助缘的能力,每个生命中的核心是我做主,虽然此我非彼我,一个纯粹的生命就是这样顶天立地。

我的生命我做主。我们曾经拥有过全然的我做主,不知什么时候就有了干扰,有了顾虑,有了担心,有了障碍,放不开了,压抑了,犹豫了,害怕了,要面子了,忍气吞声了,带着假面具,一幅全然的累人图,甚至还自以为是地认为自己是上等人,活在全然的当下发生中,觉察每一刻的存在,尊重每一刻的相遇,尊重因果所致,一切都是我们自己感召所得。

我为我的生命负责任,也就是说,我为我所有的发生负责任,包括看到的和看不到的、喜欢的和不喜欢的、能力所致的和能力所限的……负责任是源头,承担责任是结果,源头即结果。

心灵小练习

静静地思考,看自己有哪些自以为是的表现。找出你最后一次指责家人或者同事的事件,审视自己,有没有站在对方的角度考虑问题,现在切换角度,得出不同的结论。

5月31日 套住自己的学问

亲爱的朋友,我们每个人的内心都有自己的一套学问,这套学问最终是套住自己而不觉得的,这个自我催眠一定要到打破时才有机缘醒来。这即是我们完整疗愈体系中所说,我们与疾病结缘,借此缘而醒来。

昨天下午朋友来访,聊到任何事都是个养的过程,从生命的孕育,到疾病的形成,到做事的规律,到成长的韵律,都离不开这个"养"字!急于求成的事是肯定不在韵律中,急功近利的事是不存在的,要想从急中醒来,从自我催眠中醒来,从自我逻辑里走出来,这个醒来本身也是一个过程,是个韵律。作为疗愈师是需要建立生命陪伴的韵律的,这个陪伴本身所包含的是关于韵律的,一切都是如是的发生。

如果一个人表现出很愿意帮助别人,比如舍得花钱,但遇到给自己花钱时就不舍得了,这似乎已是世俗中一种好品德了,但从完整观下看生命的角度,这是一个有条件的自私的付出,是为了自己的面子,为了自己的逻辑而去执着的主题,绝不是一个纯然尊重生命的韵律的主题,绝不是无分别的主题,绝不是有意识清明的智慧的主题,施与受的不平衡,会导致系统失衡。其实,当生命无二时,当真正尊重生命时,当没有你、我、他世俗之分时,一切发生都会在韵律中绽放。

愿天下人都能在探索中发现自己的逻辑!感恩有你陪伴!

> **本月省思**

6月1日　范畴

"范畴"是一个很奇妙的词,当我被它吸引后,经常会看到是什么让自己很痛苦,经常会听到是怎样的内心让自己说出此刻的话,经常会透过结果看到背后的经历。渐渐地我发现结果不再能束缚我了,我开始对缘起感兴趣,开始对探索范畴感兴趣,开始对生命韵律感兴趣。

习惯的和新生的是对应的韵律,如果只活在习惯里,就是我们说的自动化反应里,你会固守于自己的规律,甚至在发现新的规律时,你还在继续用过去的规律绑架新的发现,关键是你自己并不知道。

我们在日常生活中经常碰到的人,内心范畴是守旧的,但口头上已经是与时俱进的范畴了,什么修行、信教、上课、灵性等等,然而一旦落实到生活中就完全不对了。

探索结果背后的原因,开启卓越新生的开始,这是一个范畴。每当我们掉进结果时,能否觉察到,能否愿意去转身,能否相信自己是可以先放下结果和演绎的,能否让自己去探索发现更多的未知,能否做自己的主人,这都是关于范畴的探索,只要你愿意,都会发生不同。

我们活在系统中,却不认识系统,是因为我们从未去探索究竟,好恶让我们只在好恶的范畴里反应,毫无能力区分自己的范畴。我是一个什么样的人?我相不相信我可以是个什么样的人?有时候我会认为那是个巧合,那不是我能做到的!自认为的自己就是这样。口头语是:本来我就是这样嘛,我一直就是这样嘛,我这辈子都改不了了!

当不断的探索发现让更多的真相浮现时,由衷喜悦,由衷感恩,由衷改变!结果会完全不同!

心灵小练习

你都有哪些对自己的认知?用笔写下来。然后看看哪些是固化的产物,比如"我是一个懒惰的人""我是一个不爱学习的人""我的数学很烂""我很讨厌篮球"等等,看看自己用什么办法可以改变这些老观念。将它们全部做一个"反转",试试看效果怎样。

6月2日　上一刻的结果

此刻的结果一定是上一的因所致,包括此刻发生的一切,都是如此。你此刻的起心动念都是上一刻的果,不管你是贪嗔痴的,是戒定慧的,是付出的,是索取的,是有力量的,还是纠结虚弱的,总之都是自己上一刻作业的成果,同时也成为下一刻的因。

因果是不虚的,但很多人就是不理解,为什么我这么付出,但结果总是不好呢？这是一个可以探索的话题,要看到因是什么,果就是什么,探索初心如何,探索你固化的逻辑如何,探索你的焦点在哪,探索你相信的是什么,探索吧！

假如你种了一棵树,从入土开始你就有了自己的逻辑,当你的逻辑与真相规律接近时,无疑你的一切培育行为都会很有效,但假如你的逻辑很离谱,同时期待又很高,那结果可以想象。

如果你的心都在期待上,都在结果上,都在索取上,都在外在上,那一定是功夫没有下在因上,那你认为的结果一定是泡影,所以你所抱怨的我那么的所谓付出都是假的,都是如当下呈现的结果一样真实不二,不是付出而是索取。

你起了索取的念,一定是干的索取的业,自认为的付出只是自以为是的逻辑,任何投机心都会在结果时暴露无遗。

觉察自己的初心吧！那是可以获得正果的路径,如果你相信因果,那就去觉察每一刻的起心动念所带来的是什么。这是从固有认为的逻辑里走出来的路径,不断地去觉察才会发现其中的妙有,这妙有从来没有离开过我们的生命韵律,时刻都在陪伴着我们。

心灵小练习

观察初心很重要,有时候初心会被掩盖,学习觉察自己的初心。任意选取一件事,问自己:这么做是为什么？也许是为了让别人赞美自己,那就是索取的初心,也许是为了展示自己的能力,那就是求认同的初心,也许是为了让别人高兴,那也是求认同的初心,真正的初心,是没有染着,利益他人的,这就是善念。

6月3日 完整观下看自己

通过完整观看自己,会发现每个人都活在模式的反应里,包括一言一行的背后都是模式的启动,这些模式是我们不知不觉形成的,是对我们有好处的,当然是我们自己认同的,有历史原因和成长背景的,也有可能是孩童时受过的刺激等等。此刻的你一定与过去的背景有关,但你已经习惯了,不觉了。

在生活中每个人的模式形成都离不开自己的家族和家庭,这是最大的核心力量,包括所谓的逆反,都是在家族的影响下发生的;其次受社会地域文化环境的影响;再次就是我们个人的缘起,也就是所谓的根器不同,缘起不同,结果不同。

每个人的模式别人看得很清楚,但自己未必有觉察,因为习惯了,因为你选择时坚信是对的,每个人都是在选择对的言行,这是初衷,但自己的好恶标准已经成为了唯一的标准,好恶模式已经成为瞬间的自动化反应,这些自动化反应模式构成了你的固有形象,但自己并不觉得,当别人说你这个人怎么这样时,你的反应往往会说我是这样吗?我真没觉得!

我是一个很正直的人,我是一个自以为很正直的人,这是一个觉察的开始。别人说我心太软,我觉察我是一个自以为很慈悲的人,其实是很自以为是的人,有很多习惯和不敢面对的模式阻碍着觉知。同样,你不喜欢和厌恶的人,也并非是真的坏,而是你基于自己过去模式产生的抗拒。

当模式已经是习惯时,一定是处处催眠的,一定是不觉的,一定是经常启动后有心理感受的,不管你心里舒服不舒服,总之当你去觉察你的心时,一定可以看到你的模式,冷暖自知。愿天下人都在感受心的声音中觉知自己!

心灵小练习

我是一个完整的人,包括我的儿时、过去、现在和将来,我的优点、我的缺点、我的一切。试着接受完整的自己,看到自己生命中的每一个过程的美好。

6月4日　情绪是怎么来的

　　每个人都是有情绪的,抱怨别人有情绪的时候,恰恰自己就在情绪中,在情绪中是能量流动的一种形式,这是个生命的自然流动韵律,如果你压抑了这个能量流动,如果你觉得有情绪是错的,如果你讨厌情绪,如果你在讲道理说情绪是不对的等等,那么身体一定会有反应。

　　情绪是怎么来的？来了会持续多久？又是怎么走的？我在这来去韵律中干了些什么？如果你面对情绪首先有了评判,有了结论,那么,对方的一切需求你都会认为是错的,一定是用对抗的模式去指责、去抱怨、去争论、去讲道理。小我最大的特点就是：我是对的。我的判断和认为一旦发出,所有的言行都会证明我是对的。

　　情绪来自当下发生的事情引发了过去的经验和对未来的演绎和需求,每个人都有这个反应模式,尤其是被贴标签后的情绪是一种被刺激的情绪,在情绪中的抱怨、指责给对方盖棺定论的标签是最具有杀伤力的,所以在情绪中是不谈理性,不谈道理,不谈演绎的。不能在此时贴标签,此时贴的标签是贴给所有当事人的,包括贴标签的人。

　　标签的贴与被贴,都是在情绪中同时发生的,越贴距离越远,越贴情绪越持久,越贴越觉得是真的,越贴越觉得对方一无是处,如果你想疏远一个人,你想离开一个人,你想恨一个人,那就给他贴标签吧！很灵！

　　情绪本身就是韵律,情绪中所有的指责、抱怨和评判都是标签,而且在情绪中贴标签的黏度是顶级的,是令人非常在意的,其中标签也是有不同的。例如指责抱怨的不应该是大忌的,而关心演绎的是可以适当的,当然理解和爱一定是最佳的选择,所以善用标签是我们在生活中不断觉察的一个角度！愿天下人都能觉察到你在如何使用标签。

心灵小练习

　　看看自己平时都会有哪些不良情绪,它们都是因何而生？因何而灭？每个情绪从产生到平复大概会持续多久？找一个安静的地方,坐下来,深呼吸并且观察自己的呼吸,当情绪产生的时候,回归到呼吸,有助于平复自己的情绪。

6月5日　探索真相

　　探索真相的前提是我们活在自己的逻辑里看不到真相,其实是探索当下的自己,觉察到是什么控制了自己,是什么让自己那么执着,是什么障碍了自己的探索——了解当下的自己。

　　真相不在你固化的认为里,真相只有一个,那就是放下自己的认为,放下自己的逻辑,放下自己的模式,放下过去的所谓事实,去探索真相。

　　我的事实、我的事件、我的模式、我的判断、我的认为,这一连串的"我的",构成了牢固的自以为是,所以真相不在自己之外,就在自己心里。

　　如果你没有建立起这个生命的核心,那你看到的、听到的、感受到的,全部都是外在的,与你没有什么关系。如果你已觉察到了,这个世界的所有都源自于我的心,我看死了就死了,我看活了就活了,那么你所接触到的一切都是你自己,你自己的世界与世界不二,你二了,这个世界就二了,你合一了,这个世界就合一了,关键是你知道不知道自己是二还是一呢,这是一个探索的方向。

　　我们什么时候学会二的? 答案是"有答案的"时候,有答案时就已经二了,有了我执时就已经二了,有了贪嗔痴时就已经二了,有了欲望和恐惧时就已经二了,有了自以为是时就已经二了,这么多的我构成了二的堡垒,还是让我们一、二、一,动起来吧! 这是生命的韵律,探索构成了生命成长的韵律,最终会看到障碍我们看到真相的是什么,那将是生命的飞越,那一定是范畴改变的时刻,那里只有真相。愿天下人都在探索自己中看到真相!

心灵小练习

　　坐下来,安静地呼吸,同时回想一些你曾经厌恶和不屑一顾的人或事,用内心深处的眼睛重新审视他们,与此同时深呼吸。回过头来看这些人或事,你对他们是不是有了不同的看法?

6月6日　经验

我们的经验从三个方面而来，一是前人的经验智慧，二是当下社会、家庭以及环境的共识经验智慧，三是自身体验总结的智慧。这些经验智慧让我们有了逻辑思维的基础，让我们很容易活在假设里，让我们坚定地相信如果不这样一定会那样，尤其是在教育孩子的成长中，有太多大人的假设，所以逼迫式、填鸭式、恐吓式、威逼利诱等等无所不用。这肯定不是一个自然良性的成长环境，这是一个扭曲的、被迫的、压抑的、贪嗔痴的成长范畴，这是自然范畴和人为范畴的冲突和融合！愿天下人都看到自己冲突和融合的模式！

心灵小练习

静静地在一张纸上写出你的经验，看看你的经验来自于哪里，是自己的体验还是前人的传递？还是别人的告诫？看出经验有时候对你有很好的帮助，有时候则是束缚你的绳索。把那些束缚自己的经验丢掉，尝试着丢开这些经验，做一个新的突破。

6月7日　怎么活

　　人生此世究竟是怎么回事？我们常说的使命、意义、价值、生命、生活、生存……究竟是在说什么？人生转瞬即逝，此生不过百年，我们到底体验了什么？感悟了什么？学会了什么？知道自己是谁？从哪里来？到哪里去？这些有意义吗？如果觉得没什么意义，你就活在很物质、很务实、很有被迫感的生活里，被困或痛并快乐着，这是一个人造世界的范畴。这也是大自然世界里的一个亮点，也是一种活法，只要你清楚地看到这一切。

　　怎么活着是自己决定的，我决定主动地接受我所拥有的，我决定被动地接受我所拥有的，都是自己决定的，只是有时决定受害时，我们并不知道是自己决定的，所以会怨气冲天地认为是别人造成的，渐渐地关闭自己的心，和外界产生对立、对抗。从不觉到觉是个飞跃式的成长，所有的受益和受害都是在让我们觉醒，愿天下人在这其中看到自己的决定！

本周省思

6月8日 意愿度

　　记得最早接触有关学习的词是"意愿度"。"意愿百分之百，方法无穷大"，这句话当时对我的影响很大，我也深有体会，后来越来越有体会，并深刻地感受其内在包括从初心到印证的过程。纯粹的力量一定与初心的意愿度有关，纯粹的初心一定呈现势不可挡的力量，呈现的结果一定与纯粹的意愿度有关，任何带着偏见、自我、担心、侥幸心理、怀疑、不确定、抗拒、否定等的杂念都会得到不纯粹的结果。

　　在信愿行的印证旅途中，每一刻的意愿度都是在检视其因是否纯粹，每一刻的纯粹度一定决定了结果。相信是否纯粹，一定影响其愿力，愿力是否纯粹一定影响其行为。那么是什么让我们不能如此纯粹呢？这是一个需要觉察和探索发现的方向，这个探索的话题会让我们不断地成长，会不断在成长中得到喜悦的结果，这些结果已不是满足贪嗔痴的范畴了，这是关于相信生命的发现所带来的喜悦！

　　放下固执己见的范畴，才会发现新的范畴，才会发现我们拥有的并非是过去的认为，才会为放下过去所发现的本来所喜悦！当我们还在过去的认为里死抓着不放时，那一定是不相信还有什么能替代，不相信自己的决定能去向更好，不相信自己的心是主宰一切的源头，不相信这世界上还有那么多的存在是我所拥有的。不敢相信的另一个动机是我不敢承担这未知的责任，谁能保证我的选择是对的，谁能承担这错误的选择，这个世界不可能有任何人为你承担这个责任，因果自负。

　　人生中有很多能力在体验过程中被发现，其中信任的能力无时不在影响着我们，每个人都不缺信任的能力，过度相信自己的看法时呈现的是自我和自负，过度相信他人时呈现的是没有自信和依赖，还有假无我的麻木不仁呈现僵尸状。无论是哪种状态都是自己于无明中决定的，当我们面对结果真的能看到自己在这结果之前所做的一切时，那是一个觉醒的开始，那是一个看到自己位置的开始，那是相信的开始，清明地看到自己才会有真正的相信，活在自我的认为里是不可能相信其他的，直到自食其果时还会怨天尤人。

　　疗愈师在面对自我的生命状态时，首先是要在完整生命观下去看其存在的这个阶段，相信这是一个无常的过程，陪伴中不断通过镜子的原理让其看到自己，这是一个时间不定、反复无常的过程，有点成就的自我和没什么成就的自我本质上是没什么差异的，都是过度所呈现的状态，没有哪个以我为中心的人能逃脱不自信这一关的。

心灵小练习

你最近一次的抱怨是怎样的？认真回想自己的抱怨，审视它并且看到自己有没有把责任推卸到别人身上。看到自己正是得到结果的主要负责人。

6月9日 承担

当我们看到身边的朋友开始有无论如何都要去做、去承担、去改变的意愿度时,我真的心情激动了,真的觉得那是黑暗中的一束光,真的觉得这表面上就是一小步,但实际上这是一个范畴的开始,这是历史的一步,由衷地为朋友做出选择而喜悦。

作为一名完整生命的疗愈师,随缘陪伴着每个生命,时时刻刻地推动着生命向前,相信这量变的过程中一定会有质变的那一天,这是一个自然规律,这是一个觉醒之路,这个结果一定会出现,这是一个必然,其间的任何反复都是规律中的内容,都不会妨碍其本质的改变,这是疗愈师要有的内心主线。

我们在疗愈中由于关注的是系统,所以每个人都会在疗愈中受益,虽然表面上有侧重,但我们知道这系统中的每个人都是彼此相连的,动一发而触及全身,完整疗愈最大的收获是人生发生了改变,事业、家庭、财富、关系等等都已产生巨大的改变,这不是疗愈师承诺的结果,这是每个生命承诺改变后所得到的必然结果,一切取决于每个生命自己——生命的主控权!

在这个决定发生时,由衷地感恩由自己的觉醒开始,因为自己的完整而发现了生命的完整,同时感恩一路走来的每一个陪伴者,缺一不可,缺一无法缘起,缺一即分别,感恩无轻重,平等所缘,适时呈现,一切由心所致,由决定而动,量变到质变,终成正果不虚!

在这个时醒时迷的人生路上,道决定术,有道才有术,车一定是在有道的前提下才会出现,当我们坐在高速的列车上,享受着这快速有效的手段时,我们不会忘记此刻默默地承载这一切的道,这是一个本来纯粹的初心。

心灵小练习

观察雨后的大树,在风雨中是如何保护自己,如何承载风雨的袭击的,想象自己也和大树一样,学会承担生活中的一切困难,并且告诉自己这些困难如同风雨一样,总会过去的。

6月10日　堵和毒

我们的祖先在探索发现生命的韵律中是讲平衡的。昨晚与何导聊天，谈到这点时，何导深有感触地总结经验：所有疾病的结果都表现为"堵"和"毒"，所有这些都是过度的内在偏执所致，过度的偏执都是执着于固执己见的模式，这些模式严重阻塞了能量的流动，这是无形部分的毒，这些阻塞表现在有形的身体上就是疼痛点和疾病，甚至肿瘤。

这些堵和毒的根源是我们的认为、我们的习惯模式、我们的心智模式、我们的情绪流动模式，而这些模式由于自己的认为和逻辑继续着，即便是造成了损害，人们也不会去相信是这样的因果。

每个人都有自己的逻辑思维模式，什么时候能看到并决定改变，是需要机缘的。完整疗愈体系中感恩疾病的机缘到来，是说我们终于有机会看到我们自己是怎么运行的了，是如何把自己成功地搞出疾病来了，同时选择决定负责任地回归生命韵律，这是一个机会。

没有谁能做到只吸气不呼气的，因为这是生命的韵律，而我们的思维却能做到只相信自己的认为，却不相信其他的发生，这是一个过度的偏执，这是个毒的产生，这是个堵塞的开始。

可喜的是，我们是人，是可以想通的，是可以改变的，是可以转身的，是可以发现韵律的，是可以遵循韵律的。这是完整疗愈体系中共同建立的范畴，这是一起去探索发现生命韵律的基础，这是我们与疾病和困惑结缘的生命呈现，这是我们共同的福报！愿天下人都能在探索中珍惜缘分！感恩有你的陪伴！

心灵小练习

静静地坐着，集中思想，带着温柔的心回想自己遭受过的巨大痛苦。深呼吸，利用吸入的空气去缓解那隐隐作痛的创伤。大口呼吸，想象自己的伤口正在愈合，一切都越来越好。

6月11日　松动

当我们看到一个生命从过去的束缚中开始松动时,心中的喜悦悄悄地升起,虽然身体会有疲惫,但内心是轻松的、温暖的、阳光的、有力量的、兴奋的。

信任的建立是疗愈师和生命客户之间的第一要素,是建立系统的重要指标,也是相信方向的保证。没有信任,没有我相信这个初心,结果一定是不相信的结果。我相信,我愿意,我才有可能去做,所以一切皆有可能的基础是我相信,我愿意,我才会有可能去创造奇迹。初心、决定、相信、愿意、行动、结果与初心相应。

当我们都在一个系统里共同去相信时,那是一个什么样的力量呢？结果会告诉你答案！你会被自己的体验所感动,你会为自己骄傲,你会为相信这一切人和事物而感恩,你会为付出一切而喜悦,而有成就感和价值感,没有比发现自己发现生命、发现规律、发现系统的力量更让人欣喜若狂的了,因为人生的主题就是发现我是谁,从哪里来,去哪里,做什么。所谓的疾病就是迷失自己的结果而已。找回自己的过程就是疗愈的过程,就是自愈的过程,就是回到生命的过程,就是拿回生命主控权的过程。

我的生命我做主,这是一个发现生命内在核心的主题,这是一个颠覆性的决定,这是一个完全不同的范畴,这是一个全新的因,没有这个因是不可能有全新的果的,亲爱的朋友你知道你的决定吗？你愿意相信吗？

心灵小练习

亲手种下一粒种子,在播种的时候,观察松动的土壤是如何吸收水分和包容种子的。看到自己的固定模式,你需要像松土一样,对它们进行松动,让自己变得更加有包容性和完整性。

6月12日　能量的流动

亲爱的朋友,你能感受到自己身体的能量吗？你的能量在沟通中流动,不通则痛,通则畅享。你的身体到处都是沟通的通路,从神经到血管,从淋巴到经络,从皮肤毛孔到呼吸系统,从细胞到消化系统等等,无处不在的沟通流动通畅的能量,构成了你的机体,而推动能量流动的心气则是你的根源。

"你好吗？"一声问候由心而发,流淌在所有的有形与无形中,喜悦传播在空中、大地、生命之间,这是巨大爱的能量,只有由心而发才有由心而收的感应,这已非狭义的占有,这是流动的、释放的、完整的、去呈现的生命状态。无私无欲无我的生命,那是祥和的、绽放的、炫丽的、无边的、强大的、光芒四射的。

觉！每个人在祝福时都有这种光芒,这是生来具足的生命本性,只要有能量一定释放光芒,一定点燃自己照亮他人,想把光芒收回或掩藏那是个大妄想。愿你自然释放,由心流淌,大爱无疆。

心灵小练习

静静地坐着,看着屋里各种物品,几分钟后,感受它们的生命力和相互之间能量的流动,呼吸的时候感觉它们也在呼吸,让自己的心跳和它们同步,把爱意释放给它们。感谢它们。

第四主题

生命蜕变

第四主题

生命蜕变

引言

我们在无常中体验生命的韵律。我们是谁？无常是什么？体验是什么？生命是什么？韵律又是什么？当这些都清明时，你会赞叹不已地说：哦！原来是这样啊！这个过程就是蜕变的过程。

生命的蜕变可以从很多角度看，如果从无常的角度看，那么没有一刻的缘起相同，每一刻的果都是瞬间独一无二的呈现，不管你知道不知道，它都是这样在运行，这个韵律本身都是在蜕变中，也就是说我们每一刻都活在生命的蜕变中。

如果从量变到质变的角度来看，我们活在生命韵律的接近韵律的过程中。那什么是接近韵律呢？当从起心动念到达成结果的过程是不断积累的过程。当我决定去北京到不断接近，最终到达北京发生的质变过程，这是从有形的角度看的结果。它是有距离的，有过程的，有量变的，是有的，因为有形。

如果从无形的角度看，心一定即是了，这是范畴的角度，心决定了范畴就是这样了，所有发生都不会在上一个心的范畴了。这是从无形的角度看，所以无距离，无过渡，无渐渐，但与有形不矛盾。这个话题是需要体验亲证的，用概念是无法说清楚的。

如果从此生角度看生命的蜕变，那是每个人自己的财富，因为此生这个果是你自己修来的。如果你愿意接受这个果，那你就是享受成果的此生，如果你怨恨此生，那么你会起心动念地去向另一个范畴，那一定是地狱，一定是痛苦，一定是煎熬，一定是贪嗔痴。即便是这样，你其实也逃不出大生命的韵律，因为你是生命，只是你选择的范畴不同而已，只是你的生命状态不同而已。你选择的方向不同，结果一定不同。

我们此生从小的说每一秒，从大的说每一年，这是从时间角度看蜕变。如果按照每一年看变化，我们每个人要变化几十次。因为人的寿命大概就是这么久，如果要是按照秒来看变化的话，就是天文数字了！你就是蜕变！

如果我们在蜕变中而不觉时，这即是我们探索发现的方向了，我们无法创造任何生命的韵律，但我们可以发现它，这是生命的特质，我们活在无明中不觉，面对结果只是抗拒，不接受，还试图找很多成立的理由宽慰自己这个成立，我们无力抗争，然后说顺其自然吧！这是个人的逻辑，是个混乱的逻辑，完全糟蹋了顺其自然的本意，把自我的逻辑和无明强加在真相的韵律上，看果不看自己所造的因，甚至是只怨别人所为，从不看自己。

完整疗愈体系中的生命蜕变就是让更多的生命在与疾病结缘的同时看

到自己的所为，看到自己在因果中都干了什么，看到通过改变什么才能得到新的结果，而不是只是拼命地抗拒和消灭你不想要的结果，从无明到清明就是蜕变。

如果你想去哪就去哪，心无挂碍，那么你的心就在生命的韵律中了，如果你还有障碍，那么你的韵律还在自我的逻辑里。这不是关于道德评判的话题，这是关于生命韵律本质的话题，这是关于无形的话题。这个话题本身也是关于蜕变的，让我们共同探讨下去吧！

6月13日　一念反转

通过眼耳鼻舌身意来感知有形的世界是我们的强项,但当我们感受无形的世界时就会用"神秘"来形容,或者是我们每一刻都能感知到结果,但却不知道是什么因所致。那么,因是无形的吗？因是谁造的？因与其他存在的关系是什么呢？

你所看到的果一定是你之前所造因的产物,而之前所为一定与你的习惯有关,一定与你的起心动念有关,一定与你的作业和事件有关,一定是在无意识的不觉的无明的状态下的所为,这是一个面对重大结果是否醒来的时刻,这是一个从无明到达清明的开始,这是一个烦恼即菩提的机缘,这是一个看到自己真相的时机,这是一个由果看因,了解无形世界的开始。

完整的世界由无形开始,有形结束,空性的本质和妙不可言的呈现构成了这完整的世界。我们无明的造因,不知何时那结果呈现,每当结果出现时,我们都会发出如此感叹:我怎么了？我怎么这么倒霉？但有人就会去探索发现其背后的发生,有人就会从接纳中观察其变化,有人就会去尝试改变些什么去看变化无常,有人就会去看自己的过去和固执己见的模式,还有人就会看到神秘,创造奇迹。

我们提出的完整观下看生命的范畴就是让生命看到这奇迹,因为责任心让我们不能等待,因为相信自己的疗愈愿力和能力让我们去发现。这真是个美妙的旅程,这是一个由无形入手有形呈现的旅程,这是一个觉醒的开始,这是一个新系统建立的过程,这是一个发现自己之前的过程,这是一个生命主控权启动的过程,是一个完整生命的开始。亲爱的朋友,愿你能看到自己的完整！

心灵小练习

静静地坐着,在脑海里想一个朋友或家人,你在试图按照自己的心意改变他。深呼吸,告诉自己,其实每个人的生活都应该由自己主宰,你无法替他做决定。畅快地呼气,放下你想弥补的念头。吸气,在你的心里去拥抱对方,拥抱他的一切,包括他的痛苦。

6月14日　一切都是新的

亲爱的朋友,也许你厌倦了你现在的生活,也许你一直渴望着改变却无能为力。我们生活在系统套系统的世界里,方方面面都围绕着我们存在着。不管是我们喜欢的不喜欢的,甚至你越讨厌的越跟着你,越痛苦的越深入骨髓,犹如地狱般煎熬不堪。

你有没有发觉?面对逆境,你越痛苦越会得出片面的结论,越抽离越全面了解事情真相,正所谓"当局者迷,旁观者清"。旁观者的清,是因为他由始至终地看到了全部,是因为他只是旁观,不带有任何评判和情绪,在本能的反应下的看到,这是个中立的状态,这是个看真相的状态,这是个无我的状态,这是个合一的状态,这是个完整的状态。

在生活中完整的生命观无处不在,但如果你固执己见、冥顽不化和僵化自我,终日重复在狭窄的模式里而不觉,只知其一,不知其二,你终将不能看到全部。

掉在喜欢和不喜欢的二元论中而自喜的人们,可满足于自我的陶醉中不醒的人,醒来吧!醒来方能见到太阳。

完整观下看生活中的关系,与人与事与物,无处不在的完整会让你看到由表及里的真相。看到树,就看到根,就看到土,就看到水,就看到天,就看到空气,就看到季节,就看到关系,就看到一切合一。

一个比常人看到的多和全的人就是智者,一个了悟人及生命全部的人就是觉悟者。放下自我的评判、标准、喜好、无知、麻木、欲望等一切障碍你的东西吧,你就一定能成为生命中生活中的觉悟者!愿天下人都是醒觉的人,都是智者,都是个完整的生命!

本周省思

6月15日　承诺与信念价值观

亲爱的朋友,你有没有破坏过自己的承诺?人们常常做出承诺,然而很多时候都不能实现自己的承诺,这是为什么呢?原来一个简单的承诺背后还有更多的奥秘。一个人的承诺会受到其信念价值观的影响。信念价值观是我们过去形成的习以为常的自动化反应的根源,它的背后是完全认同并习惯的心智模式。这就是人们做出承诺后又开始反复的原因,你有时会不会觉得自己真没用?为什么不能信守自己的承诺呢?其实,这是一个打破后重新建立的过程,这个过程的特点就是反复,当我们太期待一个结果时,我们就会非常抗拒和不能够接受反复,但往往事与愿违,所以要先接纳这个规律,随顺这个规律,回到信念价值观才可以,这是一个由被动转化为主动的过程。

然而,当我们不断冲击并试图破除过去的信念价值观时,我们往往会发现没有力量,为何虽然相信改变有好处但都总是缺乏动力呢?这是因为相信中没有心的力量,只有由心而发的相信并愿意去做时才会有动力。这是一个相信并发愿的过程,这个过程也是会有反复的,如别人不认同,遇到了障碍,遇到了失败,遇到了各种各样的干扰等等,就会发生反复。这是一个格局的呈现,信愿越大,格局越大,动力越大,吸引过来的助缘也越多,但同时困难也越大,挑战也越多,但越战越勇,因为愿力是与世界相应的,是心脑合一的不二之力。

倘若发愿只为自己,那么这个世界没人助你,因为你的决定切断了与自己之外的链接,同时还要索取他人,这是一个大的自以为是。发愿为家庭,那么家庭会助你;发愿为社会,那么社会会助你;发愿为世界,那么世界会助你。因为你是其中的一分子,这是一个生命去体验、去经历、去感受、去感悟的学习旅程,这其中没有得失,没有担心、恐惧、面子、身份等等,只有规律和生命,只有体验和感悟,只有臣服和随顺,只有合一的完整。

在体验中,你是在过去的心智模式下去体验,还是全然的体验下丰盛自己的心智模式,这是不同的体验结果,同时也是经常困扰我们做出承诺的困惑点,全然地去体验是探索发现的心智,会有新的探索和发现,同时新的经验不断丰富自己的认知体系,渐渐晓古通今看见未来,这是一个生命本来具有的能力,那时做出的承诺是真实承诺,是不会改变的,而被生活琐事缠身的,看不到生命的众生,心会随外境转,承诺也是假的,这怪不了他们,所有的人都是要经历这个过程的,就如同两个站在十楼和一楼的人,所见一定不同。醒来后向上吧!

心灵小练习

静坐,回想曾经发生过当时要求你耐心地去解决的一件事情。现在请回忆事情的整个过程。在头脑中回忆:还有当事人,问题什么时候出现的?你什么时候失去了耐心?事情什么时候得到了解决?你的等待有什么结果?你觉得当时的等待给你带来什么好处?

6月16日　你的意愿度是多少

我们做决定时会有三种方向：两极和中间的，其中两极的是相反的，中间的则是共同的。例如我决定由我负全部责任，这是关于自己的，是以我为中心的决定；相反的决定则是我决定放弃自己负责任，把我全部交给你们，任由你们处置，这个交出的决定是自己做的，但决定后的事是不想负责任的。还有中间的一种，那就是我决定我们共同负责任去面对发生的事。

然而，无论怎样决定的，都离不开说服、感召、沟通、勾兑、共识等等，与自己共识，与托付对象共识，与团队共识。我习惯了自己负责任，我就会一个人扛着；我习惯了不负责任，我就会托付他人，逃离负责任做事；我习惯了大家一起面对，我就会结盟共识，组团前行。所以，每个人的习惯模式是需要自己去觉察出来后才能看到，然后才是转身或如何改变。

完整疗愈体系中的核心之一就是意愿度。意愿度是关于自己的，是关于责任的，是关于我决定去向哪里的。意愿度越高，越纯粹，范畴就越清晰，因果就越清明可见。如果决定不清晰，时常怀疑、犹豫、动荡不定、受干扰，那么就是范畴不清晰，起因不明确，那结果一定是忽东忽西的、乱七八糟的、不清明。

疾病在我们的体系中就是一个生命的状态，是系统紊乱的结果，错位的提示，同时也是结缘的礼物。任何结果的呈现都是让我们开始有意识，开始警觉自己的位置是否错位，开始警觉系统是否紊乱，开始发现生命的韵律，所以我们要学会与疾病结缘，去探索生命的韵律。在探索发现中看到自己，调整自己，改变自己，从而疗愈自己。所有的疾病都在生命的范畴里，所有生命的主人都是自己，所有的结果包括疾病都是自己制造出来的。既然所有的一切的根源都是自己，那么由自我决定把制造疾病的源头撤掉或改变也不是不可能的。只要你愿意去决定，愿意去做，愿意相信这因果律，一定会改变，一定会有奇迹出现！愿天下人都能在探索生命中发现自己的权利！

心灵小练习

当别人向你倾诉自己的苦恼、失落、痛苦时，注意你的反应。你是在出主意，还是一味地接受呢？你是在试图给对方鼓励，或者只是见证他的种种遭遇？当你离开，你的心里装满了对方的倾诉吗？或者，通过思考对方的遭遇令你的思想也更加深沉了？如果可以，让别人的倾诉像一颗投入水中的石子一样，投入你清澈深沉的心湖。做生命中爱的陪伴者。

6月17日　在意

　　亲爱的朋友,当你遇到不顺利的事情发生时,你会在意吗?在生活中我们都很在意效果,因为我们很在意结果,因为我们很在意欲望,因为我们没有看到结果时就会很恐惧,这是欲望和恐惧的人生范畴。我们恐惧失败、失去、悬而未决、没有。我们渴望出口成章、高人一等、有面子、富裕、越多越好,至于如何产生的结果?什么是结果?人与结果的关系?人与欲望的关系?人与恐惧的关系?人们全然没有想过,似乎完全不重要。

　　但事实并非如此。只看重结果的人生一定是偏见的欲望人生。众生畏果,菩萨畏因,如果你很在意结果,那么你必须做好因才会呈现果,因果一体,并不二分。我们往往看不到因,是因为因大都无形,你太习惯看有形的世界了。一个圣人的有形走了,留下的无形的思想世代相传,一个团队、一个品牌、一个产品,留下的是其内涵和精神和文化,此时无形胜似有形。一个人、一个团队、一个民族、一个国家、一个地域、一个生命体系、一个宇宙,一定有其背后的缘由而来,这些无形的缘由构成缘起,形成有根之树,有源之水。完整观即是完整疗愈的缘起,即是源,是根,即是无形的因,因为有完整观才会有完整疗愈的呈现,因果不二。愿所有自我疗愈的生命共同拥有它,共同感恩这生命的完整,共同祝福所有生命健康快乐!

心灵小练习

　　将手掌向上摊开,放在膝盖上,让心中纠结的情绪得到平复。随着每次吸气,快速地握紧拳头。每次呼气时将手掌摊开,就像是鸟儿摊开疲惫的翅膀。

6月18日　心智模式

　　我们生来具足生命的所有韵律，不然就不是生命了，其中包括过度，喜欢的、担心的都是会去向偏执。没有任何人不是经历过来的，甚至包括我们的机体在对抗外来入侵的过程中，也是经常出现过度的反应，那究竟发生了什么会产生过度反应呢？

　　心智模式是反应的中心。这包括两个方面：一是早就经历过的模式，反应是自动化的。二是当下新的反应建立，但仍然会有老的经验模式参与。如果我们的心智模式是开放的、探索的、灵动的、有见地的、相信的，那么在任何情况面前一定是淡定的反应，一定是不担心的反应，一定是不会过激的，一定是相对中立的，一定是去向真相的；反之如果我们是僵化的、固执己见的、封闭的、担心的、贪婪的、情绪化的，那一定会去到愚痴的无明烦恼中。

　　我们并不知道自己的模式，这是疗愈的关键。因为我们太习惯了，我们太依赖了，我们是决定喜欢这些模式的，天长日久就成为这些模式的奴隶，离不开了，我就是如此了，不这样没法活了，这就是我们不愿意去清明的核心之一，这是我们甘愿做习惯奴隶的自我本质。

　　我们在自我催眠的自我认为里，经常会回到拼命的状态，尤其是觉得不干不拼命就是浪费生命。每个人干什么都是有自己认为重要的，有的认为事业很重要，有的认为爱情很重要，有的认为自由很重要，有的认为家庭系统很重要，有的认为探索生命是什么很重要，有的认为都很重要，太多的角度让每个人都有机会去体验。这是千姿百态，千变万化的世界所提供给我们的礼物。

　　既然是我们的礼物，那就感恩的接受吧！感恩地去了解其中的韵律吧！感恩地去看这发生的背后吧！感恩地去看自己从哪里来，来干什么，到哪里去。这一切的发生都有哪些参与的、有形的、无形的元素，这是一个去向完整的过程，也是一个回归生命本来的过程！如果我决定了一定会在去的路上，一定会碰到同路上的人，这叫不约而同，这叫可遇不可求，这叫志同道合，这本身也在韵律中。愿天下人都能在探索生命中相遇同行！感恩有你的陪伴！

心灵小练习

　　回想自己生命中一次巨大的打击，把它当作礼物来接纳并且感恩。想象一下你不是拒绝而是接纳的样子，用你的爱来转化它。

6月19日　限制

你有自己的专业吗，你会很骄傲自己的专业吗？但是我想告诉你，专业是最大的限制，或者说是最大的障碍。任何专业其核心的本质都是相通的，但外在呈现出不同，我们太注重外在就掉入事物里，而忽略了规律，忽略了任何一个点都是由面或者说系统或者说整体构成，离开整体的点不存在，当我们非常熟悉自己专业的同时极易掉入自以为是、固执己见、故步自封的限制中。所以，千万别被你的专业蒙蔽住。我们说，无处不完整，离开完整观则远离了真相，当无常变化来临时，毫无应对之力，当你标榜自己是唯一时你已离开系统，你已出局。我们注重规律和系统而非排斥其中的内容，我们不限制孤立地去看事物，就像盲人摸象的故事提示我们一样，完整地去看生命。我们之所以每日沟通是因为不畅，不畅的障碍是自以为是，是限制思维逻辑和信念。每个生命当其面临生死存亡之际，都是在突破和蜕变过去的限制，疾病正是给人带来蜕变的时机，这在生活中屡见不鲜，病好了性格变了，好似另外一个人。在蜕变过程中每个生命都需要呵护，愿天下所有众生在蜕变中享受爱的呵护吧！你也是其中之一。

心灵小练习

可以的话，到外面去听鸟儿的歌唱，听听它们的歌声是多么的清澈。注意不管唱的是什么，它们是不是想唱就唱？呼吸时注意自己的感觉，看看是什么让你不敢大声地呼吸，这是人类的通病。让自己更加自由地呼吸。吸气时，感觉有什么在体内升起，呼气以前像眨眼一样关闭自己的意识，什么也不去想。呼气时大胆地出声，不管那声音是多么的微小。

6月20日　生命的阶段

亲爱的朋友,不知你是否和我一样,酷爱学习。学习是一生中持续不断的事,因为体验无法中断。学习的方式有很多种,学习的内容也丰富多彩。学习前人留下的知识以年轻时为主,故学习有压力是这个阶段的特点。进入社会工作后事业的压力成为主题,这个阶段较长,面对的关系较多,欲望较强,内耗较大,身体也会相应发生变化。到了五十岁以后身体的变化开始成为主题,这个阶段是价值观发生转变的重要时期,如仍然以事业为主的价值观不向身体和生命转换,那么失落抑郁和以往透支的身体将会表现出各种病症。

故一个阶段有一个阶段的主题,这也是无常,要随顺随缘,现在心理年龄小于身体年龄,不服老的老人更容易透支,甚至出现身体的意外,这些都与执着于上一阶段的信念价值观有关,这是完整疗愈师用完整观去看生命中价值观的部分,也是在疗愈中沟通信念价值观的重要组成部分。近期接触到的老人都与此有关,真心祝福天下老人健康快乐!

心灵小练习

和家中老人在一起,静静地陪伴他们,看看自己从他们身上看到了什么,又学到了什么,将感悟记录下来。

6月21日　呈现纯粹

亲爱的朋友,如果你觉得你不行,如果你的担心很多,如果你的心口不一,如果你不相信,如果你不专注,如果你有小聪明,如果你有欺骗性,等等,那不是由心而生,那只是想,那只是个梦。

任何成功的背后一定是心的纯粹,这是个势不可挡的力量,没有条件创造条件的心力,是万法由心造的根源,这纯粹的心由相信,到聚焦,到专注,到践行,到吸引力,到广结善缘,直到呈现!这是一个渐进的,条件聚集成为的过程,同时是不断向世界宣布,不断呈现纯粹的心力的过程,纯粹的立场是无敌的能量,无数前人们都是在立场上呈现出纯粹的魅力,无数高僧大德在觉悟人生时,都是向全世界宣布他们的立场而呈现出生命的觉悟,如果你有个愿望是发自内心的,那就放下一切顾虑和担心去宣布吧!那就是纯粹的力量的源泉!那就是生命内在疗愈力的源泉!那就是生命回到完整的开始!

本周省思

6月22日　关系（全息相应论）

亲爱的朋友，你知道吗？你的五官、四肢、头脑和身体等有形的背后存在一套与其相应的，看不见的无形的部分，这一体两面或多面构成了你完整的生命个体，与其他生命个体无二，与宇宙无二，这就是全息相应论。在这个世界上，没有孤立存在的事物，所有的一切都存在着千丝万缕的联系，所以生命一出现即是关系，是一生探索发现而无穷尽的主题之一，也是人生体验中不断见多识广的主题。在这关系中不断发现内在存在的规律，这即是道，这是自然之道，你不发现它也存在，而自我的形成是执着于偏见，无视自然的个体行为，经常会发生屡战屡败、屡败屡战的悲壮之举，最后得到的是无奈和认命。这种认命是与自然命运完全不同的命，自然之命下的个体能看到有形与无形，能听到声音背后的发生，能闻见味道的形状，能品到不同的缘起，等等，这不是单凭知识所能及的，是无数元素汇聚于一刻的呈现。呈现即成过去，从未停留片刻，从未有过固化不变的可能。只有我们的大脑还在拼命地抓住不放，并深深地享受在那里，生怕瞬间即逝而破灭了这美好的梦（包括噩梦）。因为这梦的破灭我就什么都不是了，我就没有价值了，我活着还有什么意义？我是多么的重要，这个我的背后有多少东西？清醒过来吧，除了我执什么都没有，除了有些知见什么都没有，有的只是恐惧和欲望，这虚旺之火不断推动着僵死之躯走向灭亡，这即是疾病的因也是生命的果。面对不接受的事实拼命地对抗，直到死亡。这个我执的归宿如何去破呢？放下我执——回归自然——享受自然——接纳一切发生及无量元素。自在地活着！感恩这一切的存在！

心灵小练习

在一面镜子前静静地坐着，将所有的注意力放在自己的身体上。深呼吸，凝视镜中自己的双眼。缓慢地呼吸，将自己的灵魂想象成眼前一汪清澈的湖水，闭上眼睛，深呼吸，感觉灵魂像湖水一样清洁自己的身体。保持三到五次这样的呼吸，然后睁开眼睛，看着镜中的自己，感觉到自己身体和灵魂的洁净，微笑。

6月23日　缘起缘灭

　　当看着燃烧的火渐渐地熄灭时，你是否能发现这是一个规律？缘起缘灭就在其中，我的肉体就是一堆被点燃的柴，在燃烧中转化成万物！生命之火千姿百态，永不消失！

　　人与人之间的关系亦如是，有起因起始一定有结束终止，这是个表面上的规律；或者说，外表形式的变化无常，与内在本质的规律并不二分，但生命从不消失，关系从未断开过，此生无憾。

　　我的害怕和担心都是建立在恐惧和消失上，当我了知这生命内在的规律时，一切都变得顺其自然和祥和了，做我当下随顺的一切，而非贪嗔痴的一切，我无需让他人认同我，我只是去做，去感受，去感悟，去陪伴这一切的发生！生命的真相从未离开过我，我看不看是我的事，当我决定看时，一切都与过去不同了，一切都发生了，我在其中。看山是山，看水是水，只是心不同了！愿天下人都在此生了悟生命的真谛！

心灵小练习

　　点燃一支蜡烛，观察它的火焰，然后轻轻地吹灭。看到它被点燃的缘起，也看到它被吹灭的缘起，感悟生命中无时无刻不在因缘中变化。

6月24日　观察

我每一次看到家长和孩子时都会有职业病的惯性反应去观察对方，还好有觉察没有去到评判和说教，只是在尊重的前提下，去听去看去观去欣赏。

当今家长害怕孩子近视是个普遍的现象。传统的预防近视的方法很多，例如用眼卫生的指导方法、眼保健操方法、各种医疗器械的方法、中医和西医等等方法。但为什么不能阻止近视眼的发生呢？这的确是个值得探索发现的话题！我从1989年开始关注青少年近视，当时对中医的系统调治很赞同，并依此理论研发出眼全息穴位的电刺激仪器，临床效果非常好，迅速而有效、而且方便在家中治疗，轻度近视可以好转，中度近视减轻阻止发展，这么好的东西为什么不能对社会产生巨大影响呢？这让我开始困惑，的确近视的社会发生率越来越高了。

在以后的学习成长中，我开始对生命的完整有了概念，我开始从对疾病结果的对抗中走出来了，开始对生命的缘起、生命的成长环境、生命的价值观建立等等有了系统的认识，任何一种疾病都是在生命大环境下共同作用所产生的结果，而每个个体都在其中，但同时又自主决定着一切发生，这是一个需要清晰的范畴，这是一个生命觉醒的主题。从家长到孩子到社会，如果说有形的和无形的因素都是可以造成孩子近视的话，那么无形的因素都包括什么呢？

近视眼的特点是，看远不清楚，看近可以，那我们就结果看，不愿意看远，不愿意看清，害怕看远，害怕看清，对未来恐惧，对未来不确定，对不愿意面对的逃避，证明自己是受害者，有了理由让自己不负责任，有了不担责任的借口等等，这是一个思考的方向！这是一个系统的醒觉方向，这是一个探索的方向，从孩子到家长，到家族，到社区，到学校，到社会，到世界……越大的群体意识对孩子的影响越大！有形的产品，如手机屏幕似乎公认地对眼有害，而其中内容里全部是人群意识的投射，尤其是游戏无一不影响着幼小的心。每个时代的主题思想都会产生相应的所谓代表疾病，这是个因果的话题。

心灵小练习

静静地坐下来，轻轻地呼吸，闭上眼睛，回想自己有哪些不愿意看到、不愿意面对的真相？认真地进入它，保持清醒的觉知，慢慢地感受自己的情绪，然后吐气，睁开眼睛，告诉自己愿意面对一切真相。

6月25日　觉察

亲爱的朋友,你不要失去了觉察,觉察对你来说非常重要。觉察每一刻的因,即每一刻的起心动念。情绪行为的升级,与以往不同的一切行为一定会得一个新的果。完整观下时刻看因果。我们常说:喂！你今天过分了！这是个觉察,因为与以往不同了,什么范畴呈现什么内容,范畴即是因,所以你要时刻觉察你在什么范畴里,那么一切结果就顺理成章了,也就不会面对结果时发出这样的感慨:怎么会是这样？

日积月累,每一次微小的不同已是范畴的改变,尤其是在人与人的关系中,如果不觉察每一次的语言、行为、情绪的不同,那么等到关系破裂时,已是"人在黄昏独自愁"了。在面对结果时我们通常以好恶之心来选择接纳或排斥,这是不知其因,只知好坏的众生模式,也是二的根源。你活在二中而不觉,是因为你不看因只看果。当你触动开关时结果已然呈现——灯亮了或灯灭了。你知道你今天触动了什么开关吗？唤醒自我的生命吧！

心灵小练习

观察自己的呼吸,并且带着对呼吸的觉察做一件家务活,写出和平时不一样的感受。

6月26日 感受

亲爱的朋友,只要是活着的人,每一刻都不会缺少感受的。分享感受是能量流动的一种形式,分享是个很纯粹的、纯洁的、无任何杂念的能量流动,但如果是以求认同、发泄、指责他人、要求别人等为目的时,别人看到的一定是带有目的的不纯粹的分享,这是一个感受流动的结果。

那么,什么是感受呢?这真是一个终生探索的话题,因为只要你活着,每一刻不停地都在感受中,这种感受是没有对错的感受,在对错中评判的感受是大脑的感受。让自己的心启动,就是时刻活在发心里,无信无心,由心地相信时,我们的大脑一定会发出我愿意去做的指令:我愿意,我臣服,我尊重,我敬畏,这些愿意都是心甘情愿的,无怨无悔的;反之,就会是心不甘情不愿的感觉被迫,一旦有机会就会把被迫的积怨发泄出来。

心不相信而大脑在发号施令时,这就活在了被要求的模式里,这个模式的释放和平衡一定会投射给别人而产生能量的流动,所以当一个人执着地要求他人时,其实正是自己被要求的一种释放。

我们习惯用大脑进行分析和判断,并下达应该和不应该的指令。这是一个模式,长此以往就会导致与心分离,或大脑绑架心,久而久之,系统就会紊乱,错位了。

我们的大脑能想明白的远比用心去感受的窄小,因为此生学习的知识是有限的,而感受存在是无限的,相信存在更是回归本来的。相信是个能力,是个能量,是个生命的状态,如果不相信,只是大脑说应该如此,那么当结果不如愿时,反应一定是获得负面感受,所有被迫的行为一定会导致负面投射,这个被迫就是大脑绑架身心,要求身心,指令身心——不合一的投射。愿天下人都能启动心性的力量,这是一个不会反悔的纯粹的力量。

心灵小练习

静静地坐着,回想最后一次你因为试图控制他人而造成的伤害行为。

深呼吸,试图剖析是什么样的恐惧让你做出以上行为。看看这个行为让别人有怎样的感受,看到自己因此而受到的反抗和伤害。想想如何让自己学会尊重他人而非控制他人,即使自己是对的。

6月27日　相信的能力

当我们太依赖于眼见为实时，相信的能力会完全依附于这个心智模式，导致我们几乎丧失了相信的能力。透过完整观看生命的能力，你会发现我们生来拥有全部的能力，每个能力都是独一无二的，各就各位，各司其职，共同协调，缺一不可，经由共同作用而成为整体，所以每个能力都在生命成长中不断呈现和趋于完整。

在日常生活中相信自己的经验判断和演绎推理，这只是相信的一半能力。每一个能力的背后都包括两个方面，这是二元对立的结果，很多人只相信自己的见，不相信他人的见；只相信眼见后大脑的反应，不相信没反应的空白，这些都不是真正的全然相信。只有如是地看到，如是地相信，只有把自己放到完整里，放下担心演绎逻辑，放下反应，回到事件去看如是发生，才是真正的相信。我们以为放不下事件，其实是放不下对事件的反应，放不下对事件的演绎担心，我们既要放下对事情的经验反应，又要放下对未来的演绎反应，回到当下作如是观。

能力也具有过去和未来、经验和预见。如何完整？回到当下即完整，中立地看即完整，二合一即完整。请时刻觉察每一刻的我见是中立的吗？担心的一定不中立，欲望的一定不中立，恐惧的一定不中立，因为都在固执己见中，都不在当下，都不在中立的状态下看事物的完整。愿天下人都能看到自己的能力是完整的，而不是固执己见的。

心灵小练习

静静地坐着，想一想，自己做事的时候，哪些事情是百分之百的意愿度？哪些事情不是？为什么不是？没有百分之百意愿度的时候会发生什么？调查它们并且写出如何提升到百分之百意愿度的对策。

6月28日　忏悔

忏悔和感恩是一体的，当我们忏悔过没有升起感恩之心时，那一定是认错或应付而已，感恩由心而发，缘起于缘起，缘起于生命陪伴，缘起于因果，缘起于缺一不可！没有这些何来有我？

我之所以产生出那么多的欲望是因为我与世界分开了，我内心极度的贫乏和渺小脆弱，处处没有安全感，这是大多数人的心里，我如果不去占有的话我就无法生存，我就没有面子，我就没有地位，我就会死。从家长教育孩子开始，就是这样说，你如果不努力就会低人一等，谁养活你？这是个价值观体系，这是个传承的价值观体系，这是个文化背景。中国的文化信仰以家族为体系，传统的文化背景之一是报效国家，光宗耀祖！这是努力的目的。虽说没有和世界合一，但也是在系统里，也是个大格局，教育的结果可以看出教育体系的格局。

这个格局无处不在，身为疗愈师，你是在看病还是看生命，你是同情还是唤醒，你是什么范畴你清楚吗？如果你的格局限制了你，你看不到更高的系统和范畴，那么你是无法疗愈他人的，你内心对抗的、分别的、纠结的，一定是障碍你看到真相的，一定会同时升起贪嗔痴。愿所有疗愈师都在个人范畴中去看自己的格局，从自愈中去到愈他！

本周省思

6月29日　蜕变

亲爱的朋友,我们常常会说到蜕变、心智模式、切换范畴、灵动的当下、固执己见的习性、我的认为等等。这些名词的背后是什么？它们之间的关系又是什么？这是一个需要清晰的范畴。

蜕变是什么？一件被泥土弄脏的衣服,清洗后还原到其本来的样子,这个过程是不是蜕变呢？一块山石经过冶炼成为铁、铜、金等等,这是一个什么改变？是蜕变吗？从表面上看有些是注定无法改变的,例如将人变成狗、鸡、虫子、树等等,但我们会发现内心是可以发生这些改变的。而有些表面上是可以改变的,但其实内在是没有改变的,例如石头变金子等。那我们所说的蜕变究竟是什么呢？我们为什么要蜕变呢？

我们每一刻都在重生,是因为我们身体的旧细胞每一刻都在死亡,新的细胞同时诞生。这是大自然的规律,这是我们的身体给我们的提示,我们的心念每一刻都在升起落下,从未停止过。不知何时我们把这些念分别为好的和不好的,自以为是的认为我应该是这样,而不应该是那样。这些固化下来的认为污染了我们原来的运行规律,这些我们执着的好恶成为了我们现在的形象,掩盖了我们原本的存在,这个执着的认为呈现出：自我、爱面子、讲对错、不尊重他人、自以为是、恐惧和欲望以及担心等等。愿天下人都从生命的角度去看世界,去看人生,去体验生命,去感悟万物自然吧！

心灵小练习

集中精力,去思考一份种重要关系的真实状况。深呼吸,去感受对方真实的一面,以及他所带给你的痛苦。对方给你什么样的感受呢？真实地面对自己的感受。

6月30日　大自然的启示

我们都有体验大自然风景如画的感受,每个人都是喜悦快乐的,因为大自然在那里呈现着千姿百态,与你的关系是平等的,谁也不妨碍谁,彼此拥有,没有占有与失去的关系,只有欣赏与赞叹。当有触景生情回忆往昔之失去时,痛苦的相思病就瞬间来临,这是占有和失去的故事,这是欲望和恐惧的故事。所以当你看到珠穆朗玛峰时,看到长江黄河时,看到泰山、峨眉山时,看到天空大海时,你想到的是什么?

什么是我的?小时候喜欢吹肥皂水的泡泡,当小心翼翼地吹出透明轻盈甚至五彩的泡泡时,快乐欢呼喜悦!但瞬间化为乌有,这就是我的,这就是人生体验的核心,这就是空性中的妙不可言。一切自以为是的妄想都是痛苦的根源,体验了痛和乐—长见识了—思考了—心动了—成长了　继续体验。

这是一个与年龄无关的生命循环,体验每一刻都在,体验是当下的力量,体验无处不在,体验可以让人充满活力,体验可以不断重复而充实丰满,体验是个拥有的过程,任何人都将无法从你那夺走你的体验,我们说生不带来,死不带走的是物质,那么什么东西是我们既能带来又丰盛地而带走的呢?这是一个用生命探索的话题。愿你在闲时稍微地去探索发现一下,也许会有什么不同。

本月省思

7月1日　固守和转身

我常深思无常在生命中的顽固,当我们被一种态度、习惯、定义等所绑架时,仍以这是责任,这是事实而不得不去继续时,我们的身体已经开始以各种疾病的方式去提醒我们该停止了。可是我们还是固守在陈旧的信念价值观模式里,持续着过往制造疾病的因而不醒,所有违心地去担当的所谓的责任都将化为负面的情绪能量作用于我们自己,同时也会以各种方式释放给你身边环境,如地狱般煎熬。一念转则进天堂,放下你放不下的执着则无比轻松。当我们陪伴还没看清自己的生命时,是爱的呈现,慈悲心的呈现,无分别心的呈现,相信会看到那一刻时的华丽转身,转身后喜悦将是必然。这是完整疗愈的可持续性的核心所在,这是相信的力量。

心灵小练习

闭上你的眼睛,想象自己面前有一块黑板,上面有密密麻麻的字,拂去头脑中一切的想法和画面,就好像擦去黑板上的字迹,等到感觉大脑一片空白再睁开眼睛,就好像是初生婴儿第一次醒来。缓慢地呼吸,望向进入你眼帘的第一个事物。感受它的存在。凝视你旁边那把木头做成的椅子,忽视它的名字,只是感觉它作为物体的存在。

7月2日 恐惧

恐惧是不可避免的。近日生命陪伴有感：本能层面的反应是对结果的恐惧，想生存是因为对死的恐惧，或者说对未知的恐惧，或者说是人体对舒适和痛的本能反应模式，而心智模式的定义则矛盾地在生死上纠结。怕死之又怀疑好不了，想活，心又不定。如此一来，就失去了纯粹的力量，也就没有一致的方向，一会东一会西，侥幸心理占据着能量的方向，当这些反应开始淡去时，一种当下接纳的力量，一种纯粹爱的力量自然升起，心开始主宰这无明的力量到达自然，整个系统在这一刻都会轻松、光明、温暖起来，当阳光的温暖取代急迫负面的能量时，一切都变得美好，这是个经历的能量，不增不减，只是方向不同，无需在意结果，因为始终如一，因对了果一定在！

心灵小练习

回想一下，对于死亡你最大的恐惧是什么？对于活着你最大的恐惧又是什么？这些恐惧有无相似之处？如果没有这些恐惧，你的生活会变成什么样子？把它们写下来，并且仔细思考这个问题，有哪些恐惧是不可避免的？哪些是可以放下的？

7月3日　欲念

　　我们从一出生就需要外在的陪伴才能成长起来,这个模式似乎根深蒂固。一朵花从发芽到开花到凋零,只需适合成长的各种条件,就能完成整个生命周期,无需阳光有多好,无需雨水有多足:阳光太多就会晒死,雨水太多就会淹死。

　　人想要的一定是在欲念下产生的贪,其背后的推力是内在的缺乏和没有。如果你很在意你的技术或能力,很可能因为你认为如果没有这个你什么都不是,那么技术或能力就是你的一切,它们可以轻易地主宰你,你会恐惧于失去它们。然而你有没有想过:技术的主人是谁?当你将自己等同于技术和能力时,你已经不是完整的生命,只是大脑抽象的制造出来的你。在人生路中唯一能呈现价值的只有你的术,而非生命的全部,这是障碍我们去体验生命全部的关键。只有不断提升我们的观念,丰富我们的见识和体验,才能如实去呈现生命本来。人生中所遇一切都是让我们体验到生命的本来,所以感恩这一切,让我认识到、体验到、感悟到生命,而无好坏之别,无喜好之别,无高低之别,无内外之别,无分别心!善待一切,感恩一切,臣服一切,拥有一切,合一。

心灵小练习

　　静静地坐着,感受生命流经身体,观想自己的健康和富足。深呼吸,吸气时,吸入足够的能量;呼气时,呼出贪欲。

第四主题

生命蜕变

7月4日 起心动念即是结果

今晨起来,看到学员的分享很有感触。一个无法解开与父亲的冲突的关系,通过在完整疗愈体系中的学习,探索发现了如此丰盛的生命系统,分享自己的经历时,如此丰盛的系统链接着多方面的能量,如此有高度的见地,如此真实地流动着分享的智慧,分享着流动的能量疗愈,享受着分享本身的疗愈之力。

今晨的梦境是起心动念,即是结果,即是范畴,即是因果,即是此刻的位置,念起即成。老辈儿常说:"不怕贼偷,就怕贼惦记!"这是说一个人开始关注了,那一定成了。这惦记就是起心动念了,进入这个范畴了,开始关注了,开始下功夫了,开始把焦点聚焦在这儿了,那么一切发生都会在这个焦点范畴里展开,结果一定是这个范畴的结果。

我们面对困难和疾病时,瞬间的起心动念大都是我们的反应,这反应多是过去的习惯模式,比如得病了,尤其是严重的疾病,怕死是最先的反应,如果这个反应成了主宰,那结果一定是死亡。其次的起心动念就是对抗和消灭这个疾病,那么到处寻找方法,对抗导致内耗,方法导致失去主人的自愈能量,失去主控权,结果是消耗致死,这一切都是在起心动念下完成的。

我常常处在起心动念中,比较典型的体验是学习做手术时,24小时活在起心动念里,尤其是晚上梦中的场景让我攻克了很多技术难题。"日有所思,夜有所梦",就是在说一旦起心动念了,那么一定是连续地活在了这个范畴里,一定是成为了这个主题,一定不会再去想什么别的事情,一定会持续发生发现这个范畴里的内容。

我写每日分享也是这般地在起心动念下,完整疗愈体系已经是我的范畴,24小时关注,加上我本人梦境中遇见贵人多的特点,所以有写不完的看见,因为每天都有看见,都有梦见场景,都有发生的提示,都有感悟,都有活生生的当下发生。

探索发现和我知道了是两个完全不同的范畴,每个人都有这两个范畴,可是,哪个是我们当下的主线呢?我们可以去觉察,如果没有灵感了,没有新的内容出来,那一定不是在探索中,那一定被知道锁住了,那一定是死了。探索发现是不会中断的,因为这世界本身都是无常流动转换的,同时我们每个人都在自己的认知中,比起真相来实在是太渺小了,只有不断地体验和积累,并且时时刻刻活在当下的真相里,才会与真相在一起!愿天下人都能在探索发现中看到当下的真相!感恩有你!

心灵小练习

　　静静地坐着,努力剥除自己的面具,让真实的自己显露出来,接受那个并不完美的自己,告诉自己,这就是真实的自己。接着,深呼吸,让自己活在真相里。

7月5日　生命的盲点

亲爱的朋友,我们不约而同地来到这个世界上,虽然大都不清楚自己从哪来,但此生都是来体验生命的,这个主题是不变的。由于前因不同导致今生触摸生命的角度不尽相同,犹如盲人摸象的探索,点点累积渐渐成面,每一刻的明白都是真相但未必全面。聪明反被聪明误即是这样,我们每一刻都在发现和践行着世界上的某个点,这个点也是与众不同的点。我们每个人都是独一无二的点,最后把这无量世界触摸全的。生命,才能体验到完整的生命,沾沾自喜于某个点的生命,甚至膨胀于某个点的欲望和恐惧者,逆规律而行的结果都不言而喻。当我们陶醉于某个点的发现时,往往会喜悦、自豪、骄傲,却忘记了继续探索,沉浸在这个小小的成果里,不时的炫耀着与众不同,这是一个有所住的心,这是一个被染着的心,这是一个贪痴之心,这是一个掉进结果而不觉的心,这一定活在恐惧中怕失去的心。这个点,我们称其为生命的卡点、信念卡点、盲点,或者说是生命的瓶颈,贪嗔痴的欲望呈现。这即是下一刻果的因,你害怕失去的,一定是你此时此刻做的因所得,当心被某个点的成果锁住,这个贪痴让我们活在过去,活在幻觉里,活在怕失去的恐惧中,瞬间变成了贪痴的奴隶,终日劳累而无力挣脱,就是所谓的身不由己。缘起于心无所住,感恩这大千世界时时照见自己,感恩有你的存在时时如镜看到自己,感恩每一刻点悟让自己渐渐去向完整。

心灵小练习

觉察自己在生活中,有哪些瓶颈?有哪些盲点?写下来认真思考背后的原因,找出突破的方法。

7月6日　对待金钱的四种态度

　　我们的一生有很多观念是在无常中建立的,然后又破掉的,这是成长和成熟的基础,这也是发现和不断完整的基础。

　　其中对物质观的建立和破解是一个反复的过程,这是对有形的存在的依赖,同时又隐约感受到无形的能量的冲击,如我们人类的创造——钱!这个有形的东西,无时不在冲击着我们的心态,无时不在启动着我们为之疯狂,甚至甘愿跪拜成其奴隶。当今终日奔波劳累的人们有多少是活在探索生命里,有多少人是负责任地去感悟着生命的每一刻,有多少人是享受着钱给生命带来的感受和发现,而非无钱寸步难行。

　　每次谈到钱的话题我都会想到几类人,第一类人是看破之人,选择了活着,甚至讨饭供养机体的运行,只是一个适合的需求,他们完全活在自然的生命运行中,其中的代表人物有伟大的佛陀、老子,等等。第二类人是拥有大量金钱之人,但与钱无缘,既不快乐也不救命,甚至是灾难,如有钱早逝者,有钱入狱者,有钱被害者,有钱痛苦者等等。第三类人就是没钱者,内心充满着对钱的渴望,只为钱而活,完全活在了钱里,不择手段,为钱可以从内心升起无数贪嗔痴的邪念,甚至表面上有些钱的人,其内心也是如此没钱的,一贫如洗的穷人心态,极度地没有安全感,总在想,没钱可怎么活啊等等!第四类人是有福之人,完全享受生活的所有规律,但不在贪嗔痴的范畴里,其心不染,其心可容万物而非己,这类人是为他人而活之人,付出一切之人。这是一个能量流动的奥妙世界,没有什么不流动而活着的生命,无论是有形的还是无形的,其中包括有形与无形的转换流动,有形的交换流动,能量传递流动,无处不在的流动让我们的生命延续着精彩,无处不在的流动让我们感受着千姿百态的无常,无处不在的流动让我们看到了希望,无处不在的流动让我们发现了我们自己的秘密,金钱的流动也是如此,愿天下人都能活在其中。

心灵小练习

　　静静地坐在一个地方,思考自己对金钱的信念和态度,思考:哪些信念影响到自己?哪些信念让自己成为现在的样子?这些信念是从何而来呢?是否可以破除?

7月7日　初心

烧水添柴是水开的基础，水由零度到 100 度的过程是验证我们立场的过程。你的初心、你的方向、你的目标、你的理想、你的梦等等，都是你的立场，不受任何干扰的本来状态，无论刮风下雨，无论山崩地裂都无法动摇我的方向和目标，这是一个纯粹的力量，这是一个无坚不摧的力量，这是一个感动上天的力量，这是一个无往不胜的感恩之旅，这也是一个由初心到达一气呵成的生命真谛。

初心就是真相，我坚信我只要添柴烧水，那水一定会开，因为这是一个规律，这个规律就是真相，我不离初心就是不离真相，有了这个相信就会精诚所至，金石为开，当我把最后一个柴添上时水就开了，那就是初心所致，那就是结果，那就是因果，那就是能量的转换，那就是你的立场决定所呈现的信愿行。

安静地思考你自己的生命过程，感受你烧水添柴的行为，有哪些事情是你不忘初心而坚持获得的？你此刻的感受分享正是印证了这生命的立场，相信的决定是开启了印证之路，当不断地去行为作业时，体验和印证接踵而来，喜悦由衷升起，因为那是你所决定的成果，当成果显现时你会为自己感动，同时升起感恩之心，感恩一路陪伴过来缺一不可的所有，一切贪嗔痴都会在此刻化去，真相的魅力四射，无坚不摧。

本周省思

7月8日　你的人生都包括什么

　　如果一个人不了解人生都包括什么,或者说只局限地认为只有什么,那么超出认为之外的一切发生都将是个灾难,都是会造成伤害和痛苦的,都会纠结地认为:这是为什么?这是掉入事件拔不出来者的典型状态。

　　我们从出生到死去这短短的几十年,究竟是来干什么?究竟可以发现些什么?究竟是活在什么里?究竟是什么陪伴着我们?究竟有什么构成了我们?究竟是什么体验让我们看到了真相?如果你还在纠结着自己的认为、面子、得失,还在纠结着什么不平衡等等,那么此生那么多的内容都将与你无缘,只是擦肩而过了。最终发现我们只不过为自己的一个认为而失去了整个人生!

　　此生无憾的一定知道自己是活在什么世界上、什么地域里、什么国家里、什么民族里、什么家族里、什么家庭里,自己是什么;是什么组成了这神秘的生命?这生命的所有规律和呈现,我们都在其中。我为什么会这样,我为什么拥有了现在的结果,我都拥有了什么能力,我都干了些什么。

　　不管你怎么认为,当下的生命从未离开过其所拥有的一切存在,从未离开过所有自然规律,从未离开过此生的体验——离开了就是此生结束了。既然还未离开,那就接受你所拥有的这一切吧!让此生丰富多彩吧!让生命无常而千姿百态吧!让我们每一刻都是崭新的体验吧!愿天下人都能看到这人生的范畴里是那么地炫丽!

心灵小练习

　　找一张白纸,认真写下你生命中拥有的一切,包括有形和无形的,然后把这些罗列出来,仔细审查,你会发现原来你非常富有。

7月9日　你种下了什么

因果关系是已普及的概念了,说种什么得什么也都是深信不疑。可是,你真的知道自己在种什么吗?

我们经常会共识守则,但不知不觉过去的惯性就把共识的范畴破坏了,甚至还会指责共识的范畴不对,需要改进。这是需要觉察和区分的点,觉察范畴的纯粹性,区分什么范畴得什么果,这是不能含糊不清的,要敬畏生命的规律:因果律。

我们无法说服惯性,但我们要尊重每一刻的结果提示。结果都有了还不知道因,这是我们要去提升的地方,这是一个信的开始,干扰纯粹的信的原因很多,其中只相信过去的知识和惯性是最大的干扰,对新生的因所致的结果都会不确定,这是惯性刹车后所持续前行的那段距离,我们都接受这个刹车的距离,但刹完了是否会重新启动,这是一个重新共识的开始,这是一个新因建立的开始,这是带着无比纯粹的心去启动一个新的开始,如果不纯粹那么结果与过去没有什么不同。

打破的目的不是毁灭,打破的目的是重建,是重生,是注入新因才能得新果,没有什么是可以逃脱因果的,心存侥幸心理的一切起心动念都会自食其果,任何违背共识初心的念和行为都会产生结果,这是不容置疑的。

完整地去看各种方法,有两个因素要去评估:第一个是有效性,第二个是副作用。吃一个馒头正好,吃两个撑着了,吃三五个撑死了,所以要适度。副作用都出来了还在吃是个什么心态呢? 欲望和恐惧的结果,急于求成,恐惧不吃会饿死,这是在世俗生活中较普遍的现象。

重建的确是一件不容易的事,甚至叫停也是一种很难做到的事,惯性思维模式的习惯力量远比重建的力量大,但这只是刹车时那巨大的惯性反应,只要相信一旦刹车是会停的,那刹车的距离就是我们可以看到和接受的了,踩一脚松一脚甚至还踩油门,那到何时停止就不知道了。

范畴决定内容,当脑子想的,心里信的,身体干的是一回事时,那结果就一定是你想要的结果,这本身就是相应相信的范畴,这是一个无法由别人替代的部分。只有生命自己做决定,只有你自己才能把握当下的范畴,你想去东边人再说也不会起作用,因为你的心在去东的方向,心转了就是信了,愿意去的方向就明确了,行为一定是朝向心的所向! 愿天下人都能清明自己心的所向,都能看到自己的范畴,都能如愿得到结果!

心灵小练习

静静地坐着,思考一个问题:我原本想得到什么? 我做了什么? 我得到了什么? 然后,审视并调整自己的行为。

7月10日　尊重和感恩

亲爱的朋友,你有过感恩的体验吗,那种由内而外的感恩,那种自始至终无不感恩,从原生本能需求的感恩,到爱与付出的感恩,到生命缘起缘灭的感恩。

当我们回想一起走过的日子再来感恩时,你会发现每一刻都会真实不虚地助你走到此刻,无论这一刻是否你所想要,但你都无法改变。上一刻的范畴由于此刻感悟而提升和改变,而每一刻的范畴又是那么清晰,独一无二地存在,着完整的呈现着它的那一刻的价值,缺一不可。

范畴与范畴之间的关系是我们探索的方向,尊重和感恩由此开始,自我和自以为是的范畴,是在不觉中背离尊重和感恩的,所有猜疑、对抗、否定、诋毁、不尊重、怨气,指责都是这样呈现的,都在不觉中。

疗愈师是生命的陪伴者,在用心陪伴的同时发现唤醒的切入点,疗愈师是尊重他人此刻的范畴的,是了解此刻其生命的位置,是清明生命就是这样运行的,同时在尊重他人、固执己见的范畴中,发现其形成原因的,再回照给不觉的生命,这个过程本身都是如此的规律,急没有用!

一个内心贫乏的生命,瞬间给他天大的财富而招来横祸的案例太多了,这是关于范畴的探索,德不配位也是如是说。所以疗愈师不是用单纯的方法去满足生命客户需求的,是要在陪伴中唤醒其看到自己过去和此刻的,这即是生命重建,这即是治本兼治标,这即是尊重生命之道,这即是完整的呈现。

> **心灵小练习**
>
> 闭上双眼,想象自己是一支笛子。平稳地呼吸,试着去体会如何吹奏生命的乐章。睁开眼睛,用心去呼吸。感受生命的乐章如何在你身上流淌。

7月11日　包袱

亲爱的朋友,你习惯于背包袱吗?人一生会经历很多事,这些事本身不会成为我们的包袱,我们背袱越来越重的原因,是我们自己对事件有定义、演绎和信念价值观。我们遇到事件后会发生与期待相同或相反的结果,相同会心生喜悦,相反则会沮丧甚至伤心。

事情既然已经发生,为何还在事情中不能自拔,犹如正在发生呢?这需要从初心到事后抱持的信念这个角度来看。如果初心是为自己,那么只要结果相反一定会受伤害,如一心为他人,则结果不论怎样都不会影响到你的真心。

当你贪心生起时(贪物、贪名、贪色、贪担心),为了贪而去冒险所产生的结果要么侥幸、要么受伤害。受到伤害后一切都是别人的错,越想越受害,这个信念更加强化了你对这件事的看法,从而根本无力去面对结果,更不用说到达下一刻了。你无法让自己看到是过去的模式造就了眼前这一切,你更无法升起智慧去实现新的结果。

醒来吧!只有醒来,才有可能从受害者变为负责任的人。无论是为自己还是为他人,你必须放下贪婪的名利心,去为下一刻的一切负起责任,升起智慧,而非产生抱怨、担心和绝望。这是醒来时的黎明,这即是烦恼转菩提的刹那,这是成长,这是生命的本性,从固执的信念中走出来吧!从熟悉的舒适的模式中走出来吧!从催眠曲中醒来吧!新的曙光正在迎接着你,你将为你自己的成长骄傲,因为你用心决定了你此刻不同——鲜活而流动!真心送给遇到挫折的你!

心灵小练习

静静地躺在床上,闭上眼睛,深呼吸。感受一下自己后背和肩膀的肌肉,是不是很紧张?想象自己帮它们轻轻按摩,并且卸下背负在上面的重量。

7月12日　真相的生命力

真相的生命力就像真相本身一样永恒不朽,发现真相的路虽然崎岖坎坷,但那正是通往真相的道。只要方向是对的,越是坎坷艰难越说明在道上,这是近期与客户沟通碰撞约定的体验,有时在一个卡点上的反复艰难,甚至于没有道理的卡点正是通往真相的路。

每个人习惯的逻辑在别人面前简直就是一个混账逻辑,但其本人是不觉的,要想突破自己的逻辑,助缘不到,没人帮助,犹如孤掌难鸣。助缘就是疗愈师,疗愈师的帮助和推动可以唤醒这被逻辑催眠的生命。

疗愈师用中立的立场,严谨的态度,用心体验的洞察,及时回应的镜子,时刻鼓励的能量,高瞻远瞩的范畴指引。缺一不可地支撑着疗愈体系的呈现,让生命无死角地呈现和绽放!

我们疗愈师陪伴着自我逻辑甚重的生命,其实是深深地相信这逻辑外衣里无比智慧的生命,太多的生活经验和创伤让其不得不如此这般,当看到这真相时,转身就是瞬间的事,这瞬间其实就是本来就是,只是发现了而已。

探索发现的过程就是完整疗愈的过程,从个人到家庭到事业团队,到社会到世界到生命本身,如此周游的旅程,就是开放自己去看生命,当把自己生命之火点燃时,一切都会顺其自然地发生,这是一趟信愿行的旅程,不信一定无缘,不信一定无愿,不信一定不会转变,不信一定在固执己见的老路上碰壁,不信一定是自己逻辑上的奴隶,不信就是死路一条。我们疗愈师发愿:愿意帮助所有有缘生命走出固有逻辑,回归生命的韵律!愿天下人都能在坎坷中看到菩提!

心灵小练习

找一个安静的地方,坐下来。想一想自己目前的愿望是什么,将它写下来,并且分解成十个步骤,找出最迫切需要做的,然后立刻开始行动。

7月13日 生来具足

每一次的疗愈所带来的喜悦都是看到一个鲜活的生命如此绽放！如此炫丽！如此可爱！如此美好！如此有影响力！如此有能量！

我们都是生来具足完整而来，不知不觉何时离开生命的大道，被幻象所迷，被诱惑所吸引，被我执所困，被自我所催眠。

在这被推动的生命活动中，生命的韵律越来越少，自我的逻辑越来越多，束缚的生命已无昔日的光彩，完全被虚伪、恐惧、欲望、无明等所取代，为了维护这个虚荣的幻象，终日浑浑噩噩，如活僵尸般的呈现，毫无生命的迹象。

唤醒如点燃，当一个生命醒来犹如燃烧的火炬照亮四面八方！犹如醒狮长吼惊动宇宙万物！那能量流动的状态，势不可挡！

今天的分享源于近期的个案疗愈所呈现的结果，尤其是密切关注和接触的好朋友的转变，让我由衷地喜悦非常！让我看到一个生命从逻辑中走出来的燃烧绽放，已没有更好的语言所能形容。如果时刻觉察而遵循生命的韵律，那又有什么能障碍得了我们，又有什么不通而痛的自我摧残，又有什么担心害怕和怕失去的东西，又有什么所谓的疾病不能消失！

相信你自己是个生命吧！相信你自己是具足生命所有韵律的人吧！相信一切都是我们自己所为，一切如来如去，生命的主人就是你自己，去做主吧！我可以这样，一定可以那样！我是一个拥有一切的主人！我不是被束缚的、被操控的、被逻辑的、被奴役的生命！我醒来如熊熊燃烧的生命之火，照亮宇宙！愿天下人都能看到这生命之火如此灿烂！感恩有你的陪伴！

心灵小练习

和身边一个亲密的人练习：感受他的感受。试着和他保持连接，并且用心去感受对方的感受，而不是试图和他讲道理，看看自己的心有什么感受。然后和他做一个交流，分享彼此的感受。

7月14日　二元

　　我们把有形和无形之间的关系作为一个角度去探索生命，其实就是由二元的角度看生命。二元的角度无处不在，只要是能感知到的任何东西都可以用二元的角度去探索。

　　如果从二元表里相应的角度看，所有的表面呈现都是由内在的无形的心和思想表现出来的，同时把外在的表现改变了也会影响到内在。

　　在二元的世界里最大的核心是流动，是变化，是因缘和合，这是说我们的探索发现就是在清明这里的关系和韵律而已，我们在生活中发现的很多现象，都有对应的无形的韵律关系，这个无形的背后的探索也是从如此的角度，只要你去看，一定有结果。

　　完整疗愈的体系是建立在生命的本来韵律上，加之用心去感知每个人的当下生命状态和症状，建立相互尊重信任的自愈愈他关系，从不同角度入手让紊乱的系统恢复秩序，平衡流动！功能恢复，身心愉悦！

　　感受一下吧！这个"感"字为什么把心放在下面？我们的祖先发明文字时一定有道理。我的理解是：没有对一切存在的臣服心，是无法如实感受这个世界的，没有对生命的臣服心，是无法感受到生命的存在的，没有对生命的平等臣服心，是无法感受到每个当下所遇到的人的，所以首先要觉知到你的心在哪里，在什么位置，在想什么。搞清楚了就知道初心了！就知道因了！就知道因果关系了！愿天下人都能在探索心的位置上看到自己的初心！

本周省思

7月15日　从存疑到相信

以我学习的体验,当我听到一个陌生的概念和领域时,只要是用心了,经过一段时间,经过一些事件,经过一些角度,经过一些贵人点拨,一定会了解到其核心,一定会成为这个领域的专家,这个学习的构成即是一个系统,这个构成本身即是一个范畴,这个学习的本身即是我们所说的修行。

在接触新的东西时,内心是怀疑的不相信的,这是固执己见的结果,这是惯性的反应结果,这正是抵达相信的开始,从不相信走到相信,因人而异,差异太大,这也说明每个人的基础都不一样。随缘就是尊重每个人的基础,量身打造适合的条件,目的是探索真相,是得到相信。

完整疗愈体系中疗愈师与生命客户的关系一定是相互信任的,这是系统的第一大特点,也是各就各位、各司其职、共同协调的最大基础,当然信任是不断磨合增进的,也是在共同目标下体现的,也是一个团队是否是团队的检视点。只要是检视系统,信任一定是系统的试金石,也是保证疗愈效果的大前提。

在探索生命的路上,相信的力量推动着我们不断发现未知,自我认知的固有体系不断被打破和加大,每一次的结缘都伴随着成长,每一次的相遇都是生命真相的示现!如果你愿意相信这机缘,那一定是塞翁失马焉知非福!愿天下人都能在探索生命的路上珍惜每个缘!

心灵小练习

从怀疑到相信是一个过程,思考一下,自己面对新的观点,是用什么方式来对待的?是站在自己的认知角度一味否决,还是通过观察逐渐相信或得到另外一个结论?把这个过程认真地分析一遍,并且记录下来。

第五主题

生命重建

第五主题

生命重建

引言

一生中每个阶段,生命的特点之一就是重生,就是重建,就是由此刻去到下一刻的飞跃,去到下一刻的体验,去到完全不同时的下一刻,去成长!

我们的生命体由心、脑、身体所组成,心、脑是建立心智模式并发出指令的中心,身体是接收指令并执行的中心,我们的肉体是这些无形智慧和指令的有形表达。任何不纯粹的指令都将让接受指令的身体在矛盾中执行而紊乱。这些紊乱的生命状态就是我们的肉体所表现的疾病。每一刻紊乱都会在生命自然韵律上回归,所以紊乱和重建是生命中的主旋律之一。

当我们面对结果而不知所因时,那是我们活在完全无意识的习惯里,完全认同的心智模式让我们的身体长期紊乱着、纠结和消耗着,矛盾的内在抗拒的模式让我们的身体产生出对抗物,无形的表现为精神分裂,有形的表现为系统紊乱、各脏器官功能障碍,甚至是肿瘤。

无形的精神因素和指令决定了有形的身体形状和功能,这是生命重建的关键,我们在陪伴中唤醒生命的智慧,目的就是要让这习惯的紊乱生命醒来看到自己的模式。重新回到生命的自然韵律上,所以重建是因为紊乱而言,其实也是回归自然。在重建回归之路上,我们把心、脑、身作为核心整合的方向,这是一个系统重建的过程,这是一个由个体生命的结果而辐射其家庭系统的重建过程,没有孤立存在的生命。大脑系统的信念价值观是我们重建的核心之一,各种心智模式的摧毁和打破、各种身体的记忆和情绪都与信念价值观有关。摧毁一个人的肉体很容易,摧毁一个人的心智是不容易的。这是一个由无形入手决定有形改变的旅程,我们对生命无形的探索会开启我们人类医学的新阶段! 愿天下人都会感受到无形的能量和魅力!

7月16日　鲜活的生命

生命是以变化无常的动态呈现的,这是一个可以感受到的鲜活的生命,如果用录像机录下那个生命的影像,似乎总有些什么没有被记录下来,就好像看足球电视直播和在现场直接感觉完全不同。现代科学发展到可以瞬间搜集大量的信息并传播千里之外,这在交流、储存、汇集和分析上表现得尤为明显,不过大部分都是有形的成分,无形的信息会由部分有形手段呈现,却无法取代生命与生命之间的感受,所以医学的发展方向是开始探索生命的规律,而不是只局限在健康和疾病上。开始探索谁是疗愈的主体,谁是生命的主人,谁决定了生命的状态,革命式地重建医患关系,重建生命的疗愈体系,重建每个生命的内在体系。完整地去看生命的韵律和状态,因果对应和无形有形对应,让无形转化为有形的过程成为双向的流动的螺旋上升的呈现!这是完整医学的未来,这是一个医者的位置,这是一个唤醒生命自愈力的开始,这是一个自愈、愈他的完整生命,这是未来医患关系的核心价值,愿天下人都在生命中启动这价值观。

心灵小练习

安静地坐着,直到自己集中注意力,将注意力集中在呼吸上。现在,用呼吸来清洗自己的内心世界,吸气,让你的胸腔里聚集最多的空气,平稳地呼出,体会自己正在扫除蒙在心灵的灰尘,同时将废气排出体外。做5至10个这样的深呼吸,透过干净的窗帘去看原本的世界。

7月17日　自己的立场

每个人在坚持当下自己的立场时是看不到其之外的,这个立场是此刻之前形成的。如果之前的形成是窄的,那么,所看到的也一定是窄的,重要的是这个隘的观,在当下发生中被加宽了,这就是成长了。如果仍是坚持过去的观念,那么就是固执己见了,就是没活在当下了,看不见的永远是看不见了。

在固执己见中,经验是障碍我们最大的屏障,加上大脑的逻辑分析推理更加障碍了我们的心智;同时担心也是障碍,我们的立场不那么鲜明,我们之所以害怕得罪人,害怕担责任,害怕失去,都是因为自己的心不足够,没有力量、没有勇气去宣告自己的立场。

当我们开始放下自己的固执己见,开始去看当下的发生,开始去接纳更多的人和事,开始多角度去看时,一切都会不同,我可以允许一切发生,但我有这一切发生的立场。

我们同流但决不合污,这是一个立场,这是一个世界观,这是一个出污泥而不染的立场,我们都活在这个世界上,无处不在的贪嗔痴如污泥般包围着你,你要怎样?一切由你决定,因果自造,从一个没有立场走向立场鲜明的生命,从固执走向完整那才是蜕变,那才是完整的生命,任何有私欲的怕见光的初心不正的所谓立场都经不住时间的考验,愿天下人都在蜕变中看到自己!

心灵小练习

安静地坐下来,想象着有一个人坐在你的对面的位置。平稳呼吸,想象自己要去占据那个人的位置。放慢呼吸,去感受自己的心被打扰,你的情绪受到对面那个人的控制。深呼吸,切断与那个人的牵连。这个练习有助于划分自己的界限,找到自己的立场,增加自己内在的力量。

7月18日　信、愿、行

送给你人生的三件宝——信、愿、行。

相信是个纯粹的能量,是开始到结束最终合一的状态,是生命中最有力量的源泉。有了信,就有了格局,也有了实现愿景的力量,因为信,你才会有力量向前,愿一定在信的推动下不断形成,这是个渐行渐成、逐渐完整的过程,愿景如梦,渐行渐显渐成。每个人都有这个能力,但相信的源头决定了愿力的大小。实现的行为则呈现在落实上,行为在生命的每一秒中都在实现,"高高山顶立,深深海底行",这是个完全合一的生命状态,这是个完整的生命观,这是个完整的实现体系。活在完整里,方能成为完整之人,做好完整之事。

心灵小练习

品味信、愿、行。安静地坐下来,进入深深的思考:我原本想得到什么?我做了什么?最终我得到了什么?把它们写下来,一一对照,看看信、愿、行中间哪个步骤出现了问题。

7月19日　载体

　　在完整观下会呈现对生命不同角度的维护方式,任何一个载体都与生命的内在相关。例如我们日常生活中的所有活动:吃饭、扫地、喝茶、打坐、呼吸等等,这些都是与生命息息相关、互为存在的,祖国传承下的文字与书法更是中华民族文化的结晶。文字与书法是祖先们用心与智慧投射出来的心声,这是生命沟通的需求,这是传承者的体验记录方式,这是与自然和宇宙相应的能量符号。

　　为什么练习书法的人会有修身养性的结果?因为通过书法与自然相应、与祖先相应、与生命相应、与心相应、与当下相应。在完整疗愈中生命与任何相应的载体都有机会联结,随缘对机,八万四千法门任你相应,机缘巧合的呈现定将绽放出生命之花。

心灵小练习

　　静坐,思考一下自己都有哪些爱好,需要成为你独特的载体。寻找与自己静心的相应法门,例如静坐、茶道、香道、花道、书法、太极,舞蹈瑜伽等等,认真选择一个,并且开始学习和实施。

7月20日　看见的和看不见的

　　我1983年大学毕业，从医已经30多年了，在此期间结识了很多成功人士，从他们的经历中我有了很多宝贵的生命体验，在万众瞩目的光环下，我也看到了成功的同时所并存的一些"附加品"，如身体的改变、停不下来的担心、紧张和压力，固有的习惯和自以为是的模式等等，包括家庭和事业的瓶颈的出现，这些结果的原因往往通过学习和努力都不能找到，这是个普遍现象。

　　我们在庆祝通过自己的努力所创造的成果时，往往会忽略有些成果是我们不想要的，尤其是身体的衰退，和生命的韵律紊乱，其中在人与生命、人与自然、人与信仰、人与人、人与自己及万物等等的关系上，更是出现了盲点与瓶颈，但这与成功的比例大致是2:8或3:7，这个部分的发现恰恰是成长的空间，这是一般人无法追赶的距离，但如果不去发现那就会出现龟兔赛跑的结局，这也是很多成功人士中途夭折的主要原因。所以不断发现和学习探索的成功人士就会一直领跑于团队。

　　我个人的经历和体验告诉我，发现一个盲点是很困难的，因为没有觉察到、没有意识、太习惯了而不觉，不能接受那是错的，因为成功而只接受完美，面子很重要。而一旦面对，最终会以真实和回到生命韵律而皆大欢喜，那是个自在的空间，没有束缚，没有担心，没有评判，没有冷漠，没有应该和不应该，没有标准和答案，只有活在当下的随顺探索发现，感恩！

　　感恩是个因，这是一个需要探索和感悟的话题，我愿意经常去提出这个话题的原因是每个当下的发生都与之有关，这不是狭义的报恩，是关于因果的，是关于缘起的，是关于缘起缘灭的，是关于无常轮回的内在规律的，是关于情绪与真相的不同。我们在没面子的情绪中是很难看到自己的盲点的，所以在帮助别人时自己要觉察是否带有指责、抱怨、发泄、否定等情绪，如果有那么一点儿会引发被帮助者的情绪，那个当下就会被情绪所笼罩，所要帮助的点就会荡然无存，这是在完整疗愈中疗愈师时刻觉察的点，一旦发现瞬间转身，顺同迁善。

　　我们完整疗愈体系在帮助企业家时，无论是身体还是家庭事业的瓶颈，都是从照见其过去的模式和盲点入手，因为那就是成功的基础，也是造成现状困惑的卡点，这是其不愿改变的基础，也是出现瓶颈的根源。所以这个陪伴的过程因人而异，时间不等，程度不同，主线是生命的韵律和感恩，这个过程在我们的体验中得到的是喜悦，是成长，是共同的探索成长，是无处不在的感恩和喜悦,是生命的陪伴过程,是关于因果建立的全新体验过程。一切所谓的病痛和困惑都在这重建的过程中奇迹般地消失了,这就是因果。愿天下人都能在探索发现自己与生命韵律中照见真相!感恩有你陪伴!

心灵小练习

你都有哪些根深蒂固的信念?这些信念是如何引导你成为今天的样子的?做一下功课吧!

对待金钱和健康,你有哪些固定的信念?分别找出五个写在此页空白处。然后一一审视,它们是如何产生的?基于老师,家长,还是朋友?你相信它们吗?你是如何在自己的生命里践行它们的?它们又是如何影响你的生命的?接着,在那些带给你不舒适结果的信念旁边打问号,质疑它们中那些让你不舒服的部分,尝试着换一个让你觉得更接近真相的信念。

7月21日　信念病

用完整观去看每个人的信念价值观就很容易看到,在你没有证得实相之前,每个人都只相信自己看到的。由于偏执的信念必然相应日常生活行为,也必然导致身体发生相应结果,这是在完整观下去看现代人类思想信念价值观导致的疾病。这是个一根筋的现象——信念病。

我们从出生到死去是个信念成长过程,包括我们的生死念,以及在成长中不断破掉自以为是的念,见多识广的人之所以豁达那是因为其信念宽。

我们一生中有几大类信念:男女、好恶、内外、生死等,其中的共性就是二元对立。在没证得一时那只能是二,因为人只信二,这是人在此生成长的焦点,二是此世人类生存生活的世界,这个世界充满了二的元素,例如白天和黑夜、天和地、高和低、男和女、生和死。这些二的元素让人们深信不疑,那么这个世界究竟是不是这样呢?经由对生命本质的探索发现,产生了老子、佛陀、孔子和历代高僧圣人大德对世界证悟的一个观,那是一个"一"的观,一个"不二"的观。

本周省思

7月22日　体验有好坏之分吗

　　我们在探索发现的旅程中会经历无数体验,体验没有好坏,体验没有成功和失败。体验是不加我们的思维逻辑推理的,我们祖先的智慧把体验中所谓的(失败)比做成功之母,这是因果相应律,这是缘起缘灭的中立状态。当我们登上山顶回首俯视走过的路,那由衷的感恩之心升起,没有台阶,没有无数体验,没有所谓的失败,没有陪伴的人,没有天地万物,没有这一切的一切,何来我此刻!

　　当一个生命觉醒时会链接到很多智慧和能量,祖先的智慧和能量、当下大自然的智慧和能量、当下所有生命的智慧和能量,同时流动着对未来的智慧和能量。这是一个完整的生命呈现,这是一个不二的生命所拥有的智慧和能量,这是一个破我执的随顺完整的生命状态。

　　体验是智慧之母!脑、心、身的全部体验,包括知识、经历、情感、感觉(眼、耳、鼻、舌、身、意)等,我们从点开始慢慢看到了面,慢慢看到了体,渐渐看到了不见,当全部的体验汇聚成一时,我们的智慧之门开启了,这是一个学习探索生命的旅程,感恩一切发生!愿天下人都在这个旅途中看到无数美景!

心灵小练习

　　静静地坐在一边,缓慢地呼吸,回想自己生命过程中有哪些奇妙的体验,它们都带给你什么感受?放下那些你认为不愉快的体验,看到自己透过它们你得到了哪些成长。把它们释放掉。

7月23日　你焦虑吗

亲爱的朋友,你会焦虑吗?你此刻焦虑吗?每个人在生活中都会有压力、担心、欲望等,这些因素持续存在之后,人就会变得焦虑。焦虑症状表现为情绪不稳定,敏感、对抗、固执、失眠、多梦等等反常的举动。这是长期实现不了自我价值后引发的身体表现,是对自己不满意和不接受自己现状的表现。

究其原因有三:第一,由其家族的信念价值观推动着他去实现人生的价值而非自己内在想要的。第二,由社会趋势推动。如当今物欲横流,会引发物质的欲望过重。第三,由个人信念价值观的成长状况所决定。

这三个能量的作用使我们呈现不同的状态,如果以欲望为主能量,一定会经常活在紧张、担心、敏感、对抗、不接受、不满意中,长期的压力必然导致焦虑,焦虑的结果是释放或对抗,当能量耗尽时就会抑郁,无奈、无力之后选择逃避,也会趋向死亡。

看看周围,不满意自己的,深感自己拥有不足够的人很多,加之社会物欲横流,这股巨大的能量导致处于焦虑之中的生命很多,你想从其中走出来吗?唤醒你的生命吧!

心灵小练习

一个人走在马路上,放慢脚步,感受生命在你周围的流动。忘记你要去的地方,只是静静地行走和呼吸。让你的烦恼随呼吸慢慢地流走,感觉自己就像一个健康的细胞,你的移动就好像清理了世界这个大身体的血管。

7月24日　如何走出焦虑

　　如何走出焦虑和抑郁？这是个不同程度的生命状态，每个生命状态都是一个结果，在这个缘起中你是主人，一切外缘都依你而动。你在一个系统之内，当你出了问题很难走出来时，比你大的系统就会成为帮助你走出的缘，如家庭、家族、组织等。这叫相应观，即你是你自己的主人，比你大的系统如家族中的主人与你相应；或能量较强者如疗愈师，都是有助于你走出困境的人。但这只是第一步——唤醒。一旦清醒时，一切又回到由你自主的生命状态了，这是个美妙的转变，一头雾水的生命瞬间清明于当下，喜悦无比。这个清明与昏沉的转换是不停交替的过程，也是信念价值观转变，趋向，逐渐定型的过程，一般疗愈期为3～6个月，有时甚至更长，所以疗愈师不能被当下转变所迷。要做生命的陪伴，随时助其转变，直至生命重建进入新的阶段。

　　自我疗愈也同理，给自己一段时间生命的陪伴，让自己的转变稳定下来，重建自己的生命。

心灵小练习

　　一边走，一边缓慢地呼吸，寻找土地上刚刚萌芽的种子并且细心观察它们稚嫩的样子。想象它们在地下的黑暗旅程。继续缓慢地呼吸，让自己变成它们的样子，平静而勇敢地面对黑暗的旅程。

7月25日　PS和生命的特点

亲爱的朋友,你经常照相吗？会不会使用 PS 软件来美化自己呢？人们得意于科学技术在日常生活中的应用,尤其是在医学中的进展,有一部分接近生命,而大部分则是人类的一种 PS。虽然我不会 PS,但我知道那只是个假相,人类正在误入 PS 中并催眠自己。医学在飞速发展的科技手段中,获得了一些影像和数据,这些只占生命本来的 n 分之一,如若将其 PS 为生命那将会成为千古玩笑。

在完整观下去看生命有以下几个特点：

1. 生命是个能量流动体,高低、大小、强弱等等形成规律,例如呼吸、心跳。

2. 有形的一定在无形的基础上才能显现,这是缘起的基础,例如彩虹的形成。

3. 心和脑的作用使生命有了不同的现象,这是人类生命的特性。

4. 我们知道或不知道时对于依赖大自然生存的条件没有变,反而对其破坏性更强了。

5. 性质相同,归宿为自然,一切如初,人类终将会汇聚在生命本来之上,尊重并遵循自然,成为生命本身。

心灵小练习

静静地坐下来,思考你对亲人和朋友的爱。深深地呼吸,想象自己被爱包围的感觉。勇敢地表达自己的爱,打电话,送花,立即和他们见面。如果你真的很穷,没有机会做这些事,那就把自己的爱喊出来,其他的交给上天来负责吧！将自己感受到的爱回馈给别人。

7月26日　秩序

宇宙间的秩序原本是井然有序的，无论你看得见和看不见的，无论在生活、工作、社会、身体等都逃不出"秩序"二字，那为什么会发生紊乱？——错位。这些都因无明的欲望使然。

完整观下的各就各位，各司其职，缺一不可，共同协调，意味着每一刻的缘起的原动力是心，此心在什么位置上即得什么果，其过程是人不断被催眠，你可以看到有无数逻辑、定义、理念、理由、价值观都会推动着它去呈现，其结果是必需的、不得不的、合情合理的、是对的。如果不那样则是大逆不道的，并且当结果出现时你仍然会说：我没办法！我只能这样！你说我该怎么办？——停止！只有停止这个逻辑，只有停止妄想，只有停止一切理由的合情合理，回到现实，面对一切，才能重新回到你的心，重建你的初心，严谨的去观你的心。我到底是想把此刻作为起点去哪儿？我的认为是建立在什么系统之中？我真的是在系统中吗？我为什么会担心？我为什么底气不足？我真的相信吗？

切记人生中我与系统不二的关键就是位置。这是完整疗愈的核心，这是生命与生命平等不二的大系统，这是人类医学走向生命的开始。亲爱的朋友，你也在其中！

心灵小练习

想象自己的家庭是一个运转的系统，你是这个系统中的一个环节，认真思考自己的位置在哪里。有没有做好自己的位置？有没有逾越别人的位置？干涉别人的行为？

7月27日　人造世界

　　我们生活在人造的世界里，有形的到处都是人的产品，从家里的摆设到起居用品，所谓衣食住行无处不呈现人的痕迹。无形的笼罩就更加有力、世俗规律、道德观念、家族信念价值观、法律法规，无处不在的规定，这是我们得以有序生活的保障，是约束本能的平衡器，是障碍我们看到生命韵律的一叶，同时也是我们的舒适地带。

　　我们同时存活在三个世界，即个人的本能世界、众生的人造世界、生命的本来世界！这三个世界是我此刻对世界的认识，也是经常去区分我每个当下活在哪了，我不纠结我活在哪了，我很开心我看到我活在哪了，我可以活在本能里，我也可以活在世俗里，我也可以活在生命韵律里，我的确拥有这所有，我也可以继续去探索更多的未知，但我不会只活在自己的逻辑里，只活在自以为是的认为里，只活在所谓的我执真理中。

　　当我开始评判时，首先是以自己的标准为准的，然后会催眠自己大多数人都是这样认为的，甚至引用名人名言来支撑自己的认为，不管我的评判对错，这是典型的绑架，我一旦在评判中我就不去探索这结果背后的发生了，没有了探索也就远离真相了。

　　如果觉察到评判时，经常问问自己，为什么会是这样而不是那样呢？为什么我会这样认为呢？为什么他是那样理解呢？为什么我会困惑痛苦呢？这是个探索的态度，这是个智慧的开始，这是去到真相的路。

　　我们生为人类，一定链接的大都是人的世界，所以受到的也是人的教育，但本能和生命也从没有离开过自己！在人道中去探索生命的本来是个很高级别的学习，就如六道轮回的人道是个高层的级别，就如六年级是唯一可以毕业升初中的年级一样，人道也是这样。在活出人的本质上去探索生命的韵律，这是此生的使命，老辈说：先做人，再做事。这是符合道的。愿天下人都能在此生做好人道中感悟生命的韵律！感恩有你的陪伴！

心灵小练习

　　仔细地想想你平时会如何逃避理解自己的感觉。下定决心不要再用借口来组织自己理解自己的感受。把自己想象成一片沙滩，让你的感觉像湖水一样漫过全身。

7月28日　亲证生命完整

　　我从无知到知，从不足够到具足，从自卑到自信，从愚痴到智慧，开始感受到这人道是来亲证这生命的完整的。这本来具足的果，如果不完整，就没有这人的呈现，是人即是具足的果。

　　本能的需求和世俗的欲望是我们此生亲证具足的载体，太多的欲望和恐惧让我们体验着什么是梦幻泡影。我想要更多的物质，但同时害怕失去却一直在伴随着我，想要的越多，恐惧就越剧烈；恐惧越剧烈，欲望就越膨胀，这是一个恶性循环。

　　我们一出生就被外在的一切吸引，被这花花世界所迷，拼命地去学，拼命地去寻找，从未看过自己，但自己却时常与外在比较着高低。至少了解自己再比才更有道理，一个不了解自己是什么，具足什么的人，一定是在迷幻的世界里完全失去了自己，完全被外在打垮的心里，因为匮乏，因为觉得自己没有，因为怕没有，因为认为自己真的没有，当被迷时的确是不会去看自己的，的确是不会探索发现这本来具足的生命的。当拼命地去外寻，跌跌撞撞致遍体鳞伤，困惑就升起来了：我究竟在干什么？

　　人就是这样的果报，可以转身，所有的困惑和疾病都是我们的转身点，一切存在都在陪伴着我们看到自己的智慧，一切发生都是在提醒着我们是谁，一切因缘都在成就着我们具足的生命呈现。

　　此生所发生的一切，用世俗观去看的话，有善恶福德，这是一个因果。如果昏昧在这世俗循环里，是不会觉醒的。如果一切发生换来了觉醒，这是人的智慧，这是因缘和合，这是生命本来的韵律，这是从欲望和恐惧中醒觉的果报，即欲望和恐惧助缘我们醒觉，这是从愚痴走向智慧的生命之路，智慧即拥有全部。愿天下人都能在探索中看到自己是个生命！感恩有你的陪伴！

本周省思

7月29日 人

　　我们此生呈现的是人的生命,但是什么让我们成为人? 又是什么让你我确非一样之人? 这表面的背后有着不同的起因,这起因即是我们常说的缘起,也是我们常说的前世今生,因果不虚。我们作为常人只看到了结果但不知道起因,这不知道的对面有个能力是知道,这是人生来所具足的完整,也叫转身的能力。我可以这样也可以那样,这是一个有韵律的生命,起起伏伏如呼吸、心跳、醒来、睡觉一般,这是生命本来的规律。

　　人在生活中还有一个能力,那就是认死理,其基础是我认为的就是对的,我看到的就是真的,我经历的就是无法改变的,我就是这样的人,我一直是这样,我改不了了,这是一个井底之蛙所见,这是一个固有心智模式的产物,这是一个自以为是的结论,这是一个一叶障目的困境,这是我们经常遇到的生命现状,一个痛不欲生的生命,一个看不到希望的生命,一个怨天尤人的生命,一个麻木的毫无反应的生命,一个不想醒来的生命,其根本的共同之处就是我执,我坚持我的认为就是固执己见。这固执己见的背后发生了什么? 是我们达成意愿后所要共同探索的旅程,这是一个疗愈师不论自愈还是愈他所要到达的方向,一切发生都有原因,都有背景,都有初心,都是因果,而变化无常的人生正是印证因果不虚的生命,因果相应的无量起因构成了无量果,因果瞬息万变从未停留,构成了无常的韵律。当一个人开始探索生命时,一切固执己见的过去即将过去,固有的心智开始松动,相信所有的生命都具备这转身的能力吧! 只是因缘不同,时机不同而已。愿天下人拥有机缘去面对困惑而转身呈现完整!

心灵小练习

　　集中你的注意力,进入冥想状态。平缓地呼吸,感受思绪的漂浮:漂到某个地方,漂浮明天、未来或者过去。在思绪飘远的时候平缓地呼吸,不要责怪自己,保持自然的呼吸,然后重新回到现实世界。

7月30日　因缘

　　静静地坐下来,回忆在你生命中失去的某一位亲人或友人。一个人来了,带着无穷的神秘,呈现不可思议的个性,感动着身边的众生,示范着我们将如何去面对这千奇百怪的生命,这是个缘起,这是个因果,这是个无常。一个人走了,那么多因缘而来的众生为之祈祷,一路走好！这个因缘令人难忘,这个因缘令人深思,这个因缘令人感动,这个因缘令人神往,这个因缘令人好奇,这个因缘令人发现我们那颗慈悲无碍的心。一个人带着这无穷的能量走到生命的下一刻,此生所做无憾,良因善果轮回自然,每个人都在其中不虚。祝福你、我、我们、他、他们,觉察你、我、他之间的个性与共性本质,生命开始鲜艳,开始流动,开始融化,开始共同,开始合一,这每一次的汇集都如太阳的示现一样,每个生命都是个太阳！刹那间示现无常而又永恒！

心灵小练习

　　集中精力,在心里回想三个人,这三个人的特点是:他们教会了你什么是爱。当你呼吸时,去回忆与他们相处的时刻,回忆他们是如何潜移默化地教你的。和你的好友或爱人分享这些经历。

7月31日　三个福报

我常常说两个范畴,如欲望和恐惧是一对范畴,智慧和清明是另一对范畴。这范畴是脑细胞、心细胞和身体的全部细胞都在想的一个方向。脑区是建立思想理论体系的,是制造想法的,是制造固化逻辑的,是找依据催眠自己的,这就是所谓的信念价值观。心区是我们生命的核心,是直觉的源头,是感受生命韵律的源头,心是会被信念价值观和身体本能的欲望所蒙蔽的。人是具足本能、艺能和心能的生命,也是可以自由穿梭在这三个能量之间的动物,我们的身体是细胞含量最大的部分,所以这个部分是我们的本,这个部分也确定了我们此生的基本状态——人。我们此生不会是别的什么动物、植物了。抛开生命的韵律,此生决定我们的就是这个人的身体了,这个部分的原本能量流动的就是本能,本能也是有韵律的。

大脑不是很发达的动物,其本能的韵律是非常规律的,人的大脑很发达,所以就会用制造出来的欲望和恐惧放大自己的本能,这也是我常说的。原发病本来是一,但我们自己可以把它放大到十,比如癌症的发生和发展就是这样的。

我们在与生命客户陪伴过程中,主要是陪伴着客户不断反复放大的欲望和恐惧,随缘帮助其看到自己的制造过程,帮助其停止自己的惯性,同时帮助其建立起智慧和清明的范畴,从欲望和恐惧的范畴里走出来。

我们常说人要积德积福报,怎么才是积累了呢?如果知道了其实就是智慧和清明了,在完整疗愈体系中,所有的结缘都在这福报关上开始,如果没有这个福报,就是说没有这个因果。

我们遵循的三个福报关是:意愿福报关、财富福报关、贵人福报关。一个生命如果把这三个能量拿回来,那一定是有福报的。没有谁愿意拒绝福报的,只有自己不知道在拒绝——无明! 所以完整疗愈是一条由无明去到清明的疗愈之路! 疾病是我们的缘! 愿天下人都能在疾病结缘中看到自己的无明! 感恩有你的陪伴!

本月省思

8月1日　规律永恒

　　有一天我偶然看到探索宇宙的系列片,主题是我们终将消亡,无论是恒星还是流星,这是现代科学在有形部分看到的现象,也是符合一个推力缘起的能量转化过程。当你把一块石头投向远方时,这就是个推力,石头所走的路线就是个规律,有始有终。当石头落地时的力又会转化成另一个推力形成了新的缘起,这是一个不增不减的能量,这是一个转化无量,呈现千奇百怪的现象,这是一个规律永恒的表现无穷的世界,太阳终将死亡,这只是个规律,而规律永生,肉体也终将逝去而生命规律永在!

　　昔日的繁华与今日的衰落处处可见,但这只是一个规律,这个单向的走向呈现的转化是重生,是新的缘起,如果你看到了这个实质,那么你还会有恐惧吗?你还会有分别吗?你还会有困惑吗?你还会有欲望吗?体验到就知道了。当我看到科学家拍到一个小红点,说那是130亿光年前一颗恒星爆炸的场景,那是什么?那是个似乎离我很远很远的,甚至我们都不知道的发生,那也许只是我们发现的n分之一,我们的诞生一定与之有关,这就是探索。当看多了、看全了、看立体了、看多角度了、看完整了,真相自然会露出水面。一个生命的肉体很渺小,但一个生命的本来则是全部,这也即是人人皆具佛性的本来。说到这儿,此刻又有感叹,语言让我们变近,但表达不尽。体验让我们深知,但无法确切的告知,这是一个规律,每一个生命的权利是自己决定自己的体验,自己的世界自己去看全。好恶的分别只能让自己的世界二分,并不影响其他生命去看自己的世界。我们彼此相应互存,彼此相照互现,彼此缘起互生,感恩!无有自我的持有时,那是和谐!愿天下人在看自己的世界时,会看到完整!

心灵小练习

　　仔细观察镜中的自己,看着自己的眼睛,并且慢慢涌上对自己的怜爱,告诉自己,我爱自己,接着深呼吸,对着镜中的自己,大声地说一句赞美的话。

8月2日　火候

　　亲爱的朋友，你会做饭吗？你喜欢做饭吗？我说的火候是做菜时把握的火力与各种元素的关系。我很喜欢做菜，很享受在变化中得到的奇妙口味，很得意得到品尝者的夸奖，最大的收获是感悟到每一刻的缘起。人生每一刻都是一盘菜，每一刻都包括当下所有的元素，唯有心力不同，这心力即是火候的根，我们常说的修心，就是心力在每一刻当下的火候呈现。老人们常说的这年轻人很有前途但火候未到即是如此。有技术的人很容易犯火候的问题，尤其是在整体及全盘考虑上，其根源是起了贪嗔痴的心，自我已取代了全局，自我的心障碍着其看到全部，这个心力怎么能达到火候呢？当局者迷，旁观者清，心力衰竭者自己不清，火候不到者旁者清，不清者转身清，转身到旁观者的位置上去看到，这即是火候了。

　　你停在上一盘菜的结果里是无法炒出下一盘菜的，或者说无法炒出出色的下一刻来，原料都一样也照样炒砸，这即是和大厨师们的差异所在——把握瞬息万变的火候。这世界上万事万法都与心力有关，因为原料都在那，这世界上什么都不缺。把握心力注入后的火候，万法由心造，愿天下人都能关注自己的心，炒出每一刻的美味！

心灵小练习

　　今日练习炒一盘菜，注意原料的搭配，并且掌握火候，认真体会到火候的不同，之后将心得写下来。

8月3日　主宰

我们经常体验到自己是有能量的,也会经常感受到没能量,这背后发生了什么呢?

我们面对世界时,悠然升起的臣服心,让我们全然地接纳这完整的一切,让我们与这一切合一,让我们拥有这一切,这是一个完整的能量,充实无比。

当我们尊重一切时,尊重自己的感受时,尊重生命时,尊重他人时,我们会很有能量,尤其是如实活在当下感受中的尊重是不会丢掉自己的,是不会丢掉能量的。

当我们怀着敬畏之心去聆听智者的教诲,去遵循其指引时,我们会非常有能量,会非常地顺利,会非常地舒畅,能量会非常顺畅、轻盈,这是符合韵律的呈现。

当我们的自我认为开始主宰时,一切都会变得郁闷和堵心,没有能量,尤其活在贪嗔痴的范畴里,害怕失去的恐惧,内在不足够的自卑,迷失自己的无奈等等都是无能量的呈现,令人痛苦不堪。

如果困惑了,痛苦了,迷茫了,无奈了,无力了,那就是跑偏了,远离生命韵律了,迷失方向了,错位范畴了,那一定是个没有能量的状态,那不会开心的,那不会舒畅的,那该醒醒了。

我们每个人都有自己的立场和原则,这是生命的权利,如果你决定尊重生命,敬畏生命的韵律,臣服这自然的一切,那么你我都是生命。我们每个人该做什么?立场和原则又是什么?此刻我们在做什么?觉察开始了吗?看到了什么?如果看到了此刻的位置,那么决定了吗?下一刻该在哪里?该怎么做?这是一个从迷失走出来回归生命的开始!这是从自我逻辑里走出来,去向生命韵律的开始!痛苦、困惑和疾病告诉我们该回归了!愿天下人都能在与困惑和疾病上结缘醒来!感恩有你的陪伴!祝福!

心灵小练习

静静地坐着,闭上眼睛,回想一段你认为非常重要的关系,看看你在这里面的为难处境,祈祷你的爱逐渐成熟。睁开眼睛的时候,让自己变得更加灵活和宽容,对爱也抱持着一种开放的态度。

8月4日　我之外是什么

我有个肉体，我有个房子，我有个家，我有个组织，我有个人形，我有个生命。在我有的之外是什么？我总想把这之外的东西搬到自己空间里，成为我的，我一直以为我之外有的是我没有的，所以我拼命地去抓，去寻找，但还是觉得自己太贫乏，太可怜，太渺小，就这样把自己的能量耗尽在这"二"的路上。

我活在二元里，有内外之分，在外寻的路上我突然累了，我回到家里休息，我回到我自己的系统里，我回到所谓的"我的"里，在停下来的节奏中我突然发现，我从来没有看过我自己，我从来没有了解过我拥有什么，我从来没有看过我的肉体，我从未没有探索过我这条命是什么。我如无头苍蝇般到处乱撞，没有方向，没有目的，没有目标，没有清明的认识，只有觉得自己匮乏，只有觉得自己没有而去拼命地拿回来，我没有，我之外有，我要拿回我才有。

当我把有限的外在搬回到自己的空间时，我发现我的空间里并没有多了什么，因为我感觉我的内在空空荡荡，没有快乐，没有充实感，甚至突然有一天我发现自己的内在病了，很多种的病都来了，我没有想把这些搬回来，但我的确是实实在在地把疾病搬回来了。

我开始惊醒，我开始对抗，我开始用外寻的老模式继续用来对抗疾病，我四处奔波乞求神医，无果。我开始累了，想放弃了，抱怨老天不公平，我是一个好人，乐于助人，从来不考虑自己，全是为了别人活着，这是个多么好的人啊！这是为什么？困惑来了，疾病来了，机缘到了：该回头了，回头是岸。

人不为己，天诛地灭！关键就在这个"为"字上，人如果连自己都不能成为的话，人如果连自己都不知道的话，人如果连自己的生命都没有关注的话，人如果连尊重生命都不懂的话。天地不容！因为韵律是要遵守的，自己不遵守是自罚出局！所以是自己把自己的生路堵死了。

看到这里我突然醒了，我要开始了解我自己了，我要开始了解生命了，我要开始享受我所拥有的一切了。那我到底拥有什么呢？我到底担心的是什么呢？我拥有的生命又是什么呢？我此刻的困惑和疾病究竟在提示我什么呢？

我终于开始探索了，我开始内外全看了，我开始链接我所拥有的了，我开始探索为什么我有那么多的喜欢和不喜欢，那么多的分别对抗，那么多的内外比较，那么多的贫穷感。渐渐地我开始对自己有了解了，开始把生命与自己链接了，开始把内外关系链接了，开始把有形和无形链接了，开始把过去、现在、未来链接了,开始有了因果链接,开始感恩这一切发生的因都是在促成一个生命的完整,一切的发生都在助成这生命之花的绽放,都在助成生命之果的呈现。愿天下人都能在生命经历中感悟到因果!感恩有你的陪伴!

心灵小练习

静静地坐着,闭上眼睛,进入平稳地呼吸,把思想集中在呼吸上,慢慢地忘记你自己,忘记你所在的屋子,只是尽情地享受。

8月5日 重生

当你意识到生命是不断变化的时候,你就会进入重生。我们的自我一旦形成习惯体系时,一定与本我脱离,但这个脱离往往是无意识的,一个强大的自我系统取代了养我育我的自然系统——道。所以叫做背道而驰。无论做人做事,一形成习惯我们都称其为模式,久了一定有结果,这结果中有我们不愿意接受的疾病;有我们不愿意接受的人际关系、事业成果、家庭等等,由于习惯的形成背后又有更大的能量故事,所以要从追溯根源到未来愿景,最后回到当下,如此一来才能完整地对待生命,在接纳结果中去溯源,在建立愿景中去改变,在生命完整观下活在当下,这是一个觉醒生命的蜕变,这即是重生。

心灵小练习

想象自己是一个刚出生的婴儿,用婴儿的眼睛去看周围的一切,充满了好奇和兴趣,在身边的每一个物体上流动,不加评判。

8月6日　做事

亲爱的朋友,你了解如何真正做事吗?在完整观下看做事,有三个特点:

第一个是境界,无论是高度、宽度还是深度,这是个范畴,都给每时每刻的觉察有了方向和依据。

第二个是镜子,无论是合作伙伴还是生命客户,每一刻的言行和对其中的反应都时刻如镜子般照见着自己,每一刻的自我呈现都是如此的清晰。完整与个体的关系将是在生活中面临和感悟的核心之一,放下我是对的,回归完整是我们的方向。

第三个是精神,每个场、每个人、每个团队、每个脸色、每个事件、每个语言、每个行为等等,都是那么鲜明地透露出一种精神,每个人都有其精神,无论阴也好、阳也好,都在一个太极中呈现其特质,在完整观下看其精神则一目了然,是全、是偏、是自我、是全局,清晰可见。回顾提出完整观以来看自己每一刻的呈现,在观念不共识下的合作都是欲望,虽然说允许个体存在,但无完整则个体无处立足,唯一的立足之地是欲望,这是个体无视整体的基础,放下欲望回归本位方能到达完整。

心灵小练习

静坐,把你认为最后悔的事情写下来,告诉自己已经过去了,想象十年以后你的感受,想象三十年之后,再想象五十年、一百年之后。此训练有助于放下你对过去的纠结,回到当下。

8月7日　没有如果

亲爱的朋友，你有没有做过让自己后悔的事呢？我们常说：如果让我再次经历，我会如何如何。但这似乎已是无法更改的结果了。为什么每次都有同样的感慨？固有的心智模式不变一定只会重复相同的结果，虽然每次经历的事不同。每次陌生的信息出现，不用过往的模式去反应，而用中立的态度去看、去观察、去接受，任其顺其自然，则会发现因果对应。没有无缘无故的出现，也没有无缘无故的结果，活在固有模式里是麻木的，是屏蔽所有信息的，我近期的经历已印证于此。让每次的感受释放吧，不必为大脑的判断买单，珍惜每一刻生命的本来，才会如期与结果相遇，这如期而至的结果才会由心接纳，才会顺其自然。我知道我说这些少了背景支持，但这背后的故事在以后会慢慢道来，此刻我只想感恩老母亲用生命陪伴我一路走来，并用鲜活的生命支持我为更多的生命寻找光明，衷心祝福天下所有老人健康吉祥！

本周省思

8月8日　指引

亲爱的朋友,从小到大,你会遇到很多帮助过你的人,感恩你生命中一切缘的指引,一件事发生后会呈现各路能量的汇聚,这就是福报,已无需验证,无需判别,无需惊恐,只是随顺。相信系统能量的作用,相信生命的主人会在系统里,相信他(她)会做出选择,相信他(她)会醒来,相信我们的唤醒,相信我们在一起共同决定去向,这是生命陪伴的真谛,每一刻都在这里。生命主旋律的起伏是生命的韵律,无常并非异常,在经历中成长,从未终止,一直在延续! 亲爱的朋友,我们都在体验中。

心灵小练习

现在,安静地站在水槽边,听水流淌的声音。闭上眼睛,感受你的生活像哗哗的流水一样,流经你破碎的心。深呼吸,感受生命的神秘在你破碎的心里流过并使它得到修复。睁开眼睛,进入新的一天。

8月9日 停

快和慢是一对节奏,但这中间有个间隙:停!停止一切反应,是完全不同的开始,这是个生命的节奏,就如心脏的跳动一样,每一次之间是完全的停止,每一次又都是完整的结束,每一次都是全新的一次,这是生命生来具有的智慧。从未离开过,这是向内学习和探索的过程,都在你生命中,渐渐发现内外本无差别,道本同源,并无你我他所道,实为共同一道。我执会偏离本来,放下就是停止我执的惯性,全然到达下一刻的体验,在这三维世界里去看宇宙,犹如在喝茶中去看宇宙一样,都是个载体而已,每个载体都包含全部规律,不然不相应,不然无法合一。三位一体的道生万物,做任何事如遵循则自然,犹如人有意识和身体,而心是沟通两者的核心,无心者即死亡或成为活死人,当用心沟通时则生命开始绽放鲜活,向内是自我沟通,向外是自他沟通,用大脑去沟通让人感受到假大空,用身体沟通则多为本能,只要偏一面呈现的都是偏执。当心启动时,三位一体的沟通开始,真实、真诚、真心、真相,则一切如是!

心灵小练习

独自散步,在习惯性迈步的时候喊停,然后再重新散步,多练习几次。和家人谈话的时候,在习惯性发表意见的时候喊停,让对方把话说完,不去立即反应。看看这样做和以往有什么不同。

8月10日　角度

　　亲爱的朋友,站在不同的角度来观察生命,你可以看到 n 个角度,例如在肉体上你可看到你的身体、四肢、头等等;如果站在医学上你会看到器官、细胞、系统等等;如果站在家族中,你会看到亲人、辈分。如果站在民族或国家,你会看到什么?如果站在生命上,你又会看到什么呢?如果站在世界上……总之,看到什么取决于你当下所站的位置,这个位置即是你的世界观,这个位置决定了你的状态,这个位置不是一成不变的,这个位置的转变由你做主,这个位置和你的生命状态完全吻合,如不吻合则即是德不配位,也就是说的和做的分离,知行不一。

　　每一刻的觉察会让我们回到合一,我们可以二,但终是可以一,自如的生命之道即是一。放飞自己去体验生命不同的位置吧!这确实是完整生命中应具有的内容,而非只是我们执着不放的那一点点物质和精神。放飞不是放纵。你能区分两者的不同吗?你是在什么位置上?你能看到吗?只要愿意一定能!祝福愿意的你开启这开心吉祥的旅程!

心灵小练习

　　静坐,深呼吸几分钟,观想自己是一个风筝,自由自在地飘在天空中,通过它的前后、左右、高低,可以看到不同的世界。但告诉自己,世界始终是一个。

8月11日　惯性

我近日与母亲们沟通得多，不论年龄大小、退休与否，凡是在成长经历中要强的母亲，都活在工作状态的惯性里，信念价值观还是在体现自己的能力上，经常不接受老的现实，觉得活着没意思，没有有兴趣的事，对孩子的爱也因为见不到而经常失落，长此以往则能量淤滞，身体呈现各种症状。作为生命陪伴者——疗愈师，完整地去看其信念价值观，去看其过去的生命习惯，去看其情绪能量的状态，去看其因担心而求认同的点，去看其身体的状态，去看其家庭系统的状态。这些在沟通中就是疗愈的过程，因为沟通就是能量的疏通和流动，在沟通中信任、信念、信息、信仰、信心、信愿都会在温暖的、阳光的、向上的氛围中建立起来，这是个系统的建立。能量大的系统包容能量小的系统，疗愈师则是能量系统的建立者，在这个系统中大爱无疆，每个生命都在阳光下释放着能量而绽放，当每个生命有了新的决定时，一切回归自然！

心灵小练习

对亲人说一句表达自己心意的重要的话。面对面不要触碰彼此的身体先说第一遍，过几分钟说第二遍同样的话，再过几分钟可以拉着对方的手，重复第三遍同样的话，看看这中间发生了什么。记录下来自己的收获。

8月12日　宣告

　　如果你相信万物皆具相通之灵性，那么你就去大声宣告自己的心声吧！在你每天去做之后，奇迹会以各种方式呈现，这就是吸引力法则。信愿行是创造奇迹的因，如果你不相信自己的愿，你即便是偶尔做了一下，奇迹出现了，你也不会看到，或者也不相信是自己创造的。这个相信的力量源于我就是这样，这是成为的力量，这无需坚持，就像你无需坚持我是男人或女人一样，或像你更无需坚持我一定要呼吸或心跳，这是信愿行合一的成为。没有为什么这样，没有贪嗔痴的影子，没有任何反应，就是这样，每天如此！如果你做得累了，如果你觉得无聊了，如果你在意别人对你的反应了，如果你觉得不值了，等等，那么你分离了初心，不合一了，或者说你的初心根本不纯，日久见人心，因为假的坚持不了多久，因为假的不稳定，易受诱惑的一定是初心不定，一定是贪心所致。

　　检视初心的方法有二：一是在每一刻中去看其是否在其信愿行中，这是生命状态的呈现。二是成为无需坚持，不被干扰所影响，更不在意评价，只是呈现。这是每个生命都具有的能力，这确实是生命的自然状态，是脑身心合一的能量态。当每个人处在这个能量状态时是具有无穷疗愈力的，那是个纯粹的、温暖的、阳光的、和谐的大爱之力，那是完整的生命才能释放出来的能量，每个生命都具备，只是有些在沉睡。我们疗愈师的职责之一，就是唤醒！

心灵小练习

　　鼓足勇气，向家人大声宣告自己的一项决定。在宣告决定的时候，要做好面对质疑的心理准备，并且始终坚持自己的立场。

8月13日　生命中的能量结

我们在体验中，每个人都是很专注的，甚至是紧张的，毫无防御能力的，如果此刻受到外力的惊吓，体验就会被迫中断。体验者会出现从思维到情绪到身体一系列的反应，并产生很深的记忆，这即是我们常说的能量结，这也是我们平常不经意无意识的作品。我们既是体验者又曾经打断过体验者，这些事我们都不缺乏。

我们在不知不觉被打扰后，心中升起来的情绪又不知不觉地传给下一刻的人，这个能量的传递是股我们常说的莫名其妙的邪劲，这个能量经常会如平地龙卷风一样形成杀伤力，无论是在个人，还是在家庭、社会都会发生。

当我们愿意尊重生命时，一定是要呵护的，一定是要滋养的，一定是要爱的，一定是要包容的，如果我们太自我、太要求、太情绪化、太急功近利，那么焦点一定不是在对方，而是在自己的想法里，说得不好听的就是太自私，这在亲子教育的关系当中就很明显。

孩子们长大后，很多人不愿意让家长进自己的房间，也不愿意和父母谈心，这个现象是值得我们深思的，在此之前我们做了什么，才会导致这个结果呢？当然这个结果有很多前因，绝非单一的因素，但我们作为家长一定是其中的角色，而且是不可或缺的角色。

我们在陪伴孩子成长的过程中，无意识地打断孩子的体验是每天发生的，同时强迫孩子按父母的要求去做的也很多，这是个教育模式，这个模式的结果就是当今的现状，比较麻烦的结果是，孩子出现自闭症、抑郁症、敏感性格、自卑、情绪化，甚至是分裂。

我们在生命陪伴中，由于内心深处有极大的分别和不平等，所以就会生起巨大的自我，此起彼伏的比较和抗争，这个生命的范畴不变是无法逃脱这个结果的，要想平等地、和谐地、滋养地进入生命陪伴，必须从了解生命开始，当了解生命的人多了，自然和谐就会开始了。

所以作为家长、老师、长辈，多引导孩子们去探索发现对生命的兴趣，这是一个大的方向，当然我们现在的学习也是前人们对生命了解的结果。但基于个人而言，基于当下而言，基于生命组成而言，都是需要关注的，尤其是对自己的了解更应该是重视的点。

教育是根本，这一点都不虚，这是个大因果，没有什么能逃脱出这个因果，我们都是这个的结果。我的体验告诉我，活在一种逻辑里就是一个专业，活在多种逻辑里就是个领导,活在部分真相里就是神人,活在更多的真相里就是神仙,完整地活在生命中的就是觉悟者。这个过程本身就是个教育的过程和学习的过程,在国家、在地方、在城市、在农村、在家庭、在个人中,都有自己独特的教育体系,在了解自己、了解社会、了解世界上都有很大的差异,所以结果一定不同。

愿天下人都能在探索生命真相中发现自己的完整!感恩有你陪伴!祝福!

心灵小练习

集中精力,当你呼吸时,去感受内心体会到的千头万绪。放慢呼吸,回忆一件改变你人生的重大经历。在这一刻,将注意力放在所发生的事情和事情的结果上。现在,将注意力放在这次经历所带给你的收获上,去感受自己的生命因为这次经历而受到了触动。现在,再去感受这次经历是否带给你不同的收获。

8月14日　焦虑

　　亲爱的朋友,我又一次和你谈到了焦虑,最近发现焦虑的人特别多。一个生命呈现焦虑的状态与很多因素相关,从大的方面看分为两类——有形的和无形的,如精神和物质、前世和今世、知道的和不知道的、发生的和演绎的、内在的和外显的。

　　任何一个焦虑的表现背后都有三层以上的因,例如怀疑身体有病,有病可以成为被关心的对象,可以得到爱,可以不承担责任,可以有理由休息和逃避。这些背后的原因又是什么？是情,是物,是创伤,是长期压抑的释放,这又是一个层面！再去看家庭、家族能量系统的状态是否和谐,再去看社会环境的主题和众生信念状态,再回到这个生命时发现,他被无数能量操控了,他只是一个被反应的肉体,没有生命的自在、自控、自愿、自由的主能量,完全呈现被推动的状态,这也是当下社会大众的现状,被不安全推动,被物欲推动,被匮乏推动,被依赖推动,被刺激推动,被无明推动等等。在沾沾自喜的成绩面前隐藏着巨大的恐惧,怕失去,怕不足,怕责任,怕不被认同,怕的信念体系会吸引怕的结果,失去生命力,尔虞我诈的范畴让自己成为术的奴隶,越来越感觉术的匮乏和不足够。一个不足够的范畴一定结一个不足够的果,越不足就越焦虑,越焦虑就越没智慧,越没智慧就越不足够。恶性循环的噩梦形成了能量,推动着无明。

　　昨晚一个焦虑不安的朋友来电话,无明地反复一个话题,我已陪伴他一月余,有一些信任的建立,但开始发现他对我有依赖的模式,果断地打断他的模式,让其感受什么是中断习惯。这是一个疗愈师的醒觉状态,这是一个新的范畴的开始,开始的生命陪伴是让对方很舒服地依赖倾诉和建议,当打破这个惯性时,是重建的开始,一切随顺因缘而动,一切如是而现,感恩有你陪伴,感恩这因缘成就的每一刻的存在示现,愿天下人都拿回自己生命的能量,从无明中醒来！

本周省思

8月15日　不知不觉

我此生无憾的是什么呢？我做过什么让别人赞叹不已的事呢？我体验过纯粹是什么感受吗？我曾经做成的事是什么？为什么会成呢？我清楚自己在做什么吗？我的确曾经体验过，但很多都在不自觉中度过了。

为什么会在不知不觉中呢？很多一直以为就是如此的事是不会去再探索的。在这固化的模式下，在有意识和无意识的前提下会呈现完全不同的结果。无意识地度过了此生的风景，一直还在苦苦地寻找，这苦苦的体验就是在内心一直觉得不足够，一直觉得自己不如他人，一直觉得不富有，一直想一鸣惊人，总看着所谓的成功人士好。

这无明的纯粹使自己活在完全不觉的钻牛角尖的境界里，这也是一个纯粹，可惜不觉，可惜在贪嗔痴里，可惜在欲望推动下成为了奴隶，而不是体验的主人，生命的主人。

我们活着都不缺纯粹的体验，只是纯粹的方向不同，范畴不同，这是我们生活世界的特点。其实在生命世界里我们生命的本身就是纯粹的，因为生命本身就是纯粹的结果，而疾病就是背离纯粹生命韵律，无明的纯粹执着于紊乱的自我系统所制造的结果。

只有醒来，回到生命的韵律中，一切就都安定了，哪怕是停止自我的执着，停止贪婪，停止嗔恨的心，觉察自己的模式，紊乱的系统也会瞬间停止，这是所有与疾病结缘的生命开始看到生命韵律的机缘。

我、你、他、我们，这个我们的系统，是开始探索生命一体的本源，也是让我们有机会看到生命与生命之间的关系、器官与器官之间的关系、细胞与细胞之间的关系、系统与系统之间的关系、有形与无形之间的关系。让我们从固执己见的心智中走出来，让我们一起拥有本来属于我们的世界。愿天下人都能在与疾病结缘中看到生命的本来！感恩有你的陪伴！

心灵小练习

你有过不知不觉的时候吗？比如你不知不觉坐过了站，不知不觉走错了路，不知不觉忘记了东西等等。当我们不知不觉的时候，我们的思绪一定是漂浮游离的。深吸一口气，回到当下，告诉自己：我对当下的生命说是。

8月16日　学会欣赏

　　学会欣赏的确是个能力,我们的感官向外感受的能力很强,但感官本身是没有什么欣赏、判断、分析等等能力的,只是个接收器。我们的心、大脑、细胞是给出最终答案的核心。由于接受外在的信息和刺激,让我们渐渐形成了感受外在的信息,远远大于感受内在的信息,比如从不感受自己,但对别人极为敏感,从不尊重身体的提示,但对别人的毛病很敏锐。

　　这个习惯模式较为普遍,不会欣赏自己的人一定不会欣赏他人,自负、清高、自我、自恋等等过度的自我都是不会真正看自己的模式,其背后的核心是不会向内看自己,只会把内在的标准向外投射出去,在挑别人毛病时,自己是不知道自己的毛病也是如此。其实很多标准都是对自己的不满意,只是自己不觉,如果一个人极易攻击他人,极易挑别人毛病,极易指教别人,极易发生情绪化的反应,那么大多都是不会欣赏的人,其内在都是极度缺失的人,赞美之言是很难说出口的,中伤之语、说教之词会脱口而出但不觉,还自以为是的认为在帮助别人。

　　不会完整地看生命状态的疗愈师是不可能帮助到对方的,只会挑毛病找问题的疗愈师一定是不清晰什么是完整的生命,只是在挑毛病的人是很自以为是的,尤其是自己的问题的投射是更可怕的。

　　我们每个人的内在都有很多自己的标准,或者说都有一本字典,看到什么就对位反应什么,这个模式已完全固化了。如果你看到了字典里没有的东西,那个空白的瞬间是个很纯洁的无染着的心,但很快就被反应覆盖,这个如实没反应的瞬间是完整疗愈师的基本功之一。

　　如果愿意探索生命的韵律,那么如实观照地陪伴,如实呈现地去内看,如实见地地去体验,如实探索地去看因果,这些都不是说有多难,只是信愿行的范畴有没有建立相信。如果还活在自己的逻辑里,那是不会相信的,敬畏之心都是在信中诞生的。愿天下人都能在探索生命中升起敬畏之心！感恩有你的陪伴！

心灵小练习

　　闭上眼睛沉思,当你觉得需要睁开眼睛的时候,就睁开;接着,当你觉得需要闭上时,就闭上眼睛。告诉自己这些都是生命的韵律,重复这个动作。

8月17日　我觉得

我觉得自己不完整，是在比较中产生的结果。我追求完美的习惯是因为我内在的标准是完美，可事实发生的结果都与我内心的标准对不上，所以我们说的完整就出现了不同。

我认为自己不够好，不够完整，不完美，那抛开自己的认为，探索一下我的本来究竟是什么。我是一个完整的生命吗？我是一个完整的结果吗？我拥有自己的认为和本来具足的所有，这也是个完整。一切发生都有其完整的起始，包括疾病本身也是一个完整的结果。

每个当下都是完整的结束，就如钟表的秒针一样，一秒是一秒的如此完整。就如我们此生每一秒、每一天、每个月、每一年，每一阶段都是完整的结果。又如一年四季，每一季都是完整的呈现，一季是一季的轮回，这轮回本身也是完整。

我们有能力让自己去向南极，那也一定有能力去到北极，这个能力本身就是完整，所以我们有能力制造出身体的疾病，也同样有能力制造出健康；有能力探索生命的韵律，同样有能力回归我们拥有的本来。

既然每一刻完整都陪伴着我们，那所有结果的背后一定有与其相应的缘起，我们可以看到结果，但往往看不到背后的发生，或者说看不到因。所以我们面对当下结果的态度就会有很多种，如不接受、怀疑、相信、探索、发现、抗拒等等。这即是所谓的众生畏果，由果智慧地去看因是我们去向完整的方向！愿天下人都能在探索完整中看到因果！感恩有你的陪伴！祝福！

心灵小练习

静静地坐着，闭上眼睛，平稳地深呼吸，想象一年四季的轮回，春夏秋冬交替进行，告诉自己这就是大自然的韵律，同时也是完整的呈现。

8月18日　我是谁

　　我是我,非常我。我是谁?人创造了字词典,给世界贴上了无数可以辨识的标签,以便用于沟通和记录,其中包括"我"。这标签在开始出现时,世界的本来就渐渐地远离了人的感受,识别往往止步于标签的确定。哦,这是晴天。哦,这是树。哦,这是他的责任。哦,这是我的事。哦,这是我的。

　　当活在标签里时,大脑是发达的,知识是丰富的,意义是人生的主宰。看到的一切都会有标签出现在大脑里,都会有人类对其存在,对与人类的关系等定出价值和意义。同时在好恶的意义下产生情绪的流动。在意义和情绪的推动下产生行为、思考和链接。

　　这个由标签所开始的人类世界在不知不觉中取代了自然世界,这是一个范畴,也是一个因,过去的世界造就了此刻的你这个果,当下的你造就着未来!而自然世界的存在与字典世界的存在又是个什么关系呢?这是一个发现生命的角度,这个好奇会让你了解到你当下的位置,可以让自己从固化的模式中走出来,可以继续通过探索自然世界来丰富这人类的标签世界。

　　无论是自然世界、标签世界、本能世界,还是任何别的,都是我从不同角度的体验感受中总结出来的,体验,放下,再体验,再放下,再探索,直到看到全部,直到完整。终究会有那一刻的出现!这是一个相信的力量,这是一个决定,这是一个态度,这是一个立场,这是一件自己的事,这是一个无干扰的状态,这是一个成为的状态,这是一个让别人看到的坚持、淡定、智慧的呈现。

　　一切决定的、相信的、愿意的、去做的生命状态,都会让没去决定的人所惊叹!真心祝愿你能在纯粹的决定下去呈现,去体验,去认知这所拥有的世界。

心灵小练习

　　静静地坐着,环顾四周,看看自己给四周物品贴上的各种标签。深呼吸,看看自己给自己贴上的标签,试着撕掉这些标签,用一种全新的角度看自己。

8月19日　灵动

　　我们可以原地转180度的,也可以倒立地去看世界的,这是我们具足的本来之一。我们其实可以不止72变,如唐僧师徒四人构成的完整生命体,蕴藏着无数无量的变化和韵律。但现实生活中我们不再灵动,不再去看生命的韵律,固执己见地去看所有,没有了鲜活的生命姿态,坚持自己是对的,似乎对错就是自己的生命,如果错了就是要命的事了,完全自我催眠在自己的标准世界里而不觉。

　　我们此生多角度学习,但不会有人告诉你此生究竟是来干什么的,因为每个人的缘起不同,此生使命也不尽相同,但人道的本质是一样的。那究竟本质是什么？应该在学习体验做好人的基础上探索发现生命的韵律,探索更多角度的世界本来面目,探索生命的下一刻。

　　那我们经历的困惑和疾病是什么？是在提示我们什么呢？它们与我们的关系是什么？如果把所谓的"有"变成"没有",那的确是个难事儿！如果我们的确感受到了什么,那究竟是个什么样的过程呢？我们如实地体验了这个过程,了知了为什么会如此发生,了知了我们在这个过程中究竟做了些什么,了知了在这个机缘相遇中究竟有哪些元素和能量在共同运作着,这个机缘即是我们相遇生命的过程,当我们与困惑结伴前行中,我们会由衷地感恩这机缘让我们开始了解生命的真谛。

　　今天上午接触到了一个课程是关于生命的。探索生命是个大话题,人们试图改变自己,往往认为自己的问题和困惑太多,试图借助外力消除它,这也许是个通道,但一定不是唯一的通路。无论如何提升所谓的能量,如果内在价值观标准不松动,那么困惑的根源就会一直存在,就好比一个一直没有长大的心智,即使身体再强壮也无法呈现智慧。所以,我们面对困惑和疾病的机缘,是心智的机遇,是固化模式的检视,是智慧的成长,是生命的呈现！如果只是在抗拒中、消除中、讨厌中、负面中,那一定还在过去的模式中,即使再去寻找方法,也是没有智慧的,也是活在事件里的,不在生命的韵律中！愿天下人都能在与疾病结缘中看到自己的生命韵律！感恩有你的陪伴！

心灵小练习

　　静静地坐着,感受自己心灵的黑洞,那里有很多负面情绪。现在我们随着呼吸来清理黑洞。吸气,感受阳光从头顶进入体内;呼气,阳光进入黑洞,并且驱散负面情绪。深呼吸两到三次。

8月20日　自觉做事

　　我自觉地去做事是在什么时候开始的？我也记不清了，但我很清楚自己是自觉地在行为，是在学习成长的过程中渐渐地开始，尤其是学习了一年佛法后，每每回忆都会由衷地感恩我生命中的贵人，由衷地感恩我的老师们，由衷地感恩我的生命，由衷地感恩这一切发生。

　　自觉和觉他、自利和利他自愈和愈他，这些说的都是一回事。其前提是一，是不二。生命是一样的，你我本质不二。如果本质不同，那就无法实现所谓的自觉觉他，自愈愈他更是空谈！用生命影响生命的本质是要相同的，由于我们没有看到这个生命的本质，所以才会有分别，才会有杀戮，才会有破坏大自然，才会有战争，才会有欲望。

　　在完整疗愈体系中我们提出自愈愈他的疗愈系统。要想进入到这个系统，首先要学习什么是生命，再去看自己是什么，然后再去看关系，最后才会有机会看到生命之间构成的系统。在体验生命中去体验生命、影响生命的内涵。不管你拥有多少所谓的财富，如果不懂得生命，那么这些财富都是与你无关的过眼烟云。

　　一个不懂生命内涵的人是无法做到自愈的，一个不懂系统的生命是无法做到与生命链接的，一个自以为是的个体是无法与生命的韵律相见的，一个被欲望和恐惧所迷的生命是无法做到自愈愈他的。

　　生命的韵律时刻都在提醒着每个人，从来不会离开生命，只有我自己会割裂与生命的关系，活在自我的逻辑里，活在欲望和恐惧中而不觉，这是所有困惑和疾病的根源。愿天下人都能在探索生命中看到自己的欲望和恐惧！感恩有你的陪伴！

心灵小练习

　　静静地坐着，感受自己的本质。你无需说出什么，只是闭上眼睛，感受自己所拥有的特点。平稳呼吸，让真正的自己显现出来。从此刻开始，找到一个真实的自己。

第六主题

自愈愈他

第六主题

自愈愈他

引言

　　自愈愈他的生命体系,是关于在生命陪伴中,每个人都有机会通过助缘的镜子看到自己,这个过程是个自愈的过程,在帮助别人中看到自己,完整自己。在自己觉察中完整自己,自己的完整示现又是对他人最大的影响和疗愈,每个人都是可以去自愈愈他的,因为这是生命内在的韵律,你不觉它也在那。

　　当我开始起心动念说我如何才能治好病时,其实已离开生命了。这个话题并不是说治病不对,而是指只关注疾病的结果,这是与关注生命的韵律完全不同的事、完全不同的范畴。对抗、不接受、嗔恨,是关注疾病范畴,开放、接受、探索生命韵律是发现生命真相的范畴。时刻活在探索发现中是关于当下的,时刻探索因果关系是关于完整的,时刻回到系统是关于从自我中走出来的,这个系统是包括你自己的完整的系统。

　　当我们都活在完整中时,各就各位,各司其职才是真正的成立,共同协调才会顺其自然,所以从这个角度看,自愈之路是完整的前提。只有扎扎实实地活出自己的完整,才能真正地帮助到他人。当然在帮助他人的过程中又会不断地提升自己的生命品质,这是一个体系。只是不要自以为是地认为我比别人高,我比别人完整,我可以治好你的病。我们只是在陪伴中让其看到自己是自己的主人,想好想坏是自己可以做主的,这个生命范畴的切换是最颠覆性的蜕变。这个蜕变将改变一切,这是去向完整生命的蜕变,不破不立。愿天下人都能在探索中发现生命的韵律是关于去向完整的,不破不立的,是关于自愈愈他中去向完整的!

8月21日　迎合

　　为了迎合生活中的标准，我会不顾个人的感受，拼命地去做到极致，落得一个众人的好评，其实有时是费力而不讨好。

　　如果放下这些所谓的标准，如实地沟通一下各自的需求，不再按套路应该如何时，双方瞬间都会解脱，都会活在自由自在中，彼此没有担心，没有不好意思，没有障碍地在一起，同时，又都保持了各自独立的空间，这是每个当下瞬间构成的系统特点。

　　如果在如实沟通需求上放下担心的模式，放下评判的模式，换位思考和感受对方，那么瞬间达成一致的可能性会很高。如果每个人都在坚持自己的标准，都活在担心自己做错了，都活在自己的逻辑里，都在自己的习惯里，那么这瞬间的系统从开始就是紊乱的，时间越久就越感觉到累。

　　完整疗愈体系中的生命陪伴即是在每个当下都在觉察中建立的如实的系统，通过沟通了解系统的关系和各自位置，通过沟通可以看到很多各自的标准和模式，通过沟通可以让担心到达静心——这是个勾兑的过程。

　　我活在自己的逻辑里，同时坚信自己是对的，这就是自己的信念价值观，这与事实和真相大都没有关系。我探索发现的也只代表了我此生此刻的的角度，真相只在当下和完整。看不到的所有都在这里，都在每个生命的韵律里，看不到也在。放下自以为是时一定会看到！愿天下人看到自己的模式时把它放下再去看看世界！感恩有你的陪伴！

本周省思

8月22日　归位

亲爱的朋友,你知不知道什么时候开始产生了厌倦?知不知道为什么担心的事越来越多了?开始多一事不如少一事的不担当了,开始拿出很多理由来催眠自己这样是有道理的,可是内心的怨气和不平衡依然存在,甚至把自己未实现而产生的情绪投射给孩子和家人,于是,你看什么都不顺眼,因为到处都是负面的呈现,其实不如说到处都是自己投射的负面呈现。

不过,内心的良知和正直的品德也会让自己不时地呈现着正气,随着年龄的增长,你开始关注生命的本质、生命的规律和自然。你瞧,我们不知不觉都做了些什么?传播、投射负面影响,你每一刻的起心动念都会投射给你最亲近的人,心念就像电波一样地传播出去,社会上的风气就是这样互相传播、互相影响而汇集成风的。

当我发现自己不足够、不够好、无力、逃避、逆反时,突然发现我的儿子和我同步呈现,这是个相互影响、相互依存的世界,这是个因果不虚的因起果现的世界,如果你不相信,那么结果会告诉你答案的。深知因果者时刻洞察自己每一刻的起心动念,因为那即是结果。当担当的心升起时,一个生命的精气神就回来了,开始有活力了,开始有目标了,开始要做规划了,这是个人生的转折,这是个新的开始,这是个生命的经历和韵律,这是个价值观整理下的建立,这是个充满能量的机体建立释放和聚合平衡的机制,这是个知天命的开始。

当父亲归位时,家庭开始和谐,当母亲归位时,爱开始升温,当儿子安全时,家庭开始完整。这是个各就各位的有序的系统,从心性到思维方式到身体行为,每一刻的偏离都会呈现不和谐,这是因果所现。当我们看透了世俗并开始生怨时,已远离智慧的生命,已放弃探索生命智慧的自主权利,已固执己见地认为没有可能,已掉入痛苦的深渊而不觉,已决定死亡而不知,更有甚者是影响家庭、同事、社会和世界而不承认,可喜的是当用心陪伴中渐渐看到自己那一刻时,喜悦的力量和愿望瞬间升起并回归,那是个难忘的瞬间,那是个生命回归的瞬间,那是个担当的力量回归,那是个喜悦而不舍的生命呈现,那是个系统完整的开始。亲爱的朋友,愿你能在这和谐的系统里享受生活,享受生命自然的韵律,享受着爱和智慧。

心灵小练习

集中自己的注意力,伴随着每次呼吸,将过去所取得的成就慢慢放下。深呼吸,伴随着每次呼吸,不再去想你渴望得到的成功。静静地坐着,忘记所谓的成功和失败,相信自己和一座山或者一条河一样美丽。

8月23日　回到初心

初心，是人们经常忽略的事。当人们共同做事时，经常会碰到分歧，分歧的焦点往往是具体的事件和方法，当各执己见，无法说服对方时，当无法识别谁说的更有道理时，争执就出现了。此时你需要回到初心，回到当初你们是不是共同在做什么。当回到初心时，一切又会平静下来，智慧自然升起，完整地去看所谓的冲突会更加清晰，这是自我回归整体的过程，这是对抗回归和谐的过程，这是由二回归合一的过程。初心是个范畴。任何个人的范畴都会在完整的初心下回归，我们有时会因突发事件、个人见解分歧、挫折困境而一叶障目，丢掉初心。就像治病一样，为了消灭癌细胞而杀死整个生命，这是现代人类经常呈现的结果，拼命对抗结果而丢掉了生命。这个心智模式在做人做事，乃至科学发展上都会障碍其到达完整，偏离初心呈现急功近利的社会现状，忘了生命本身而去拼命追求物欲。将成功视为生命的唯一价值观，认为有钱才是万能，有权才是地位，似乎只有这样才能去行善，只有这样才能生存，这就导致物欲横流。只有如此才能怎样的心智，是内在匮乏的范畴，所有贫穷、怕失去、不足够的心都是这个范畴。一个完整的生命本身就是圆满的产物，什么心智由你自己决定，当智慧不断呈现时，呈现的正是你拥有的一切，一切由心而生，初心即是生命本来。一切智慧都在生命中，从未离开过你，只要你愿意去探索去发现真相，这即是人生的全部所在，这即是享受生命，这即是生活的基础，这即是精神和物质不二，这即是我在、我来、我去的生命意义。探索它，发现它！愿你能回归到生命探索，享受自然规律的生命！

心灵小练习

深呼吸，回忆生命中某个被真理照亮的特别时刻，并且这种影响持续了许多年。露出你最真挚的微笑，就像看到了多年未见的老朋友一样向真理鞠躬问好。带着感激向它祷告。

8月24日　疗愈

我的老妈妈逐渐康复了,我们都从内心里散发着喜悦,这是个巨大的能量场,我内心很清楚这是个多么大的能量,这个结果的背后有多少人参与了,只有感恩这能量的背后的一切发生。每个能量的注入都是由心而发,这个一致性的心能汇集成洪流,推动着其中的一切,所以洪流是可以主动汇集的,是可以主动参考的,是可以主动设定方向的。这个汇集完全可以推动信念的坚定,这在老妈妈的整个病程中不断地呈现出来,从四年前的经历到今天,这是个信念改变和坚定的过程,同时也是受益的开始。四年前的经历成为了今天信念的因,这个信念就是我没事,我很好,一切都很好! 这真是塞翁失马,焉知非福。任何经历都没有好坏,都是下一刻的因,都是下一刻的延续基础。所以珍惜每一刻的因缘并感恩即是如此。我们的每一刻所得结果一定与上一刻相关,例如看到了水这个结果,我们会瞬间想到:水从哪里来?之前是个什么样子?成分是什么?等等。当下水能做什么?最后它去哪儿?这是个过去、现在、未来的思维方式,当由水而看到全部的时候就是完整观了。我们面对生命时,当下呈现的一定是生活中的信念,而信念也一定是由过去的经验和对未来的认知体系组成,这个信念对当下体验影响巨大,确切地说是直接导致当下发生。无明在这些信念中呈现迷,呈现贪嗔痴,看到并修正会呈现觉,呈现了了分明,信固有信念的呈现惯性,观信念的呈现觉!

心灵小练习

回忆最近一次你最轻松的时刻是在哪里,和什么人在一起。回忆当时的感觉,深呼吸,然后微笑,让自己的心灵享受这份轻松。和世间万物共同享受阳光的普照。

8月25日　方向的确定

亲爱的朋友,当你决定去哪儿之后,就是一个方向的确定,方向此时只有一个,但道路却有无数条。可是同一条道上的人,却未必会通向同一个方向。

完整观下的道即是方向确定后的道。我们的习惯是,当我们走出一条道时,往往会在这个经历下否定其他道的存在,但其实"条条大路通罗马"。我们探索世界、探索生命、探索人、探索健康、探索疾病等等,这些都是方向,那些科学、神学、巫学、玄学,以及东西文化等等都是到达方向的道路而已,这些道只有在抵达同一个方向汇合时才知是共同的结果,而在此之前彼此互不交集、互不相关、互不成因果,只是因为方向一致所以汇聚在一起。

现代科学的标准只适用于自己的规律范畴,它并不能证明和约束其他领域的存在和发展,尤其是不能以唯一的标准呈现,科学的代表就更没有权利以个人的好恶来呈现霸权了,这是关于位置的,这是关于完整观的。从完整观下看系统,每个人都是各就各位,各司其职,共同协调,缺一不可的存在,处理问题的方法就在那里。我们根本不是什么创造者,我们一直是在发现它而已,所以探索和发现是我们的人生。我们发现了空气,发现了各种元素,发现了各种新事物,并探索了其背后的规律,同时利用这些发现和规律在生活中享用,这就是我们生活中的人造世界:拥有高楼、飞机、汽车、轮船、火箭、面包、菜肴等等。在生活中我们开始探索自己的奥秘、生命的奥秘、世界的奥秘,发现每个生命的背后都是全部的存在,虽然外在千奇百怪,但内在都是个"一",这个一即是全部,即是完整的存在,即是我们自己,即是完整观的一而非唯一的一,愿你能看到完整而非自我的唯一!

心灵小练习

走出大门,进入外面世界的时候,深呼吸,并且问自己,作为人类,你最感激的是什么? 这一天中不断地问自己这个问题。晚上回到家中时,再次深呼吸,并且问自己,作为人类,让你时时吃惊的是什么? 当你晚上休息和睡觉的时候也要不断地问自己这个问题。

8月26日　接受疾病

　　虽然说疾病是我们生命的一部分，但几乎没有人在面临生病的时候会心甘情愿地接受。无一例外地都走向对抗，你我都不例外。我们在与疾病的对抗中被动地寻找着，试图找到包治百病的仙丹妙药，焦点在疾病上、结果上、对抗上、不接受上，在以结果消失为治愈的标准上，这就是对疾病观点的局限性的结果。疾病只是生命过程中的一个状态，其发生、发展、结束都是整个生命运行的产物，绝非单一因素的产物。任何人、事、物的因缘聚和都是大自然规律下的产物，我们所说的命、规律、因缘、真相、因果等等，其实都是在说"道"，都是在说自然，都是在说一切，都是在说完整观。

　　任何偏离的见解都会被下一刻的发现所推翻，这也是科学发展中正在经历的过程。当我们固执己见地活在惯性里，同时，残酷的现实让我们醒来，用生命唤醒的代价让我们开始终止固执己见，开始去看真相，这是个进步的呈现，这是每个生命都在进步中的责任，这个世界上无人不在其中，所谓匹夫有责，所谓唤醒就包括你、包括我、包括我们、包括一切，彼此彼此，最终自醒于生命中。愿你能持有唤醒的生命自愈力！祝福！

心灵小练习

　　集中精力，回想一个你爱过且付出过太多的人。想想是什么让你那样不顾一切地付出。想象如果你什么都没有做，他们还是爱着你。想象如果什么都没有做，你还是爱着自己。什么也不做，只是平静地呼吸，让爱的感觉溢满全身。

第六主题
自愈愈他

8月27日　回馈和完整医学

　　自从我对外正式发出完整观这个理论后，距今已有小半年的时间了每日一个分享，全部与当下所念有关，得到了不同角度的回应，赞同的占大多数，反对的占很小的比例，不表态的占一小部分，互动分享的占一小部分，接受并形成完整观的占一小部分，有时赞同有时反对有时沉默，所有这些都构成了完整的呈现。

　　真心感恩有你的呈现构成这个结果，不管如何呈现都在其中，这将是完整观的开始和持续的基础。人类什么时候会开始完整医学观的时代，我的确不知道，但我确实相信完整观下的时代一定会在一代一代的传承下，渐渐地形成人类对完整生命的认知体系，这个焦点的转移将改变人类对疾病的认知体系。当每个生命开始持有这完整生命观时，每个生命的主人将成为疗愈的主体，这即是我们要唤醒生命内在疗愈力的核心所在，所有疗愈师都将是生命的陪伴者，是每个生命的助缘。每个生命决定着自己的去向，决定了所有的结果，疗愈师在陪伴中不断唤醒生命的主人，拿回生命的主控权，例如"我决定改变！我决定活下来！我很好！我没事！一切都是顺利的！一切都是最棒的！感恩！"等等。这个决定的内涵决定了结果，这是个范畴的不同所致结果不同的改变。当每个生命开始做主时，一切方法都是有效的，每个角度的改变都是有效的，每个惯性模式的触动都是有效的，每个助缘的加持都是有效的，每个陪伴其疗愈的生命的关心都是有力的，每个存在的呈现都是完整的一部分。此刻之下的技术呈现，是关系到先后、多少、主次、时机的把握等等。有形和无形的助力转换程序的建立和布局，这些经验的积累是一代代人传承的产物。我们有幸生在这个发达的时代，医学面对现实疾病已不是束手无策，医学也已开始多角度地去看疾病的发生，科学的进步带给我们生活中可以抵抗部分疾病，但人类还是处在极度恐惧疾病所带来的死亡中，以癌症为代表的即是现实的状态，把疾病与死亡建立在因果上，这是个悲剧。恐惧让我们无力回到生命的内在，"吓死我了"这是个难以走出来的怪圈。在所谓不治之症面前人类已丧失了自愈力，科学变成了不可能好的依据。同时，也成了唯一可以依赖的、可以相信的、可以使用的对象。我们把科学当成唯一的时候，就成为了可怜的、无助的、无知的、固执的、幼稚的牺牲品，同时是在商品经济中的牺牲品，也是相互不信任、相互指责和抱怨、相互错位的牺牲品。在这种状态下人类将开始思考。感恩有你的陪伴！

> **心灵小练习**
>
> 　　集中你的注意力，仔细观察你面前的墙壁，注意当你不再把注意力放在自己身上，你内在的活力升起。平稳地呼吸，感觉自己思绪的飘散。注意走神的时候，那种活力是不是在减弱。平缓地呼吸，并将自己的思绪慢慢拉回来。注意自己是不是又感觉到了那种活力的存在。

8月28日　医患关系

每一次社会发生变化时都会听到"转型"这个词，同时引发危机、困难、抱怨、改行等等。在我看来，如果不是投机取巧地牟取暴利的项目，如果不是贪心所致的价值观，如果不是靠权钱而行者，只要不是偷心为初心，任何变化都不会阻挡前进的步伐，甚至变化无常的自然规律给其提供着无穷的机遇。方向是我们要面对当下的动力，而非只是金钱。每个当下的完整和缘起构成了下一刻的发生，这是个生生不息的、从不会终止的世界，任何活在上一刻的成果和投机取巧的侥幸中，都会被变化的世界所淘汰，适者生存之道不过如此，并不深奥。当今各种关系的紧张根源是贪，包括医患关系，都是初心不正之故，如若不纠正初心，光靠打鸡血的方法是无法改变现状的。医生的天职是在尊重生命的同时探索生命陪伴生命，绝非物欲的商品产物，更非技术的奴隶，亦非主宰生命的所谓神仙，对生命尊重并探索的人，一定是负责任的人，一定是高智慧的人，而非为了养家糊口的职业和贪婪暴富之辈所能胜任。面对现实的所谓紧张关系，如果我们还在过去的惯性里、侥幸里、抱怨里无明地挣扎，那一定是死路一条。亲爱的朋友，回到我们的初心去迎接美妙的下一刻吧！祝福你醒觉于生命的本质！真心祝愿你能主宰自己的生命！

本周省思

8月29日　建立完整观

作为一名完整疗愈师，首先要建立完整观，要相信这个世界上所有存在都是一体的，彼此相关联的，互为存在的，共同作用呈现的生命本质。就像进手术室要先建立无菌观一样，在探索生命中所发生的任何疾病状态，都是站在完整观上去看生命发生的整个过程，疾病只是其中之一。我们在陪伴生命过程中，接受该生命的一切发生，记住是一切发生。同时引导其走出过去，安住当下，清晰未来。这是在陪伴中不断唤醒的方向，每个生命在其长期自我催眠中会形成不自觉的巨大惯性，这个惯性的结果往往是呈现在疾病上，连疾病都唤不醒的生命大有人在，所以这时的完整疗愈师就是个唤醒者，令其痛改前非方能走出困境，重建生命体系。对于即将结束的生命在陪伴过程中引领到达光明的下一刻则更加重要。我们尊重生命的规律，如果不能从人为的习惯中醒来，那么自然的生命规律则无法呈现，我们清晰地到达生命的下一刻，这是生命的自然规律。我们昏昏沉沉地到达死亡，在恐惧和不舍中死不瞑目，这是人为的因果，毫无清明智慧而言，就像毕业考试没有及格一样，甚至要降班，这即是轮回之源力。但假如你连降班都无所谓的话，那就尽情地造业吧，现实也会在造业中呈现果报，这即是善有善报，恶有恶报的因果。任何侥幸心理都是自欺欺人的昏迷不醒，人在做天在看，这天即是因果自然规律的天，无处可逃的天即是我们生命的本来具有的规律，非要说意义的话，这即是人生最大的意义了，愿你能够回归自然之道之美！

心灵小练习

集中自己的注意力，再一次让感觉的溪流流经全身。过了一段时间之后，将这些感觉用语言诚实地表达出来，只是这次一定要强调这是你的感觉。你要说"我感到悲伤""我感到寒冷""我感到光亮""我感到疲倦"。每天要仔细地观察自己内心的感觉是如何转换的。让自己靠近内心真实的感觉。

8月30日　抑郁症

　　关系的建立是在各就各位的前提下呈现的，每个当下的位置都不尽相同，变化无常的人生让我们不断地去看自己的位置，家庭的与家族的、家族的与团队的、团队的与社会的、社会的与自然的、自然的与非自然的。个人与一切的关系，任何关系的和谐和不和谐构成了自然之道。

　　中国现在的抑郁症突显增长，其中的原因即是持续不变的社会压力，名和利的欲望的追求。近期接触到的孩子们的抑郁症，共性之一即是在持续的名和利的压力下崩溃了的逃避现象，尤其是青春期间的生理变化很大，波动的生命状态长期被束缚、被压抑、被忽视。再加之对未来的恐惧和不确定，平衡被破坏的紊乱现象，即成为焦虑和抑郁。人一生的方向是学习，但内容多样化的呈现是我们教育体系的特色，如从知识到体验到信仰，到专业，到社会，到自然。这是个生命应有的权利，了解自己的权利，了解生命与自然的权利，了解此生的目的是每个生命的权利，亲爱的朋友，愿你能找到自己的属性。祝福！

心灵小练习

　　静静地坐着，想着过去不同的自己。平稳地呼吸，思考新的自己如何在旧的自己体内酝酿生长。现在闭上眼睛，想着身体里那个新的自己。平稳地呼吸，抛弃那些可能会阻止新的自己诞生的固有的思维模式。

8月31日　完整疗愈生命

　　亲爱的朋友,你看过显微镜下的细胞吗?我们在完整观下看生命与生命之间的关系,就像显微镜下看到密密麻麻的细胞,每个都是独立的完整的界限分明,但彼此相连互通有无,有秩序井然的内在规律,它们在共同作用下呈现出某个器官、某个系统、某个生命。它们共同存在,缺一不可,各就各位,共同协调。

　　我所说的完整疗愈是用完整观去看一个生命,并非只强调某个角度的作用,只有都在各自的位置上作用,才是共同呈现的生命,错位作用即是紊乱。所以中医也好,西医也罢,无形的与有形的、科学的与玄学的、医学的与世俗的等等,是共同存在的。角度越全对生命的影响越大,这是系统的力量。首先是生命本身系统的能量,尤其是在与疾病的相处中,谁是决定者很重要,因为决定生或死的因素虽然很多,但决定心的能量去向的主控权还是自己。

　　在主体生命还未拿回主控权时,疗愈师在陪伴中可否用特殊手段,强化植入信念,直到主体被唤醒。所以在每天强化中家族系统的能量就成为第二大能量,例如我每日在生病的母亲耳边说:一切都特别的好,你没事!我们很快就回家了,直到她有意识后仍然在说,就如温暖的阳光让人催眠一样,希望的正向的气场完全笼罩着这个迷茫的生命,在这个家族的能量场中每个人的心的一致性至关重要,其中家族领袖的作用更是重要,其相当于这个系统的心。第三个能量是朋友和疗愈师,为什么把疗愈师放在第三位?我相信你心里已经有答案了。

> 本月省思

9月1日　本能

你来到的是一个熟悉而又陌生的世界,熟悉是说你有那么多的本能,以及与自己相应的诸多生命。陌生是说很多问题甚至你自己都不清楚,如:自己是谁?从哪来?到哪去?你能做什么?这世界都有什么?你与这些的关系是什么?这真是十万个为什么。从不知到知的过程即是学习,所有的能力是学习成长中呈现的状态,知识只是知的一部分,真知就是真相,我们不断提升和获取自己的真知,目的就是完整地去知道我是什么。当你开启你全部细胞的智慧去看世界时,看到了,清晰了,不困惑了,了了分明了,成为一个完整的存在,每时每刻你不会被这完整中任何一个点或面所吸引,所占有,所蒙蔽。这也是我们常说的修炼者出现了高于常人的能力或说神通,但未必是完整地看到真相的开悟者,开车的未必知道"道",知道"道"的一定知道怎么走,至于用什么工具,那就更是无碍的任意选择,由不知道到知道的过程即是学习。

一个好奇的孩子一定喜欢拼图游戏,一定喜欢组装游戏,这是个本能。由散到整,由小到大,由不清楚到清晰,我们什么时候连这本能也丢了?我们什么时候已与自己的一点成绩分不清了呢?我们等于我们的能力吗?我们到哪儿了?你在干什么?清楚吗?每日三问而思行!亲爱的朋友,祝福你终有一见现完整!

心灵小练习

花时间在一个拼图游戏上,看到每一块拼图都是全部拼图的一部分,感受一下自己和宇宙之间的关系。

9月2日　生命的飞跃

　　每一个当下都是完整的，缺一而不成立。我们的生命由一刹那一刹那的当下组成，形成一个连续的整体，你不清楚下一刻会发生什么，那是因为你不知道自己在做什么。如果你清晰地知道你的思想、你的行为，那么你一定知道下一刻的结果；如果你不断加大你的认知，启动你的全部智慧，你一定与宇宙同在，那么你一定知道下一刻发生什么，因为知道因一定知道果。

　　完整观下的因果是由每个点组成，小到细胞，大到人体，到家族、到社会、到世界、到宇宙。这由小到大的组成，构成了生命的完整，一个点即全部的具足呈现。

　　现代医疗的手段发展很快，但由于观念落后于手段，导致手持锐器无从下手，下手即是伤害，伤害了还不知道。所以建立完整观是诊断体系的关键，是为完整疗愈提供准确靶向的前提。人是完整的，离开完整去看某个点的现象而去对治的时代，终将过去。佛陀、老子等圣人观，即宇宙观、生命观必将为现代人提供方向，建立基础，形成完整观，并指导人类去关注生命的全部，并非只落在对抗疾病的点上，由此，实现人类在其生命中的飞跃。

　　亲爱的朋友，你一定有过自己上医院就诊或者陪伴家人就诊时不愉快的体验，无论医院建造和装修多么富丽堂皇，无论医生所标榜的名气是多么巨大，在庞大的医疗体系里，你好像蚂蚁一样完全不被重视，匆匆几句就被打发掉是看病的常事，为了医生的自身利益开药和各种检查也是习以为常的事，现代医学在割裂人们的完整，面对完整的生命视而不见，你是否也是这其中的一分子？

心灵小练习

　　你一定有过上医院不愉快的经验，回忆自己上医院看病的一次不愉快经历，感受自己的生命正在逐渐自我疗愈，问自己愿不愿意加入完整疗愈的行动中，带给自己、家人和社会大众更科学、更全面、更人性的治疗感受。

9月3日　拒绝等死模式

我们这一生花在担心和演绎推理的时间远比直接体验的时间多,或者说我们活在习惯的模式里,自动化反应的时间远比活在当下的时间多,我们被动的时间被推动的力量,被条件、环境、人为经验等等所束缚的时间远比直接体验生命的时间多。

当我们设定了目标就会朝向实现的方向,但途中会因为过去的自己而产生障碍,这过去的自己无论是信念价值观、心智模式、身体心里的感受习惯,还是周围人和环境的影响都是过去的,都是与你新的决定去向有不同的地方。总之,新的决定不在你过去的模式里时,那么冲突就会发生,经历的经验力量(分析的力量)会比去向新的体验动力大,这是一个不自觉的反应模式,这是一个意愿度和习惯较量的过程,这是一个大脑和心和身体统一的过程。没有意愿没有想法懒得去行动的人一定活在过去的模式里,在舒服的同时会有诸多的不满意!但却不愿意去改变。这是一个昏睡的状态,醒来才能看到自己!

唤醒自己的过程就是蜕变的过程,当我们决定去向新的体验时,已经是告别过去。每一次的决定、去向,都是加大、加宽、加高、加深的过程,每个人的格局就是决定体验什么而生。我只关注我的技术,我只关注思维,我只关注自己的需求,我只关注担心,我只在乎自己的标准,我只关注别人的一切,等等!这些都会障碍我们去到完整,这些习性让我们不自觉地掉入到自我的、狭隘的、片面的、无力的格局中,把坚持的力量用在了固执己见上。每个人都不缺坚持的力量,只是方向相反,转身即是说当调整方向后力量一样,不增不减,只是觉察方向!

我们在生存的本能中困惑于生死,我们在生活中困惑于贫富,我们在生命中困惑于有"空",在困惑中停止了体验,在纠结中虚度了年华,在固执己见中丢掉了真相,在欲望和恐惧中迷失了方向,这的确是个醒来才能谈的话题。愿天下人都会醒来,喝茶,聊聊天,谈谈人生!

心灵小练习

现在,请慢慢地呼吸,感觉你的心和你的眼睛一样会张开合拢。请慢慢地呼吸,随着每次呼吸,抚慰你的灵魂。感觉你的心在不断地膨胀,你的感官正在逐渐地打开。

慢慢地呼吸,体会你对这个世界的感觉随着灵魂的安详而逐渐地打开。

9月4日　医生的无知

完整观的建立是针对于当今物欲观而提出的，尤其是医学已走进以我为中心的执着的时代，医疗走到只治病不顾命的自以为是阶段，病人走到到医院把命交给医生，只有听天由命的阶段。这是一个对生命完全不负责任，对生命完全不了解，对生命完全自以为是的时代，有些医生往往沾沾自喜于自己的知识里，执着地去使用单一的方法，无视鲜活的生命的无常流动，要知道病人们并非实验室的模型。

一个医生的无知一定是这个时代造就出来的产物，频频出现的医患关系，无论从医患双方共识的生命观上，还是整个人类对生命认知的完整性上都需要提升。同时，医学的观念也要从偏执到完整地去看命与病的关系、命与病的观念和关系直接导致医患关系。当今医学是以西医为主的医学，西医以有形思维为主的生命角度，看不见的、无法量化的、重复的均排斥在外，这已注定对生命的探索很片面，要想改变需要停止惯性，重新审视自己和宇宙和生命的关系。提升观念，先有尊重才会有发展。有范畴才会有内容，重新建立人类对生命的认知体系是逐步形成完整观的关键。

心灵小练习

静静地坐着。观察自己的呼吸，想想你内心渴望去经历什么。思考一下，如果你经历了这些事，你会得到什么？自由呼吸，思考这样的领悟带给你什么，并且把它写下来。

9月5日　一波三折

　　一波三折的原意是说写字笔法中的曲折多变，现在泛指事情多变。在生活中，活在好恶、好坏的范畴里会经常遇见这一波三折，因为是跟着结果跑的，不知来龙去脉，不知因，所以只会被动地与果相见。由于有好恶标准，所以会生起怨恨和昏昧的情绪，好的拼命要，坏的不接受，这也是众生对疾病的态度，也是众生畏果的根源，也是只活在自己标准和喜好中脱离当下，没有对事物缘起缘灭的洞见。

　　在开发智慧的人生中，经验只占三分之一，而且经验是过去的事情，并不是当下的事情，不能完全代替当下，真相架构是我们的智慧之一。这个是综合性的见地，这是接近真相的了解，这是很多人只为了急功近利而忽视的部分。这个部分的学习积累是有感悟的，与知识的记忆有不同，最后在学习知识和感悟中再去亲证这真相的世界时，才会得到圆满的结果。

　　我们在成长中是需要知道自己位置的，这个位置的感知是不断提升自己的开始，最终是通过所有信息的反馈，完全是自己的清明，完全是每一刻的清明，而非求认同的乞讨，求别人给自己位置的模式是众生模式。

　　我们有很多根深蒂固的模式，例如认命吧！这是个最具代表性的模式，每当我们什么都怨不了的时候，怎么办呢？就怨命吧！这个模式的特点就是我是不会负责的，必须要找个借口、理由、事件、人物等等来完成这个模式，这是一个典型的生命主控权缺失症。

　　我很任性，但我之所以平衡，是因为有自圆其说的模式。之所以得病都会让自己获得平衡，是因为我得病都是因为你们，你们欠我的，你们都是损我，你们才是导致我得病的因，我是最好的人。

　　平衡的感受是自己的，平衡的规律是生命的韵律，这两个经常二分的根源是自以为是的逻辑，众生大都是活在自己的逻辑里平衡的，至于真相是什么，不知道！

　　不知道是可以的，学习就可以知道了，探索就可以发现了，最可怕的是：我就是这样，我一直是这样！我天生就笨！我就长不大，我觉得我挺好的啊！这个认为是需要棒喝的。

　　疾病是最大的棒喝了，但不醒的人很多，执着于自我的习惯不放的很多，我深有体会，如果是小病小灾的还能承载，但如果无动于衷，到了大病大灾就大栽跟头了，但也悔之晚矣！

人生无常的陪伴只有生命的韵律是真实不虚的,在这个旅程中会遇见无数缘,最终会走到下一刻,这个决定只有你自己才能把握,每一刻都如此,没有什么神仙可以替你决定,因果自负!愿天下人都能在探索发现中增长见地,以备亲证!

心灵小练习

环顾一下你的四周;接着,闭上眼睛,仿佛它们还在你的眼前,用心去感受一下它们的存在,感受它们的温度;睁开眼睛,让目光缓慢地流经它们。

9月6日　祖国医学

亲爱的朋友,你一定看过中医吧！从古至今,人类从无到有的知识是从经验和体验而得来。随着知识的丰富,后代可以借助前人的经验了解世界,但自身体验少了。祖国医学在这个时代已少存拥有自己体验的大传承者,只因体验是无法量化复制的经验,所以传承者需长期持有持续的体验状态,才能体悟到生命的规律,才能去看生命的病。目前能传下来的祖国医学只是被记录下来的经验和方法,那是僵化的。

祖国医学的精髓是生命,那是活的整体。每个疗愈师和患者都是生命,他们相互依存、相互对应地存在着。在唤醒的路上携手同行。

心灵小练习

现在,集中注意力,面对太阳站立,注意眼睛不要被刺着,向上张开双手,当你呼吸时,打开心灵,让温暖的东西进驻自己的心,感受力量进入到自己的生命中。当你吸气时,让生命的能量化解你的心结,让自己的心融化。当你呼气时,把负面的能量随着呼气排出体外。

9月7日　你是你的故事吗

亲爱的朋友，每个人的故事里都有自己的观点，这真的是一个可以探索的话题。如果只是单纯的记录是没有喜悦和悲哀在里面的，但看和听的人会自己产生相应的反应，例如一句描述：我破产了。听到的人就会产生强烈的同情之心，因为破产按照常理来说一定是"不好的"，虽然自己描述的时候，仅仅是很客观的表述出来。在简单的描述里，如果没有被定义，是不会有喜悦和伤悲的反应出现的。但情绪往往不可抑制，那是因为每个人在描述的时候，难免会带入自己的感受，这就是每个人的故事。每个人对同一件事的反应不同，是由价值观决定的。有人阳光，有人忧伤，有人抑郁，有人怨天尤人，有人发奋图强，有人因祸得福，有人沉沦难以自拔，等等，当你看到如此丰盛的人生无常，你又是如何反应的呢？你是你的故事吗？

我们经历着无常的人生，波澜起伏，同时活在自己的逻辑和反应中，制造着自己的故事，享受着故事里的艰难历程，每个人的故事，都是一段独一无二的超级历史，每每述说着我是如此的与众不同，这个非凡的与众不同的初心确有不同，有人正向，有人负面，请觉察初心在哪里。

我们都活在好恶中，一定会有情绪的反应，如果活在因果中，活在探索生命中，就会感恩一切的发生，没有过去的发生就没有当下的呈现，没有过来的历程就无法感悟这与生具足的完整！

你认为是的就是了，你认为倒霉的就是了，你认为有价值的就是了，你认为这与众不同的就是了。这个就是了，意味着你所认为的就此"呈现了"。然而，你知道自己的认为吗？你知道你知道的是真相吗？你真的知道你知道的吗？还是你根本就是不知道？或者说你一直在认为自己是对的？甚至是自欺欺人呢？你是你的故事吗？还是你可以重新修改剧本？总之，这个探索的方向会发现下一个与众不同，只要你愿意。

我们活在当下的系统里一定有此刻的身份，如家庭中你是父母，同时又是夫妻，但还有一个身份就是另外一个系统的身份，而且是缘起你的系统，如原生家庭的身份是儿女，如果你都没有体会好、做好这个身份，那么你当下的系统也是无法做好的，这个因果是真实的。

每个人的生命过程就如上学一样，完成一年级的功课，才有可能进入二年级，如果想直接去学博士，那是很难的，因为这个成长中如果不及格终究是要补课的。如果拒绝补课，结果是可以想象的。在生活中的体现是纠结和痛苦缠身，无力自拔，直到你完成了所有的功课，才能进入下一轮生命历程。

一个抱怨的人首先是不可能做好自己的角色，如果做不好自己的角色就不可能在系统中起好的作用，如果没有起好的作用，那一定是系统紊乱的始作俑者，如果系统紊乱了，那么受害的一定是系统中所有的人，尤其是孩子。

当受害的孩子长大了又会继续传承这个无明的能量，继而恶性循环。如果把一些天灾人祸当成抱怨的理由，那么用别人的错误惩罚自己的自虐就开始了。要看到除了你自己在经受痛苦外，几乎你抱怨的人和事都已不在，都已成过去，而你从未放下，一直背着，继续坚持着自己的认为，继续坚持着自己是对的，抱着有可能得来的好处，继续保持着你的痛苦，逢人便说自己的血泪史，但双手死死地抓着这个天大的礼物不放，就是因为对自己有好处，因为没有这个就没有一切了。这个就是自己的世界，这个世界不能垮掉，这个是我习惯的世界，我从未想过放弃它，虽然我很苦。

本周省思

9月8日　启动你的自愈力

我们举办了完整观下看生命的系列工作坊和学习小组，它的特点是：
① 多角度去看生命；
② 每个角度的导师都共识在完整观下；
③ 多层次地去看生命，区分范畴的不同所呈现的结果不同；
④ 每个工作坊背后都有其背景范畴，同时都有非常完整的课程体系；
⑤ 每个工作坊的背后体系都是培训疗愈师的课程体系。

我们每个人的学习路程大致相同，有早期的普及教育，有专业的系统的教育，有开放自己去接受的各种角度的教育，最后总结感悟人生是自己！所以我们的事业核心是唤醒每个生命的内在自愈力，也就是我们说的自愈师，这是一个生命的成长过程，这是一个大众参与的事业！这是一个利己的启动！当每个生命都有这个力量时自然会去帮助他人，这是一个愈他的部分即疗愈师，这是一个生命的角色，是一个职业角色，也是一个兼职的身份。只要你愿意付出帮助他人都会呈现你的位置！所以疗愈师不是我们现代医学的所谓医生，完整疗愈中心也不是现代医学的医院，是包括现代医学、上古医学、各路生命体验学、各民族的智慧结晶，是生命各层次的代表，它们各就各位，各司其职，缺一不可，共同协调作用的体系——完整观下的生命疗愈体系！

完整观是人类医学提升自己的核心价值观，没有完整生命的观念，一定会掉入疾病这个结果里，一定会孤立地看问题，一定会在对抗结果中无力。所以我们在完整观下看生命的规律就会发现因果，就会将无形的生命与有形的生命合一并转换，同时在此疗愈体系中的西医、中医、神医等都在共识完整生命下各司其职，共同协调，完整疗愈大体系才会呈现。

启动每个人的自愈力是完整疗愈体系的核心，因为在完整观的医患关系中，患者是生命的主人，是疗愈的主体，是起决定作用者，疗愈师是助缘，是帮助者，是陪伴的唤醒者，是照镜子的人，是建立疗愈系统的执行者和拥护者，每个生命的主控权都是自己，这个世界没有任何人能给你的命，能救你的命，但却有帮助你的人。

愿天下人都是自己的主人！欢迎大家加入自愈愈他的完整疗愈体验中，感恩有你陪伴！

心灵小练习

静静地坐着，将你的想法想象成树叶，你的心则是那棵树。缓慢地呼吸，努力倾听你与世间万物共同拥有的那片土地的私语。现在，请深呼吸，思考你心中最古老的东西是什么。

9月9日　何谓完整疗愈

完整疗愈中心在新的一年里每天咨询不断，比较集中的话题是问，完整疗愈中心是做心理咨询的吗？回答这个话题要从三个角度来解答。

第一个角度是从完整生命的角度，一个完整的生命一定由有形的和无形的部分组成。无形的部分在老百姓的认识体系中已经普及，除了心理学还有很多无形的生命部分是不为人知的，如道、佛、灵、能量、气功、意念、心能等等。

第二个角度是我们身体从大脑、心、身体各系统的运行，无一不在有规律地无形地运行着，如思想、信念、价值观、心智慧、细胞记忆、系统规律等等，这是一个完整的生命组成。

第三个角度是关系，我们每个生命的呈现表面上是个独立的身体，其实从未离开过其背后看不见的世界大系统，包括看见的，构成了完整存在的体系，这即是我们所建立的完整疗愈的理论基础。我们由果看因，由因调果，由病看到生命，再由生命系统调整病痛，所以才会达到神奇的效果、这是目前西医做不到的，因为思路完全不同，对生命的认知角度完全不同，结果一定不同，西医在有形的部分发展很快，如手术、诊断设备、药物等等这是目前科学发展的特点之一。我们祖辈的智慧在有形和无形的观察中非常平衡，如易经，以及其分支出的医学都是讲阴阳平衡的，所以人类的医学发展一定会去向阴阳平衡的完整观中！愿天下人都在这完整中自由快乐地成长！

心灵小练习

请凝神静气，随着每一次呼吸，将你的存在和周围一切紧密地联系在一起。片刻之后，在房间里慢慢地踱步，同时体会踏步时地面的坚实和提步时悬空的感觉。

9月10日　教师节的感恩

亲爱的朋友，我们一生的成长离不开老师，如果从完整观的角度看的话，我们身边有数不清的老师，这些人、事、物，无时不在，无处不在，皆为吾师，这是感恩的前提，没有这个存在，感恩就是个口号了。

我没有记住所有我接触过的老师，只记得一小部分。但感恩的心渐渐升起来了，这是个成长，这个成长与我后来的老师有关，与我后来的经历有关，与我这一生所接触到的一切有关。

我们提倡感恩、喜悦、成长，这是因为因果。倘若没有感恩之心，将意味着这个人的世界里没有其他元素的参与，这是不可能的。因为如果没有空气我们不能生活，没有水我们不能生活，没有很多东西我们都不能生活，所以我们才需要感恩。感恩是巨大的"因"，感恩有"你"的陪伴，这个"你"是一切，这个"你"是我们一生认识不完的你，这个"你"就是本来，这个"你"就是真相。

我们都在世界里，的确又不认识这个世界，或者说认识了一点点就故步自封、自以为是，这个就是自我。本我就是生来就是的那个我，我本具足，我本善良，我本无碍，我本无惧，我本质就是生命的全部，因为我是生命。所以此生认识自己的过程就是认识生命的过程，探索生命的韵律就是探索发现自己的过程，探索发现中的每一刻、每一处、每一事、每一物都是你的一切。

天下万物皆为我师，天下万物皆与我陪伴，我无法脱离半刻这万物，我无法阻挡任何万物呈现，我越来越认识到这一切的发生与我的关系，开始去随顺享受生活，开始去觉察自己的自以为是，开始去接纳每天的结果，开始去探索发现这大世界的一切韵律，开始有欣赏地享受，一切都在感恩中得到喜悦，一切都在感恩中发现并成长。真心感恩天下所有的老师！祝福您吉祥如意！感恩有你陪伴！

心灵小练习

静静地坐着，试着通过呼吸让自己平静下来。在呼吸中打开自己的心灵，试着感受自己的孤独和你与这世上的其他人共同拥有的一切。请深深地且缓慢地呼吸，不要迫使自己去思考，只是尽情地享受。

9月11日　神奇的二元对立

　　我们的人生在生活中所遇到的所有困惑都在二元对立中呈现着，满意和不满意、安全和不安全、足够的和匮乏的、贫穷的和富有的、清明的和无明的，那么多的正负困惑，犹如地狱般地煎熬着人生，尤其因为现代人类快节奏的大价值观时代，每个人都会有紧迫感、压力感、匮乏感、无力感。如何抵达人间天堂，获得爱和富有是探索的主题。

　　我们此生的肉体有三个层次同时具有——生存、生活、生命。其中生存是活着本来的能力，这部分可以依大自然即可获得简单的能力和智慧的呈现。而生活层面是品位、质量、享受、贪婪等二元对立的呈现，品味有高低，质量有好坏，享受有舒服和不舒服，贪婪有得到和失去。在对立中消耗着能量，消耗着生命。如何使得精神和物质双丰收是每个人的梦想，要看到所有的体验和历练都将推动着人生走向生命的层面，这是关于生命本来的，这是关于世界的，这是关于完整的存在真相的，即所谓开悟，这个层面的生命与生命相会如花绽放。

　　能不能够见到生命的本来是每个人自己的事，面不面对生活是无处可逃的事，拥有生存的本能那只有感恩一切的安排。

　　人之所以有别其他生命，是有能力实现无中生有。我们活着的这人造的世界就是人自己创造的生活世界，同时每个人都有这个能力，创造出无数自己的世界，这是一个充满虚幻的世界，同时又是实实在在感受到的世界。每个人都在创造自己的世界大战中占有资源，这是一个很有意思的游戏，赢是主题，输了还是要赢，不然就不活了，最终在游戏中感悟生命。

　　感恩所有为困惑解决问题的智者，感恩所有为之奋斗的勇士们，感恩所有愿意体验生命的完整的探索者，感恩有你们的陪伴，感恩有你们的能量才会创造出这独一无二的场面。

心灵小练习

　　认真思考你的生存、生活和生命三个方面，都处于怎样的水平。写出一些改进它的方法。

9月12日 疗愈师立场

亲爱的朋友,每个人都有自己的立场,作为一个疗愈师或"准疗愈师"的你也不例外。在整个学习和成为的过程中,你只需明确方向—确定位置—做自己该做的和能做的—协助他人。相信我:这就是和谐的开始。

这是一个机缘,这个机缘来了,就不会离开,只是在默默地陪伴着对方的醒来,醒了就看到了。终究会醒来的,在这个世界的大韵律中,因为众缘陪伴,从不离不弃,所以世界不增不减。

完整疗愈体系中的生命陪伴就是遵循着生命的韵律而行,不管是什么方式,疗愈师的心一直在陪伴着对方,也许表面上都没做什么,但他会好起来的,也许对方只是来喝茶聊天,但一定会好起来,也许只是一个微笑、一个眼神、一句话、一个嘱咐、一个作业等等,都有可能发生奇迹,这并不神奇是因为完整疗愈中心在做符合生命韵律的事,愿天下人都能拥有这份感悟!

请认真看并且朗读以下文字:

疗愈师的立场——我是助缘,陪伴生命之主,我无论遇到什么情况都不会障碍我的立场,因为我就是这样,不要期待结果,因为我不是神仙,我不是拯救者,我只是完整下的一分子,我只需在你的位置上,去做我如是的呈现。

心灵小练习

静静地坐着,回想自己过去是否过多地干涉别人的问题。集中精力,回忆自己在某段人生岁月里,是不是因为自己的武断切断了与别人的联系。大口呼吸,让同情心和自我同时存在于你的内心。吸气,感受到自我,呼气,释放并感受到同情和爱。

9月13日　疾病

亲爱的朋友，终于开始谈论疾病了，这是你我始终无法回避的问题。在完整观下看人类对疾病的态度，会发现对抗式的态度在现代医学占的比例较大，在缓解症状上有较大的发展，无论是药还是手术都在这个层面居多。其次是提升机体自身抵抗能力的方法也多在药物上，虽说心理学已较大程度上得到认可，但在医学范畴里所起的作用还是非主流，这和现代人对疾病的狭义认知观有关。

以中医阴阳平衡去看整体的体系也被排斥在边缘，更不要提宗教、神学、气功及特异功能等等手段了。人们掉入分歧中去研究的成果障碍了我们赖以生存的自然法则，沾沾自喜地享受着所谓高科技的创造。当高科技所带给我们的环境发生改变时，我们的机体也相应地以各种疾病的形式表现出来，这是个因果。当整个人类开始意识到时，已有无数众生为之付出代价，这也是人类成长的方式之一。如果把地球看成一个生命，那么人类的欲望对她的侵害就像癌细胞一样，贪婪地侵蚀着自己的机体，直到机体死去时癌细胞也一同死亡，这是一幅贪婪者归宿的画面，这也是人类即将觉醒的时刻。一切为了贪欲而膨胀的人类终将以巨大的代价而醒来，每个人也会经历这样的过程，只是未必有幸在此生，生命的轮回也许给你提供了下一刻的机会，只是你愿不愿意去觉醒，明白的事、不明白的行为均由迷惑的心所主宰，心明眼才会亮，心明才会见性。

心灵小练习

拿出纸和笔，认真思考今天必须做的三件事，谨慎地剔除其中的两件，全身心地做剩下的那件事，并把它以及你的感受记录下来。

9月14日　一花一世界

亲爱的朋友,我们此生来干什么？每个人都有自己的体验和了悟。当我们呱呱坠地来到地球时,就已经注定此生是来体验做人的。因为我们是人,所以人是怎么回事是此生的第一大话题,十万个为什么关于人的探索是必要的。

人是无法孤立存在的,似乎与其他存在都有着千丝万缕的关系。这关系的建立似乎在每一刻都发生着,从未间断过。我们究竟有多少关系,体验中会有无数答案告诉我们,当这无数关联的网被自己的体验编织成本来的样子时,我们就不会活在自己的逻辑里,不会活在支离破碎的关系里了,我们的心里就会有一张无形大网。这是个与世界完全相应的网,一人一世界,一花一世界,一微尘一世界,相应无处不在。

当我们把关系建立起来时,相互依存的关联建立起来时,就会突然发现,长相不同的差异世界背后完全相同,相不同理同,不管是一个人还是一群人,其内在运行的原理都是一样的。

经常有人问我孤独寂寞了怎么办？从惯性的表象来看叫落单了。为什么说是从惯性的角度来看呢？因为人从出生就开始接受外在的刺激和照顾,这个过程让我们从外在建立起了关系,体验到除了我还有别人,同时也建立起依赖关系。当我渐渐长大了开始去探索生命内在本质时,才会发现原来的惯性只是一个面而已。所以日后即便是独处也不会感到寂寞,学习体验独处和寂寞的不同吧！于独处中链接世界的一切,这是很多大智慧者选择的方便,隐居山林体验生命的全部。

一个人从小时候的依赖到独立自主也是一个成长的过程。所谓独立思考、独立面对独立完成等等,是说我们可以活在这个系统中,我了解这个系统的规则,我知道了自己的位置,我知道自己该做什么了,我开始融入其中。从融入原生家庭系统开始,一路经过同窗系统、朋友系统、社会系统、同事系统、地球系统、人类系统、宇宙系统、生命系统,活到、体验到、看到自己的完整,这是一个人生的大系统,我们有缘都在其中。愿天下人都能在探索发现中不断看到自己的完整！感恩有你的陪伴！

> **本周省思**

9月15日　紧张和打扰

　　亲爱的朋友,你有没有发现一个现象,每个人在专心做事时都怕被打扰?这里的原因有很多,其中一个最主要的原因,是关于安全的。一个人在高度紧张下产生的反应一定是因为安全的下意识反应,例如开车时人很容易发脾气,还有突然被他人惊吓后产生的愤怒等等。可以这样说,只要是与安全有关的所有发生都会有情绪的反应产生。

　　那么,如何解决呢? 有两个方法:一是外部环境的打造,如在国外开车大家都讲规矩,突发事件就会少,让人感觉很安全。二是内心抗干扰能力的提升,对突发事件反应模式的改变等。如果一个人活在固有的模式和惯性里,那么情绪就会持续发生,由情绪所带来的一切后果都是自己的得到。

　　紧张的背后大都是与安全有关的,所以任何在紧张的情况下的突发事件都是火上浇油的,有些人由于长期习惯了紧张,所以看起来已不觉得紧张,但紧张还是在的,所以遇事还会发生同样的反应,但只要当我们看到这个发生后,紧张也就渐渐地消失了。

　　对于结果的在意、对于死亡的内在恐惧、对于自我的在意等等都是紧张的根源。这也是因果不虚的呈现。亲爱的朋友,愿你能看到这因果的关系。

心灵小练习

　　静静地思考,你有哪些是不愿被别人打扰的片刻? 当别人打扰你的时候,你的反应是什么? 自己为什么不愿意被打扰? 是否出于恐惧?

9月16日 疼痛

　　疼痛是很好的体验,但几乎没有人愿意和疼痛在一起。你有过疼痛的经历吗?今天体验疼痛,清晰可见念起念转与疼痛轻重的关系,当诊断明确那一瞬间是由"二"转"一"的瞬间,那就是纯粹的过程。随着疼痛发生改变,构成疼痛的身体在意念的作用下不断发生变化,其间情绪低落,整个生命的能量处于弱势,这提示我们面对低能量生命时,信念的前期处理是非常重要的。信念能量直接影响情绪能量和身体能量,而信念的梳理是生命中沟通的主题,以催眠为主的沟通可以见奇效。

心灵小练习

　　静静地坐着,回忆自己身体疼痛时的感受,将疼痛想象成一块冰,感受它具体的位置,不去对抗和反感,用治疗之光(可以是来自太阳的温暖光芒),照耀在它上面,和它保持相同的节奏,直到它被融化和消失。

9月17日 点亮自己

亲爱的朋友,我喜欢"点亮"这个词,你呢?的确,当你内心点亮时,你的世界就是亮的,他人也可以看到,可以点亮他人,就像盲人走夜路点灯的道理一样,点亮了是为了别人,也是为了自己。

近来一些事的经历让我感受到,看别人比看自己容易,当指责别人不作为时,一定是一颗索取的心,一定对结果有固执的思维逻辑,一定对条件有依赖,一定心是急的,内在一定有怨气。

觉察自己内在深处的期待和模式,面对德蕾莎修女的格言我心生惭愧,当内心被自我蒙蔽时,一切都会暗淡下来,就像雾霾,而阳光依然存在。每个人内心都有个明灯,每个人都有一双助人的手。明灯指引着我们伸出付出之手,照亮他人伸出双手拥抱一个完整的世界,同时呈现自己生命的立场和状态。如果放不下对自我结果的期待,那么一定会对当下的结果纠结。心灯一旦点亮照明了方向,即点亮自己照亮了世界,看到了当下,由衷喜悦!

心灵小练习

这是一个吃东西时进行的冥想,将一个水果或者一碗饭放在自己面前,仔细观察它,感恩它,然后做深呼吸,接着慢慢将面前的东西吃下去。看着食物的时候,想着诚实,举起食物的时候,想着真诚,吃下食物的时候,想着奉献。带着诚实、真诚、奉献把食物吃掉,看看和平时吃饭有什么不同。

9月18日　信念体系

每个生命都是在无数体验中形成了强大的信念体系,这些体验后的记忆储存在我的身体的各个部位、各个细胞中,与大自然形成了分离。由于个体的体验记忆被固化,形成了信念而远离了自然,当这些固化的信念被冲走时,一切都回到自然,产生一种空灵的宁静的感受,一种毫无牵挂的感受,一种瞬间融化的感受。虽然在那股巨大的能量扫荡自己的瞬间还有很多反应,如恐惧、假设、强迫、应该如何,等等,但当瞬间到来时一切都如是回归,那是个真正自然的完整,那真的是妙不可言的有。几年前当我看到了自己已被信念绑架和束缚时,曾经发愿我一定要破掉这个束缚,破掉这个逻辑思维,破掉这自我的界限,这的的确确是个开始,这是一个决定,这是一个渐渐的到达,这是一个由量变到质变的体验。一切都离不开决定,尤其是在生活的具体事件中,分不清过去的信念体系和当下的自然冲突时所带来的感受,这感受即是菩提!烦恼越大能量就越大,就越能冲击到固化的体系,从决定到恐惧到发生,到清明,如此完整的体验贯穿我们的生命历程。感恩一切陪伴的众生缘起了这个过程,感恩每一刻的发生让我如此完整,感恩那如此慈悲的能量的冲击,带走了我固有的全部,享受这清明的世界。真心祝福天下人都有决定后去体验生命的奇迹!

心灵小练习

清晨起来,给自己倒一杯温和的白开水。让思想集中,毫不犹豫地把这杯水慢慢地喝下去。深呼一口气,轻轻地对自己说:我会努力好好生活,绝不犹豫。这个练习有助于加强自己的意志力。

9月19日　随顺

亲爱的朋友,你相信机体有足够的智慧吗?你相信机体的各种反应都是在做修复和平衡吗?如果你相信,那么唯一要做的就是:随顺。而不是自以为是地认为:"不好了!严重了!病了!"这个升起的念头一定会使机体得到不好的结果,同时人类过度对抗的手段更是使其雪上加霜,这种对机体的双重作用,就像我们用自己的双手掐住自己的脖子一样,直到窒息死亡而不觉。

我们对世界的认知体系构成了我们的反应系统,自以为是的无知和贪婪以及唯利是图,构成了人类对机体的掠夺和侵害,如过度用药、过度输液、过度手术、过度夸张疗效。这些都是为了利,这是建立在集体恐惧死亡的前提下,是欲望无意识的极度膨胀。科学被欲望污染将是灾难,科学在大自然面前还很年轻。年轻人要经历不同的阶段但方向要对,科学观要趋向完整,而非仅仅是实验室这部分的发现。一旦认定唯一时一定是伪科学,一旦只对抗时一定是损害,一旦排斥其他观点时一定是未完整地看世界。你看见的在你之前它就在那,你没看见的也不妨碍它存在。放下自以为是的有限的知识,去障复明。

心灵小练习

静静地坐着,回忆一下自己生病时的情景,会不会因恐惧而过度用药?有没有不分青红皂白地使用抗生素?感受一下肌体的反应,安抚受损的器官并且深呼吸,告诉它们你爱它们,从此不再因恐惧而滥用药物伤害它们,同时深深地感恩它们。

9月20日　分裂症

亲爱的朋友,你有没有想过这样一个问题:人其实从未把自己真正当人,当成活生生的人,那是因为人们只把自己当事、当概念、当情绪、当性格、当信念等等。

我们一生下来就被外在的一切吸引,很少去看内在,渐渐形成的自我完全取代了生命,而由贪嗔痴组成的自我引发欲望和恐惧,并不断地膨胀,最终在无明中(无意识)失去生命本来(本我),尤其是自我的膨胀。在生活中每个角落都会出现。只要是为了自己而不顾他人的任何起心动念及行为都是自我的表现,自我是由大脑的经验标准、好恶标准、习惯标准等信念体系组成,同时心和身体的情绪性格,和感受记忆也参与了这个信念体系的建立和运行。这是个强大的自我系统,是以感知外在世界为主而形成的(如身体感官、学习知识、做事经验、生活标准、道德、生死好恶等等)。

这个外在完全掩埋了内在,这是人分裂的根源,而本性的慈悲心、爱心、良心、透明的心、干净的心却被人为的外在灰尘掩盖,偶尔本性启动还会被自我冠名为我太傻了,我干吗这么亏待自己,我为何不能如何如何,这是个自我与本我的分裂症,这是个不完整的生命,这是生命疗愈中的一个关键点。

你只有看到了真相才能觉醒,觉醒了之后才能合一,才能疗愈自我的生命。

心灵小练习

做一次淋浴,淋浴时,面对自上而下的水流,观想是天降甘霖,冲刷掉自我的污垢。保持洁净的身体和内心。

9月21日　疗愈师的主控权

每一个到来的生命都是不一样的，都带着自己的信念价值观，因不同的经历和不同的生长背景而来，共性是开心的、没困惑的，是来喝茶聊天的，是来找知音，来探索发现好奇背后的奥秘的，不开心的或是有困惑的是来解决问题的，是来尝试着看看是否有效的，共性是舒服了、有效了、不同了，一定还会来！这个感受的主体是客户本身，一切取决于其自身的感受和评判。

我们在这陪伴的过程中有三点是疗愈师的主控权：

① 范畴的建立。包括场地的优势、规则的共识、流程的共识，等等。

② 中立地观察客户的发生。在信任建立的过程中有太多的信息是需要搜集的，其中前因后果的定义和感受是疗愈师需要关注的点，这是所有客户的共性点，即通过事件的叙述呈现出信念价值观和感受。

③ 时间和功夫。功夫不负有心和用心人，急于求成的心态是要自食其果的，所以，我们要静待花开！

现代医学的有形发展让我们看到了无形的空间，而无形的空间又是那么的神秘和莫名其妙。大部分人都不是在相信层面上去看的，尤其是亲身体验的结果都有了，内心还是会怀疑：这是真的吗？甚至都好了还会觉得这个太简单了，不相信这个所谓的结果，认为是偶然，觉得不值得所投入的价值。这些对疗效的质疑是由其信念价值观所决定的，而这个信念价值观又直接导致其疾病的发生。请思考这样一句话——是疾病导致了我这样，还是我这样才导致了疾病，这是一个因果。

在陪伴中看到客户在转变时，一定是信念价值观在转变，这是一个疗愈的开始。对于那些重度的不能自理的客户，疗愈师的初心是帮助他人，所以用强制性手段迅速有效，但最终还是去向陪伴的转变体系，无论对客户，还是对客户家族体系都是这样。

我们在疗愈中也有只对客户本身的，这多半是客户选择的。这几年的经验告诉我们，缺失系统的完整，缺失对系统的整理，会导致疗效慢，不稳定，易反复，甚至无缘继续。这是一个能量的角度，能量聚集得多就会有作用，越信就越多，就越愿意去做，是一个信愿行的能量体系。愿天下人都能有汇聚能量的体验，这是自愈的能量，这是老天早就送给你的礼物，从未离开过。

本周省思

9月22日　如实看

"我觉得"和"我如实看"是不同的：我看到了同时升起来我觉得，我被"我觉得"带走了，我不再看了"我觉得"只是上一刻的发生而已了，觉察到了，再回到当下继续看时，就又连续上如实发生了。生命本身是不会终止流动变化的，因为这就是这样的韵律，是谁终止了这个韵律呢？答案是显而易见的，是我的认为让我离开了发生，我不纠结我经常做不到，因为每次的所谓离开发生都是成长的前提和修炼。我只在流动和成长中，而不活在所谓的结果里；我喜悦我的成长，而非自责自己的做不到；我看到我一天天在进步，而非自责自己怎么这么笨，总比别人差。我开始欣赏自己的存在和发心，我开始学习别人的优势，我开始链接所有的一切，我开始拥有这老天赐给我的礼物，感恩这一切的存在陪伴着我度过此生这珍贵的生命体验，我越来越好，越来越充实，越来越清明，这是此生无憾的方向和目标！愿天下人都能在此生确定探索的方向！感恩有的你陪伴！

心灵小练习

静静地坐着，想想正在折磨你的某种痛苦。平稳地呼吸，仔细观察你的痛苦，并不是让痛苦到达身体的某个部位，而是试图找到是什么让你感到痛苦的。转移你的视线，仔细观察你面前的一个事物，也许是一幅窗帘，也许是一幅画，也许是一个书架。认真地观察它，然后再把思绪拉回痛苦，接着再观察面前的事物，直到痛苦消失。

9月23日　困惑和疾病

亲爱的朋友,你可知道困惑和疾病是谁造成的? 又是怎样造成的? 谁可以解除这些困惑和疾病? 这个话题是整个人类都在探索的话题,东西方探索的基础和角度是不同的。这取决于文化背景的不同,对世界的看法的不同,对人的研究的不同,所以采取的方式也是不同的。从阴阳的角度看,东西方的属性正好是东为精神为阴,西为物质为阳,或者说东为无形为主,西为有形为主。而各自平衡点都在其中呈现,如东方有形的补充,西方精神文明的崛起,都在平衡中,最终都会在各就各位、各司其职中达到完整的平衡,所以完整观下看生命的各就各位是从其本来的样子去看,如实地去看,而非人类自我认为应该是什么样,所以人类医学的发展一定是在探索发现生命的韵律中看到真相的,绝非自我逻辑,自我推断,自以为是的取代和切割。

东西方的文化背景不同,两者属个体差异,把两者合成为一个,就如把两个人变成一个人是个妄想。那怎么才能共同呢? 这是一个见地话题,要想合作,必须共识同一范畴,那什么范畴是我们共识的呢? 我们是不是一个共同的生命体? 如果是那其包括的内涵是什么,我们当下各自的探索角度是什么,有何不同? 有何相同? 哪些有效? 哪些无效? 哪些在韵律中? 哪些已偏离? 等等! 人类何时能站在这个高度上去看自己的位置时,去看自己的范畴时,去看自己的方向时,就不会各执己见地相互排斥和攻击了,就不会阴阳失衡了,就不会以偏概全了,就不会系统紊乱了。

各自为政的时代大都在顾及自己的认为,都在贪婪的占有欲中,都在维护自己的价值,都在贪嗔痴,名利情中内耗,无论从国家,到民族,到地区,到团体,到专业,到个人,都在贪婪地行动着,都在无明地作为着,都在对抗中消耗着,包括对疾病的态度都在对抗中。每每看到一些所谓的专家在评判什么时,其核心的价值观是自我,而非如实和完整,这是整个人类进步到此阶段的结果,下一刻的方向一定是由自我去到完整,由我开始,此刻就在路上。

我们完整疗愈体系中的生命陪伴就是如此,在陪伴中看到成长,在陪伴中看到完整,在陪伴中看到因果,在陪伴中看到系统,在陪伴中看到阴阳,在陪伴中看到有形和无形,在陪伴中看到生命的韵律如此美妙。

愿天下人都能在完整观下看到自己是完整的生命! 感恩有你的陪伴! 祝福!

心灵小练习

安静地坐在屋里,看着太阳慢慢移动,一段时间之后,深呼吸,慢慢站起来,走到户外,投身于太阳之下。沐浴在阳光之下,深呼吸,去感受阳光的温暖,在阳光下待一会儿。

9月24日　无碍前行

　　完整地去看每一刻人生，是说每一刻的呈现你只需要看到，并没有什么人所赋予的意义，也没有什么应该不应该，更没有什么好和坏。只是你在无意识地去看时，会对面前的结果生起很多反应，这是习惯性的反应，也是人制造出的人为的标准反应。当反应升起时已完全脱离了发生，那是因为反应已经占据了你，所有的恐惧和欲望都会加剧而来，这正是痛苦的开始。其实人可以只是做，只是看，保持安静而不反应，所谓修行、打坐、禅定，都是和做事一样，你只是去做，无需担心期待和悔恨一个纯粹的决定、一个纯粹的做、一个个纯粹的结果。无碍的前行吧，这即是大道，这即是大成就，这即是完整的呈现，无我。

心灵小练习

　　准备吃一个苹果，观察它，并且回想它从种子到成熟，要经过多少道工序，此刻才来到了你的面前。一切都有缘起，一切的呈现都有奇迹般的原因。怀着感恩的心，吃下苹果，告诉自己珍惜并感恩一切的缘起呈现。

9月25日　怨天尤人

亲爱的朋友,我不知道你是不是一个很喜欢抱怨的人。如果是,请想办法改变它,毕竟这种负面能量对你没有很好的用处。

我们面对结果接受或不接受,是因为我们的心智模式是建立在好坏、对错上,面对不接受时,为了内心平衡,焦点一定会成为怨天尤人的模式。好都是自己的,坏都是别人的,这是不担当不承担责任的根源。如果此刻做个决定,是关于我要成为一个什么人时,例如我是个负责任、愿意付出、有担当的人,那么焦点就转变到因上了,因为我是一切的源头,这是个蜕变,这是个范畴的转变。这即是转身,这也是一念反转!源头性的话题一定比结果性问题宽广,结果是无法改变的,但因是可以随时随地做的,所以请先觉察一下你的心智模式是在果上还是在因上。众生畏果,菩萨畏因。我们从哪儿来?来这做什么?做完去哪里?这是一个人生的心智模式,焦点在因上,在内心的决定上,决定为因,达成为果,决定就是决定,与怎么达成无关,我决定换个活法与我怎么才能换个活法,这是个典型的决定在因和果的话题,内心不决定,是无法坚定不移,排除万难到彼岸的。这在生活、工作、身体等方面是一样的,你是怎样的心智由你决定,你决定了,你才会真正体会到经历到,你就会感恩一步步的台阶帮助你去到你决定的地方!

心灵小练习

静静地坐着,进入深深的思考,看看自己的生命主控权是在自己手上还是在外界手上。有没有发现一切的决定都是自己做出来的,把这个发现写在空白处,并且对自己说:从今日起成为自己的主人。

9月26日　用药的背后

昨日我与专家聊用药，说大部分由基层医院转上来的患者，由于病程长用药多，病状已面目全非，当把用药一一撤销后，大部分病人就好了。还有一部分病人经过较长治疗会呈现出另外一种病状，但按这种病状进行用药治疗却毫无效果，甚至加重病情。

这说明除了医生经验不足之外，还有怕在我手里耽误了病情而承担责任的恐惧，这个担心天长日久会形成惯性，为了保险而尽可能地用尽所有的方法和药物，以求获得好的结果，渐渐形成对观察病情，诊断病情的能力下降，依赖手段的惯性形成，导致药物性病情的发生。如果没有这种担心所形成的惯性，那么对待每一个有难的生命一定会用心去链接，收集尽可能完整的信息，去伪存真地去明确诊断，那时所决定的方法才会真正有效，这是大专家的思维模式：观察—用心—采集信息—决定—采用方法—再观察。

"我本无常但用心，瞬息万变仍自清"。这是对生命尊重的态度，这也是一种生命观，而非自我惯性对生命的伤害。如果想完整地去了解真相，提升自己从消除自我开始，在完整观下，大医能治国的奥秘一定与此有关。

心灵小练习

用"观察—用心—采集信息—决定—采用方法—再观察"的方法对待一件事，看看和平时有什么不同。

9月27日　中医的衰退

朋友与我聊天总会说到中医,很多人都不解为何中医会衰退到现在这个地步！原因很多,各有各的道理,从我个人的角度看主要有如下原因:

首先,是中医体系从根性的丢失,老祖宗的中医的根源是易经,而现代的中医是术,是方法,失去道的术为无根之树——必死无疑。

其次,中医以体验医学为主线,不下功夫难入其道,当今以急功近利的思想意识为主导的人怎能体验到其精髓？

第三,系统传承的手段保守落后,系统不健全,系统不与时俱进,这是这个时代的特点,非一个人所能改变。

第四,西方以疾病为焦点,以有形为手段的医学体系的迅猛发展,以及科学系统的霸主时代的来临等等,都成为中医现状的原因。但人最大的特点之一是醒觉,是改变,是探索,是发现真相,未来的人类一定会走向自然规律,到那时无论中医、西医、巫医、神医,等等都会在完整生命观下去面对生命中所发生的一切,其中包括所谓的疾病。从疾病中走出来的人类将真正拥有这个世界。

心灵小练习

通过行走做冥想练习,边走边深呼吸。当你停下脚步,注意到自己的视野变得宽广了。如果你发现一样让你体会到安静、快乐的事物,走近它。放慢呼吸,去观察它,并温和地在心里和它对话。

9月28日　生命的范畴

我们常说范畴决定内容,格局决定事业,心智决定生命状态,心态决定行为,那么什么决定了我们的身体状态?从古至今人类一直在与疾病相伴,不乏长命百岁的养生之道,从圣人到修行者到老百姓皆有之,其共同之处皆具一颗平常而清净的心,不被世俗牵绊的心,无忧无虑洒脱的心,随缘随顺于当下的心,尊重生命而感恩众缘的因果心,了了分明的智者心,无碍无求无执着的心。这么多赞美之心一定决定了一个阳光温暖充满爱的结果,这是生命的范畴,这是与人创造的欲望世界的不同之处。而欲望世界是人执着的产物,其背后的道与生命之道并无二分,所以在欲望世界中的经历是个体验的过程,最终都会在感悟中去看到生命本来,这即是在生活中去修行的真谛。烦恼即菩提,疾病即菩提,失败即菩提,失败即成功。这心路历程只有大体验者自知,在执迷不悟中去破执感悟,人生就是体验生命而来,此生好好体验人究竟是什么?切莫错过每一刻,因为没有一模一样的一刻,从当下开始。

本周省思

9月29日　宇宙

宇宙对于人类来说真是太大了，有太多的不知道。我们明明知道自己知道的比存在的要少得多，但还会用自己有限的知道去否定自己不知道的，所以此生的人如果能做到全然地相信，那么接近真相的概率就大多了，离开无知无明的概率也就大多了，就如你从来没有见过南极，但你相信有一个南极，那你就会找到，如果你不相信有，那么此生一定不会去找这不存在的东西，所以没有就是没有了，只是在自己的人生中没有了，存在的还是在那存在着。

我们除了用有限的自我认知来否定很多未知外，同时还会用好恶来评判自己所知，所以有限的自我认知里又被砍去至少一半，这是每个人的世界所在，是自己习惯和舒服的地带，也是不容他人侵犯的自我区域，这是我们所说的自我，是我们常说的个人位置，也是我们说的个人角度、此刻的结果。

现代科学家的觉醒和发展方向是近期的主题，我们经常会说创造和证实。我们在实验室里把存在当成假设，然后用有限的手段去证实存在的存在，这是科学发展的现状，也是我们探索发现世界的角度。我们看世界，发现我们的未知，不断丰富我们的认知体系，我们没有创造什么，只是在发现中。

我知道我此刻在哪里，这是我此刻的位置，是此刻的水平，也是此刻的角度。我也知道我不知道的一定是存在的，我可以不知道，但一定要尊重前人和今人的所见，他见如我见，我见到听到闻到他见，即我见。

此生如持有相信的能力，那么此生这百十来年所见到的世界就会大很多，如果只相信自己的见，怀疑这怀疑那，那本该如期到来的世界将离去，所以放下自己的认知体系去接纳所有所遇见的未知吧！信愿行之路的第一关即是（信）。愿天下人都能在探索生命中发现所有的存在！感恩有你的陪伴！

心灵小练习

静静地坐着，回忆自己爱的旅程。吸气，想到你生命中的一段爱情，呼气，回想恋爱中的自己为了爱人而改变自己的精力。吸气，让自己找回被压抑的那部分天性。

9月30日　坚持自己的立场

亲爱的朋友,当你站在某个点时,如舞台上、舞台下、舞台左或舞台右。你知道自己是来干什么的吗？如果知道了那就是你的立场！此时你的动机、言行、情绪、能量,一定与你的立场匹配。如果你的言行与立场不匹配,那一定是二的状态,是纠结的、矛盾的、不灵动的,是假的能量呈现！

你可以坚持你选择的立场,无论是什么,甚至是杀人放火偷盗。但最终还是要因果自负！想不落因果是个大妄想。菩萨畏因即是这个立场！立场和言行的一致是有觉察的人时刻警觉的,没有觉察的人一定是情绪的奴隶和发泄者,一定是担心和恐惧的束缚者,一定是贪婪的欲望者。

不忘初心即是不动摇立场,不错乱范畴,不被贪嗔痴迷失了方向。疗愈师在疗愈中的初心一定是陪伴生命,唤醒生命,疗愈生命,但绝不是卖弄和表演和逞强好胜。疗愈师是面镜子,疗愈师是个闹钟,疗愈师是个助缘。中立地去结缘,去共同探索发现这疗愈之路,共同享受这生命无常美妙的旋律。亲爱的朋友,愿你能有缘共勉共享。

本月省思

静坐,思考自己的立场是什么。有没有在和周围人交往的时候放弃自己的立场？有没有因为自己而强迫别人放弃自己的立场？放下对错的概念,想想有没有求同存异的方法。

10月1日　核心

完整疗愈的核心就是要弄清楚谁是疗愈的主体,谁是疗愈的助缘。这就是所谓的医患关系,这个关系的错位就是我们常说的医患关系的不和谐!

是谁得病了?病又是谁培养出来的?那这负责任去面对的应该是谁?是谁又把病送走了?又是谁把自己送走了?答案是有的!很肯定的!是自己!是我!我是这生命的主人,我是这一切的根源,我是拥有生命主控权的主体,我决定一切信愿行!我相信我是一切的源头,我愿意了解生命的完整,我时刻都在探索中前行!

我们的生命活动中有很多顺其自然和自我意识行为。当自我意识行为与大自然冲突时,我们的身体会产生巨大的能量变化和消耗,我们的心会承担巨大的压力和情绪波动!这种长期冲突的作业行为就会导致我们的机体系统紊乱,结果呈现出各种疾病。所以在生命探索中,了解自然的存在规律是一个范畴,了解自我意识行为也是一个范畴,同时也要了解自己与自然的关系,并于当下合一而和谐!这是一个自我探索、自我疗愈的过程!

我们的生命在自我完整的同时又相互相应构成了宇宙的完整,我们彼此能量互通流动,我们彼此相互依存,相互支持成长!这是一个相互愈他的过程。这是一个彼此助缘的完整构成,这是一个生命觉醒时所拥有的全部助缘。当我决定接纳所有我拥有的时候,这个时刻的能量就是宇宙的全部!

我的生命我做主,我为什么不能做主?我何时活在了恐惧和欲望里而不能自拔?这是一个自我意识行为膨胀的结果,这是一个贪嗔痴范畴的结果,这是一个小我的产物!当我们的生命主人被确定下来后,我拥有什么那就是自己决定的了!我拥有贪嗔痴,那么机体的改变一定与此有关!我爱阳光宇宙,那么机体也一定与此相应!这就是生命主控权的力量,这就是生命的运行核心,这就是生命的能量流动法则,这就是我们此生的探索方向!亲爱的朋友,愿你能体验到生命的主控权!

心灵小练习

静静地坐着,进入深深的思考,看看自己父母年老的模式,他们是否认为自己没有了价值?你又是如何对待他们的?重新开启你的孝顺模式,用新的方法让他们感受到生命的价值,让爱在你们之间流淌。

10月2日　抗拒

在疗愈中经常会发生抗拒、怨气,甚至诋毁的方向。疗愈的范畴发生了改变,疗效会跟着发生改变,虽然双方都有意愿继续,但疗效已无法保证,这是因为以下原因:

① 过去制造疾病的范畴又回来了,这是疾病复发的温床,这也是习惯模式的惯性反应。

② 对新建的范畴还不能坚定信念,如范畴的主体是被疗愈者本人,疗愈师只有在每个生命的强烈意愿下才会发挥其助缘的作用,同时被疗愈者坚信我是这系统的根源,我的改变就是这个系统的改变,并愿意为自己的目标做到,而非依自己的好恶去选择性地活在摇摆中。

③ 新的范畴没有建立起来时,尊重是不可能发生的,不能达成共同的意愿指令,太多的过往好恶会成为干扰,太多的评判会替代医嘱,太多的情绪会去向对抗和诋毁。

④ 疗愈的范畴不是关于对错的,也不是关于找结果责任的,更不是关于买卖医学关系的,这是现代医学的范畴。疗愈是关于一个生命通过疾病的这个机缘,通过疗愈师的陪伴、启发、唤醒,不断从过去习惯的模式里蜕变出来,不断看到生命的范畴,看到我是这一切的源头,看到所有帮助自己的生命是由于我这个主体的意愿所吸引的结果,看到系统中所有的成员都会因为我的改变而改变,这是吸引力法则的核心。

⑤ 疗愈师和生命客户建立的疗愈关系是:生命客户是主体,这个主体是心因主体,是决定权主体,是意愿主体,是最终结果的主体,也就是我们常说的生命主控权是自己的。而疗愈师是助体,在这主动助随的疗愈关系中,疗愈师是要清明范畴的,被疗愈者是需要疗愈师不断帮助其建立范畴的,在这造因得新果的过程中会有反复,是因为范畴的不坚定所致,是因为习惯而摇摆不定! 其中通过大脑共识而建立的范畴往往会经常反复,入心的过程也是个疗愈的过程。只有当脑、心、身共识时,范畴才会真正地被确定下来,这脑、心、身的生命系统才会引发现实对应系统的改变,其中脑变影响脑变,情绪影响情绪,心影响心,身体影响身体也是对应呈现的,这在疗愈中会经常看到,也是一个疗愈初期快速呈现的结果。疗愈师的确是个生命陪伴者,一切如是的陪伴,因为生命的所有都在其中,一切允许发生,陪伴中帮助对方看到自己的位置,看到真相,这是一个反复无常的过程。我相信:生命就是这样。我愿

意用生命陪伴生命。我认为：我是一切的源头。我是生命的主控者,此我非常我。愿天下人都能看到生命系统的力量！感恩有你的陪伴！

心灵小练习

请闭上双眼,慢慢地呼吸,感受这个世界中让你觉得受到束缚的一面,感受你的抗拒。不去想周围的人或环境,单纯地将这种束缚想象成下一个成长的临界点。想象你身体内的神性如何伸展和成长,并想象其如何打破束缚你的那个外壳。

向佛陀或上帝祈祷,希望自己能理解这并不是一件坏事,而仅仅是为了灵魂的成长,从而放下自己的抗拒。

10月3日　我的命运是我的决定

我每天的分享来源与专注有关,与习惯有关,与当下有关,与意愿有关,与承诺有关,与积累有关,与探索发现有关,但这只是冰山一角。

我体验过头天写好,第二天分享,但极其困难,没有灵感,只好放弃,只有早上起来后才会带着梦的主题写分享,这个缘起的因素太多了,这个系统的元素有方方面面,但主题只有一个,那就是完整观下看生命之完整疗愈体系。

这一年多的探索中发现了从很多角度来看生命,尤其是在生命的本来上,让我们相遇在这里共同探索,什么是生命,什么是疾病,什么是系统,什么是关系,什么是韵律,什么是范畴,什么是内容,什么决定什么,我们在生命的韵律中看到疾病,看到模式,看到自己,看到位置,看到职责,看到因果,看到格局,看到当下的发生,渐渐地发生了不同,渐渐地清晰了很多,渐渐地走出了过去,渐渐地活在了生命中,回到了韵律中。

我们每天都活在习惯和韵律中,这本身就是个韵律。经验和发现是一对韵律,这个过程的体验就是当下的全部,没有什么神秘的道理,只有这样了就是真相了,而当下究竟是什么样?这是要自己去看去体验的。

当我们拿到体检报告时,那个结果就是过去的经验,就是自己的生活模式所造成的结果,就是上一刻的结果,并不代表下一刻还是这样。例如测量血压时,测量的结果告诉对方,对方紧张了,那下一刻就会更高,如果放松了,那再测就会恢复正常,一切取决于我们面对结果时所做的决定,这就是生命主控权的核心之一。

我决定了,一切都是按照这个决定发生的,我决定相信,我决定怀疑,我决定观望,我决定放弃,我决定改变,我决定相信自己的决定,我决定我接受结果并选择改变过去的习惯,同时活在当下每一刻的系统中!都是我决定!愿天下人都能在探索生命中发现自己的当下系统,发现自己的位置和职责!感恩有你的陪伴!

心灵小练习

静静地坐着,集中自己的注意力。仔细思考这个事实:注意力集中之后,你的困惑和焦虑也同样会出现,就如同湖里生活着许多鱼。轻柔地呼吸,让你的呼吸像湖水一样平静。

10月4日 完整观下的结果

　　生命完整疗愈体系中对结果的认识也是在完整观下去探索的,结果出现了,一定会刺激到每个看到、听到的人的认识体系,第一反应就是自己的评判:好坏或对错,这是一个巨大的惯性逻辑能量,这也是非常固化的个人体系。所有反应的结果即是这个结果所致的连锁反应,包括瞬间反应的起心动念、各种决定下的言行、各种方式的传播。

　　如果第一反应被终止,开始去看此结果究竟会造成什么,哪些是事实,哪些是自己的演绎推理,此时该干什么,就会清明很多。

　　在与生命陪伴中,疗愈师时刻都在等待着转变,这个点就是方向的改变,就是范畴的改变,就是因的改变,犹如睡和醒、白和黑、好和坏的念头是会转的,所谓的疾病都是在念力、情绪和习惯中产生的,二元来二元去是很有效的方法,只需反转即刻转变。这是在能力切换上提升生命状态的方向,这是关于生命谁做主的探索,如果你愿意接受提示,开始去体验反转所产生的结果,那么,你将成为生命的主人。

　　由二元世界的切换体验再去完整地看世界就会接近,这是关于范畴的切换,如好坏是二元世界的两个对立范畴,而在完整生命世界里好坏已不对立,是统一的韵律,就如呼吸心跳所构成的一起一伏,转换已经是生命存在的韵律,健康和疾病也是如此,如果都在韵律中,就不会出现所谓的固化的疾病,只是来了就去了。

　　生死也是生命的韵律,信息来了就走了,总是来了就走了,不走了就是抓住不放。所谓执着了、习惯都是抓住不放的结果,习惯的结果假如是疾病,则习惯不改,疾病是不会消失的。道理好讲,习惯难转,江山易改本性难移。愿天下人都在体验中拿到一念反转的力量! 感恩有你的陪伴!

心灵小练习

　　静静地坐下,看看自己有哪些习惯,例如用怎样的口气说话? 用怎样的口头语? 怎样坐? 怎样站? 怎样判断别人? 这些习惯给自己带来了什么? 找出三个不良习惯,把它写下来,然后每天刻意纠正它。

10月5日　疾病的诊断

　　疾病是谁诊断出来的呢？答案很明确：自己。所有去找医生的人都是自愿去的，前提是我感觉不好了，求医生帮忙给看看，看看我的感觉是否对，如果确定是生病，求医生帮助我治好。这个过程里都是我在做，都是我决定的行为，都是我的意愿。

　　如果我感觉很好，很开心，很舒服，但我还在担心我没好，这是不是一个很矛盾的事情？这是个典型的被标签所困的状态，这本身就是需要去破掉的逻辑。我们通常所说的内在逻辑，就是在事实面前还活在过去的模式习惯里的状态，当下的发生和感受都不能消除习惯的猜疑、认为、推理、演绎。

　　觉察每个当下面对事实时，你在想什么？你的感受是什么？你的模式是什么？你为什么会去让别人帮你拿主意？你为什么那么犹豫不决？当下的感受、过去的模式以及决定下一刻行为，这三者之间的关系是需要自己去体验和探索的。此刻我感觉很开心，我又升起怕不开心的感觉，又升起来我一定要提升自己才会成长的感觉。所以我去学习、去探索、去觉、去决定——我决定。愿天下人都会在觉中决定每一刻！感恩有你陪伴！

心灵小练习

　　找一个不被别人打扰的安静的地方，练习静坐。用让自己舒服的姿势坐下，坐在地垫或沙发上，将身体挺直，稳定，与大地链接，闭上眼睛，将注意力转移到呼吸上，让呼吸传遍身体，感受自己身体的稳定和安静，当你呼吸时，感觉你把身体、心灵和心智敞开。开放你的感官，打开你的耳朵、皮肤和心，感觉你的稳定性。能坐多久就坐多久。这个练习有助于增加你的庄严和稳定性。

10月6日　生命的元素

　　生命的范畴里承载着所有与生命相关的元素，其中包括规律和结果，所以经历得多，见到得多，领悟得多，就对生命了解得多。所有的圣人都是大生命的体验者，说的全部都是关于生命是怎么回事，他们都明白自己是怎么回事。

　　我们生活在二元世界里，由二元探索生命的韵律。一来一去的韵律如此平衡和鲜活，在规律面前无明和清明又是一对二元韵律，我们在自以为是的执着中去到无明，所有执着都是认自己的死理：我是对的！你们不理解我！你们帮不了我！我看透了！

　　当执着时一定是无明，一定是掉进一边回不来了，一定是偏执的状态，一定是在自己的认为里被催眠，一定活在所谓的好处和痛苦里，纠结的对话终日回荡在内心，煎熬不堪。

　　唤醒、放下、蜕变、探索，这些名词我们都很熟悉，但每个名词的内涵都是生命的全部，每个词之间的关系都是生命的全部，每个词的作用都是生命的密码，包括数字。此生所遇所有，没有多余之物，没有无用之物，没有无因之果，没有无缘之事。

　　当掉进自以为是时，瞬间切断了与世界的连接，瞬间失去了所有的规律，失去了所有的缘，更不要说惜缘了，一条道走到黑还不觉，无缘则无聚，无聚则无力，无力则无刚，无刚则无强，无强则被欺。

　　很多人都过不了贵人福报，这是因为太自以为是。一是不相信是贵人，评判和分别心导致大部分贵人离去，呈现的是能量衰减；二是用所谓的结果和事实轻易否定贵人，甚至于嗔恨贵人，抱怨贵人；三是不懂惜缘之理，格局太小，自认为没有什么关系。总的说来，你不认为对方是贵人和贵人不帮你结果是一样的，都是无缘之果。愿天下人都有生命的格局！惜缘！感恩有你的陪伴！

心灵小练习

　　静下心来，看看自己生命中曾经出现过哪些贵人。你有没有珍惜和他们的缘分？有没有由衷地感恩他们？看看现在自己身边，有哪些贵人在帮助自己。学会珍惜这段难得的因缘。

10月7日　股市风云

　　周围有很多朋友在股市中,我从未涉足过股市,所以是个门外汉。股市风云如婴儿的脸说哭就哭,如魔术师的手说变就变。既然是像婴儿和魔术师,那就是说还是有一个人是清楚的,其他人都是观众,那我们是谁呢?

　　如果是观众,那就是买票看戏而已,票钱是要付的。如果是学习者,那就多看多投入票钱,然后再去结识核心人。如果是开场子的,那就经营好场所,做好服务,让这个关系持续下去。如果是赌徒,那就是另外的商机了,因为表演变化无常,所以可以下赌注,可以拼运气,可以起偷心,可以在无明中、黑暗中比谁的承载力。当然贪嗔痴的范畴我们就不去分析了,只看这局的模样,只看在局的位置,只看结果怎样。

　　赢家有设局者,包括表演者、开场子的、观众、赌赢者及相关人,输家只有一个,就是赌输的人。

　　表演从开始到结束只有表演者知道,作为赌徒,你能赢在哪个阶段是有规律的。你是一个学习型赌徒?还是一个撞大运型赌徒?或是另外类型的?

　　总之,先看清局,搞清楚自己的位置,学习好规律,输赢就是一个自然的结果了,这其中奥妙所在就在学习中。愿天下赌徒都在学习中感悟赌局的韵律!感恩有你的陪伴!

本周省思

　　看清楚自己的位置很重要,分析一下自己在特定场所的位置,你是唱戏的,是观众?还是看场的?

10月8日　疗愈只是副产品

完整疗愈的核心是完整，不是疗愈，疗愈只是副产品。这句话的意思是，疗愈只是一个结果，让紊乱的生命恢复秩序，让紊乱的系统各就各位，各司其职，共同协调，缺一不可的情况下呈现完整的生命，无论是个人、家庭、社会都是如此，都是遵循的生命韵律。

让每个人清晰地知道自己的现状是疗愈师每一刻要做的事，现状包括我的身体是什么状况，我的家庭系统是什么状况，我的思想是什么状况，我的情绪能量系统，我的环境系统是什么。总之，疗愈师是要在通过建立信任的基础上，共同清晰此刻要面对的这些紊乱的结果，尤其是让其本人看到自己的现状，同时有意愿想改变。

完整疗愈师是帮助生命客户启动生命能量，帮助客户看到自己的系统，帮助客户看到病因，帮助客户拿回生命主控权，这是自愈的最基础的生命韵律。

完整疗愈的重心不在疗愈疾病上，是在完整的生命体系上，这句话本身就是在完整观里。紊乱地进来，有序地回去，完整疗愈中心的工作就是如此！帮助生命练转身，让一个习惯过去模式的生命看清自己，同时让其转变习惯，这本身就是一个巨大的完整疗愈系统。

如果本人不愿意改变，神仙也救不了，只有启动自己的意愿才有可能改变，这意愿不是传统的逻辑：我想治病，求你给我治好吧！这只是一个缘，接下来就是疗愈师帮助其建立新秩序了，这个观念的转变本身就是疗愈，在转变的过程中才会应机呈现八万四千法。愿天下人都能看到自己的现状而转变！感恩有你陪伴！

心灵小练习

舒服而安静地坐着，让身体轻松地休息，轻柔地呼吸。专注于当下，看到自己身体哪里出现紧张、疼痛、病痛和创伤，让它们显露出来，然后仔细、温和和专注对待它们。缓慢地感受它们的能量：如抽搐、刺痛、等等，放松这个部位，并且温和地接纳和包容它们，如果有紧绷的感觉，让它放松。也许你会有抗拒的思维产生：它太难了，我做不到，太麻烦了，等等。让这种思绪留在你专注力中一段时间，然后再次回到你的身体上来，更深地觉察你身体上的疼痛和紧张部位，想象自己有一双疗愈之手将它温和地抚摸，和它融合在一起，并且让身体慢慢平静，越来越安详。这个练习可以经常使用，有助于让自己学会专注地疗愈身体疼痛。

10月9日　成长的因素

　　决定我们成长的因素的确很多，因为缘起是缺一不可的，但障碍我们成长的因素只有一个，那就是我们自己的固执己见、固有模式、自以为是、自我无明、贪嗔痴。

　　完整观下看生命的韵律，可以让我们看到自己的固执己见，通过很多角度的方法，可以让那些障碍我们多年的模式松动，瞬间转变，甚至蜕变。

　　一个完整疗愈师，一定是在完整观下看生命的系统，一定是把有形和无形的转换运用到自然流动中，由无形的能量化有形的身体病变，由有形的部位的有形的方法，瞬间转变为无形的模式，由有形的方法来影响无形的模式，与无形影响有形构成了完整的生命韵律。完整疗愈是用无形决定有形，有形影响无形，无形隐于相中，相显所有无形。这是由每个人自己的心智模式所决定，由每个人的逻辑所决定，由每个人的见地所决定，由每个人的生命底蕴所决定。觉察自己吧！

　　我们身体有很多的痛点，长期导致功能障碍，这些都是自我模式的结果，打破这个恶性循环是我们要做的事，这也是成长的必经阶段。完整疗愈可以由痛症入手，由有形入手，由结果入手，由破痛入手，在立竿见影的效果中松动内在的固有模式。愿天下人都有机缘与完整疗愈相遇！感恩有你的陪伴！

心灵小练习

　　走到公园或大自然中，静静地观察湖水，然后投进去一颗石子，仔细地看激荡产生的涟漪，专注地观察，看到涟漪因何而起，有形是如何和无形相结合的。然后再投入一颗石子，轻柔地呼吸，整个心专注地跟随涟漪的节奏，直到它平息。这个练习有助于我们训练自己的心。

10月10日　不纠结的生命状态

在完整疗愈中，经常陪伴的生命状态是纠结，纠结的根源是不接受这个结果，不接受的理由、标准和逻辑都是自己制订的，都是自以为是的，也是与自然规律和真相未必一致的。这是一个执着于自我的点。在选择 A 或 B 两者中进行纠结的，其实也是由于有自我的认为，对结果的预见好坏，喜欢或不喜欢导致选择纠结。

对于已经发生和尚未发生的结果，如果是在自己的好恶里那一定是纠结的，这个纠结结果的模式是丢失了另一半，这另一半就是下一刻的目标。如果对于当下发生的结果不接受，掉入痛苦的自责抱怨和悔恨交加中，那么此刻一定是没有下一刻目标的。

如果此刻结果尚未发生，你只是纠结于对结果的不确定和担心演绎中，那么你的焦点仍然在结果上，没有在如何去实现目标上。

如果假设你注定要往前走，已别无选择，可是你还在纠结，这个状态就是被动的、被推动的、被迫选择的，不是自己决定的，不是自己意愿的，不是自己想要的目标所导致的纠结。只有自己相信的、自己愿意的，才会发生义无反顾的、无论如何的、奋不顾身的行为，这是生活中的信愿行。

所有呈现的生命状态都是我们的能力，其中担心也是如此，但每个能力都是一对，而且方向相反，所以担心的反方向一定是不担心，是自信，是有把握。担心的焦点是对结果的不确定，没把握，而自信的焦点是目标达成，没问题，信心十足。这两个能力构成了完整的生命韵律，任何偏执一方的状态都是无明，都会进入失衡的紊乱状态，这就是自己不觉的结果，这个部分的提升是需要陪伴的，是需要照镜子的，是需要帮助的。

当我们掉入一个认为里是无法看到另一面的，这是一根筋的人的表现，听不进别人的建议，看不到自以为是的后果，更没有大局观的智慧，这是个很可怕的状态，但当事人是不觉的，因为已经完全被自我催眠了，这是一个不易被唤醒的阶段，甚至是破坏性极强的阶段。

面对这样的生命状态，疗愈师该做什么？这是个需要探索的大话题，这个唤醒的过程中，我们需要的立场是什么？我们用什么方法去帮助？我们如何让其既保持饱满的能量，同时又会看到全局而升起智慧？不管怎样，切记有一个大前提就是生命的相互尊重和平等，生命的相互感受和系统完整是不可违背的。如果已没有尊重和平等，那么系统已经是紊乱了，就已经是病态了,就已经不关注别人的感受了,这是生命陪伴中需要面对的经常发生的韵律。愿天下人都能在日常生活中发现生命的韵律! 感恩有你陪伴!

心灵小练习

找一个安静的地方,可以舒服地来回走动,范围大概是 10～30 步,室内室外都可以,然后开始练习走路。双脚稳定地站在地上,站稳之后,将眼睛闭上片刻,集中注意力,感觉脚底和地面的压力,然后将眼睛缓缓睁开,开始走路,速度放慢,以自在庄严的姿势行走,每一步都要感觉脚板和腿的抬起、落下,仔细觉察每一步的感觉。来回走 20 分钟左右,每当心散漫飘走了之后,都将它拉回到脚下。体会走路的感觉,这是使得内心平静和安详的训练。

第七主题

完整呈现

第七主题

完整呈现

引言

一个人为了证明自己是对的，会千方百计地找理由，会屏蔽一切不利的声音和文字，会抗拒所有帮助他回头的人，会无中生有地颠倒黑白或错乱——这个现象就是偏执，这个现象就是活在自己的逻辑世界里，这个现象就是模式控一根筋。这个现象的背后充满了仇恨，充满了我执，充满了自卑，充满了嫉妒，充满了委曲，充满了渴望，充满了负面的逻辑思维。

这个结果的形成始于其原生家庭，儿女位置上的成长中没有在位，如果要想从根本上改变，就要从做儿女位开始，只有臣服于儿女位，才能学会做人，才能体会到什么是关系，什么是系统。否则，就只有不着调、混乱、混乱的逻辑，都是自以为是的逻辑而且无意识。

亲爱的朋友，我们通过文字结缘，这个缘分的背后究竟是什么情况，我们都不知道，但认识了，这个结果是存在的，那么如何造成的因一定也会存在。所以面对结果，我们是什么态度：相信还是不相信？都是自己决定的事，没有任何人能强迫你相信，只有你自己去看、去感悟、去成长。

我们此生几十年的经历中，与我们朝夕相处的是看见的和看不见的。我们自己的个体、我们的家庭、我们的社会、我们的国家、我们的种族、我们的世界、我们的生命系统、我们的生命韵律，在这些当中我们究竟发生的是什么？这些背后的原理是不是一回事？如果你分别对待，如果你用一体化来看，如果你拒绝探索发现，如果你厌倦了这一切，你会看到不同的初心导致不同的结果，初心不同，结果一定不同。此刻你知道你的决定吗？

我们提出完整观下看生命的韵律，这完整的依据是大自然的本来，不是我们自己的标准，我们与大自然不二，是说我们本身就是大自然，所有大自然有的我们都有，我们此生只是带着觉知去发现其完整存在，这是个生命态度，这是个初心，这是个因，这是个意愿的动力源头。如果说我只相信我看到的，这个也是成立的，因为我会一直看下去，直到看到全部。如果说我只相信我看到的，但我根本看不到，只相信自己认为的，头脑中没有更多的空间看到新的不同的呈现，那结果肯定是不同的。

我们同时活在这个世界上，万物之间的关系究竟是什么？一时抗争了，一时友好了，一时互通有无了，一时互相残杀了，这些主题构成了一幅无常流动的画卷，这是个韵律的呈现，这是个完整的呈现。

每个结果的背后都有一个完整的缘起，没有一个结果不是具足缘起条件而呈现的,如果结果你接受不了,那么就换个缘起吧,抱怨过去缘起的条件是没有用的,因为已经是过去了,真的不在了。

完整观下看生命的系统,是因为自然本身就是由系统组成而现的,从个人到集体、从家庭到国家、从国家到地球、从地球到宇宙,都是系统套系统。系统无论不在,没有一个个体可以孤立存在的,所以活在自己的逻辑里是不会顺心的,是格格不入的。

完整观下看生命系统的特点是:各就各位,各司其职,缺一不可,共同协调,完整呈现。这五句本身都是缺一不可的系统,即使不知道这个特点,你也在其中,一刻都不会脱离,只是无明而已,此生由无明去向清明的探索是我们成长的方向。愿天下人都能在探索完整生命系统中成长!感恩有你的陪伴!

10月11日　完整无缺

完整的你、我、我们、世界、宇宙始终完整地存在着。我们原本完整无缺，因为我们具足所有而来。具足即缘起，我们具足完整的心，我们每一刻都在具足中，缺一不可。我们在具足中而不觉是我们此生的迷失，也是引发我们走上觉醒之路的缘起。你若在意财富，在意权力，在意高人一等的感觉，在意比别人怎样，在意你能力不足够等等，这些在意的背后就是你认为自己不足够。你生来有个足够的全部的锦囊，生来碰到的每一刻发生都是让你从这个锦囊中拿出对应的能力，这即是你此生学习的路，如果你不活在当下就会错过拿出能力的学习，每一刻的细节都是呈现能力的机会，都是体验下学习的呈现，都是你不断积累和发现自己的过程。如果不虚此生，就别放过每一刻的体验和发现，就别活在应该怎样的人为模式里。你的固有模式来源于我认为、我赞同、我没有办法、我很渺小、我又能怎样、我无力等等此类思维模式。"我"的认为，在你发现你生来具足的锦囊时就消失了。愿你能发现自己的锦囊！

心灵小练习

在一棵树下行走，请抬头。请你去看拔地而起的参天大树。树的生长无需任何人的同意，也不要任何人为之鼓掌。去触摸树，你放慢呼吸，从树的生活中体会学习。

10月12日　感召共识

推动一个人、一件事、一个团队、一个事业、一个社会共同协调地向前发展，这本身就是一个完整观的呈现。

感召共识的过程是建立信任、达成目标一致的过程，也是确定原则范畴的过程，近代历史上毛主席的党指挥枪的理论，就是典型的确定范畴和原则的典范，也是典型的完整观：无形决定有形，精神决定物质，心智决定身体，思想决定行为。

在范畴和内容之间有个很有意思的东西，那就是我们自己。具体表现在人本身，在思想和行为之间有个情绪能量，在原则和事之间有人的能量，在所有分成二元的世界里，都是人的能量把原来的一分开的，或者说是每个人都有本我和世界，是自我把它们分开了。

那如何把自我去掉呢？首先要认识自我，能区分什么是生来具足的本我，什么是自我的认知体系，什么是我所不知但又存在的世界，这三个部分的探索会渐渐地让自我消失，因为每个人的智慧都是一样的，具足了解真相的本质，只是机缘不同，基础不同，展现的结果自然不同，内在本质和终极呈现没有不同，都是在二的中间有千奇百怪的不同，这也是一个大韵律。

我们在做事层面，当目标被确定了，有共识了，心态也调整好了，中间就只是做事了；如果中间不是做事了，有抱怨了，有情绪了，有指责了，有意见分歧了，那一定是范畴不在一起了，一定是共识偏差了，一定是自我的能量启动了。解决的唯一路径就是回到共识的范畴，看清晰是在真相中，还是掉入了所谓的事件和演绎中，去掉演绎和事件一定能看到我们共识的目标。

情绪的背后是有认知体系的，我们每个人都有一个庞大的情绪制造工厂，这个工厂还是自动化流程很高的，只要有需求，瞬间生产出产品，满足需求。自我就是这个工厂的核心范畴，自我与情绪是相互依存和满足的供需关系体，有了我就有了这个内容，所以最大的范畴就是"我"。我是谁？谁是我？这是属于生命的大话题。愿天下人都能在此生探索发现这其中的秘密！感恩有你的陪伴！

心灵小练习

静静地坐下来，想象一朵玫瑰花的样子，仔细观察这朵花，包括它的花瓣、叶子；深呼吸，想象它绽放时的美丽，然后将自己想象成玫瑰花；集中注意力，吸气，想象自己是那朵玫瑰花苞，即将开放；然后呼气，想象自己已经开放，并且欣赏自己绽放时的美丽。

10月13日　生命的角度

我们透过完整观看生命的角度，可以感受到很多能量，有形和无形因我们的感官局限所致，确切地说是心智模式所致，如果你太依赖眼睛，那么你的心智模式就会以眼见为实为主，更确切地说是我见为主。

我见未必是事实真相，这个道理大家都懂，但实际上能否觉察到自己的看法就因人而异了，如果坚持我见，结果一定不仅是离真相越来越远，而且失去了更多的角度的能量的加持。

当合作者共同确定了一个共识的方案，但过了一段时间却做不到，那一定是我们的见与真相不在一起了，单一了，自以为是了，认知偏差了。我们说各就各位是我们开始的根本，如果因为错位导致结果没有达成，很容易被忽视，因为被事件埋起来了，所以不易被发现，比如我们会把很多人放在心上不同的位置，这就很隐蔽，很习惯而不觉察。或者我们不知什么时候就对金钱有了自己的看法，金钱在心里的位置决定了我的言行，再如我一直以来都是喜欢这样的，所以我也是这样不知不觉地在做的，所以渐渐离开韵律，只按自己的认为去做了，因为不觉自己，所以经常会怨天尤人，这是个恶性循环。

我们探索发现的大前提是我与世界的关系，我的范畴里都有什么？这是个见地。这个范畴的建立决定了你所发现的并完全相信的内容，如果你都看到了结果或事实，但就是不理解、不相信，那一定是你的范畴里、你的见地里、你的逻辑里、你的认为里没有这个东西！这是你的世界与真实世界的差异。你只要愿意接受这个差异就一定可以不断加大、加宽、加深自己的见地，就一定可以看到很多原本就在那，但以前看不到的存在。

放下自己的固执己见，首先要看到自己那颗不愿臣服的心，臣服不是屈服，臣服是关于对一切发生的存在的韵律的中立探索发现，不断让自己去接近真相，不断让自己去到本来存在的样子。如果非要说点什么意义，那就是接近真相时就会有智慧，就会喜悦，就会有成功的成果，就会有超能力等等。路就在那里，走是自己的事！愿天下人都能走在探索发现的路上！

心灵小练习

到公园或者动物园，仔细观察一个动物，或者是鸟，或者是猴子，或者是小狗，或者是乌龟，用人的眼光来看它，之后再用同伴的眼光来看它，然后再调换，用它的眼光看自己，你会得出多少不一样的结论？

10月14日　科学

　　我昨天看到两篇文章，一是对胆固醇的作用有新解，二是给二甲双胍的作用增添了新的成员。在为科学发展而喜悦的同时，也有一份感慨，那就是人类在探索发现生命的密码时，很容易盲人摸象，一个角度看到的科学结论往往会经历很长时间的考验，这个过程中会付出很多生命的代价，这是现代科学发展的盲点，但也是不可避免的过程。

　　人类出现的很多大科学家，在他们的科学生涯中，最终去探索宗教（生命、宇宙）的很多，这个现象其实也可以用盲人摸象来比喻，不管什么学问，都是从点滴开始的，随着探索的积累，最终一定会看到全部，这个规律是循序渐进的，但经常会活在片面里，经常会急功近利，经常会以偏概全，经常会掉入眼前的结果里，经常把阶段片面的结果当真理去夸大其词。

　　如果一个科学工作者愿意相信生命的完整，愿意建立一个完整的生命观念，愿意接受各种信息的提示，走出自以为是的思维模式，那么他所发现的东西一定会渐渐接近真相。因为发现的越多越接近缘起，发现的越多越趋向完整。这个世界没有孤立存在的东西，它们都是相互依存的、共同作用的、系统的、相应的、一体的。

本周省思

10月15日　全息论

老百姓说"吃什么补什么,想什么来什么",这其实就是全息论的通俗版。从科学发展过程看,世俗观的结论远远早于科学的证实,尤其是科学幻想的实现更加证实了想什么来什么。所谓世俗传承的文化底蕴核心,是人类长期观察大自然并体验总结出的报告,这千奇百怪的花花世界只是外观各异,其内在完全相应。这是生命的无分别,其个性差异在属性上,就像地球上不同地域的特点一样,不同的点共同组成了"一",在这个"一"中蕴含着无数属性,我们的祖先把其归纳为五行——木、火、土、金、水,并概括其作用相生相克,目的是平衡于动态变化中。

这个平衡需要每个生命自己去体验,因为感受自知,在这个规律中敬畏和遵守是我们生存的核心,在自我强大时无视存在规律甚至违反规律的行为在生活中较多见。所以放下自我的固执己见,臣服自然,尊重自然,遵守自然的人生是个成长的过程,做到放下—学习—成长—回归—合一。亲爱的朋友,愿你我都是合一的生命!

心灵小练习

闭上你的眼睛,感受阳光的普照。当你重新睁开眼睛的时候,就会看见太阳。用你心中被尘封的那一部分深深地吸气,了解爱无所不在。当你重新打开心扉的时候,将再次感受到爱。用你身体里对生命的仍然持有怀疑的那一部分缓慢地呼吸,感受生命的存在。当你打开自己心灵的时候,你将充分感受到生命的存在,和你刚刚降生时对生命的感受如出一辙。

10月16日 完整

　　常有人问我这个问题：什么是完整？可我每次都不能确切地表达，是因为虽然概念不难，大家似乎都清楚，但后面的词一出现就不清楚了，例如什么是完整观？什么是完整的生命？什么是完整的医学体系？什么是完整疗愈？等等。也许你此刻已经有了初步的概念，但完整并不仅仅是个概念。如果从概念上去说的话，即使我们不知道，这个世界也是完整的，所以就我们个体而言，我们知道的、不知道的，所有的都加起来就是我们对世界所认知的全部。当概念束缚了我们，限制了我们时，我们就远离了全部，就不完整了。我们每一刻面对的结果是我们知道的部分，而其背后发生的我们大都不知道，甚至超出了我们的所谓不知道，因为我们经常是我知道，我不知道，这还停留在知道层面，要想完整则必须具备以下几点：

① 对世界和生命的好奇心。
② 对存在的臣服和恭敬心。
③ 不断探索的体验状态和安静的心。
④ 博学的、严谨的科学态度。
⑤ 向外学习的同时向内探索完整心和完整观。
⑥ 在破除贪嗔痴的范畴中去拥有一颗感悟的心。
⑦ 在不断破除自我的过程中成为完整。

　　这仍然是个概念的完整，这仍是有形的思维模式，无形的并非无形，只是我们的惯性思维障碍了我们的感知，就像月亮从未是月牙儿或半月一样，一直是完整地存在着。我们也一刻脱离不开这个世界，我根本不可能孤立存在，各元素相互作用，相互依存，相互因果，缺一不可，这是完整的基础所在。当建立在完整观下，好恶就不存在了，你就会去看其位置和作用了，这是管理者建立团队和系统的观念，这是生命陪伴者疗愈生命建立系统的观念，这也是了解自己建立生命观的完整所在。活在自我有限的认知体系里是无法了解到自然的全部的。愿你能在有限的此生中感悟到生命的无限和完整！

心灵小练习

　　安静地坐下，直到自己集中精力。现在，用呼吸来清洗自己的内心世界。平稳地呼吸，体会自己正在扫除蒙在心灵的灰尘。深呼吸，透过干净的窗棂去看原本的世界。

10月17日　完整和不完整

有完整,就有不完整。每一个当下发生的,需要站在完整观的角度来看,如果你只站在一个角度看,不考虑其他角度的信息,则一定不完整。我们常说的转身即是先从完全相反的方向看,然后再切换到任意角度,信息越多越接近事实真相。而信息越多关系越复杂,所以在信息的基础上,区分范畴,分明因果,洞察本质,缘起真相是智慧的开启。这些要素都是在大量的人生体验下感悟可得,前人的经验知识是后人的方向和工具,实践中后人受益于前人的指引,这是传承,但前人无法给后人体验和感悟,所以传承就在体验中延续了。体验无处不在,但无觉察的生命并不在体验中,只在惯性的活动里,即只在一个角度里,或者说一根筋,或者说死心眼,或者说钻牛角尖,这个在认为里、概念里、限制性信念里的执着,与在一专业领域里不断深入探索的执着完全不同,一个在大脑里,一个在真相中;一个自以为是,一个忘我,但两者都很执着。共性是不完整,忘我并非无我,因忘我而丢掉生命的人大有人在,其核心也属贪嗔痴念的价值观所致。如果以生命而言,不了解生命,以人而呈现,不懂做人,以专业生存,不精于技术,那么就是昏昧、愚痴。放下向外的寻求(索取),向内醒觉的探索正是对生命的尊重和臣服,这并不是放弃生命本来的拥有,包括内外全部,因为你从未失去过,生来即是全部,只是你没看到,祝福每个生命的看见,祝福你一直不断地体验在感悟中!

心灵小练习

安静地坐在家里,想象自己的居室如果没有了屋顶会怎样。当晨光洒满你的屋子,你会有什么感觉?放慢呼吸,当你进入一天的工作时,想象着你心灵的屋顶被揭开。如果没有被情绪的屋顶遮蔽,你会如何去感受晴朗的天空?当你吸气时,感受到自己那种自我保护的心理被动摇了。

10月18日　种子与土壤

种子与土壤的关系是相互对应存在、相互作用、相互依存发生的关系。有了种子就要去找适合它生长的土壤,这本身也是阴阳。大地土壤为阴,种子为阳,土壤决定了种子的生长。范畴为阴,内容为阳。

完整疗愈体系也有阴阳,也分范畴和内容,也有属于自己的土壤和种子。完整观和完整疗愈,共同构成完整疗愈体系。其中完整观是范畴,是阴,是土壤,是理论体系。完整疗愈是内容,是阳,是种子,是实践体系,它们是一体的,共同存在,呈现出完整疗愈体系。阳为呈现,为可见,为有形,为凸现;阴为内涵,为不可见,为无形,为隐藏。阴阳互为表里,缺一不可,完整疗愈是在完整观土壤下发芽的种子。

一个疗愈方案的出现,一定是背后有一个完整观的架构支撑,所以完整疗愈体系中每个疗愈师都是完整观的持有者,拥有完整观才能完整地看待生命,才能完整地看到韵律,才能完整地制定出疗愈方案,才能有形和无形一体的呈现!

在运营体系中也有阴阳范畴,完整疗愈体系是种子,其土壤在哪里呢?什么是这颗种子的土壤?团队、公司、场地、流程、制度、规划方案、目标客户、培训计划、学习班课程、沙龙会员、研究科研、疗愈师和管理者等等都是在打造适合完整疗愈这个种子生长的土壤。用心把土壤打造好自然能看到完整疗愈发芽。

人类最终会走向生命的韵律,所以也会走向完整医学体系,在这个体系中,属阴的为理论体系——完整观;属阳的为临床体系——完整疗愈体系。我们需脚踏实地,做好完整疗愈体系,让广大众生受益,用事实说话,用案例和科研证明完整疗愈体系的价值,让更多的失去生命希望的患者得以重生,这个体系在十几年的缘起和个案中已经为无数众生挽回了生命和健康。在此由衷地感恩这一路走来的所有发起人,更要特别感恩何俊明大疗愈师的十年临床经验和贡献。缘起就是完整,缺一不可,所以感恩无处不在!感恩是因!愿天下人都能在完整疗愈体系中感受到生命的完整!感恩有你的陪伴!

心灵小练习

观察土壤和种子,看看种子是如何汲取土壤中的营养发芽,破土而出的。反观自身,自己的理想和梦想需要怎样的土壤来滋养?制订出计划来,开始实施吧!

10月19日　我本具足完整

我们生来具足完整,但我们不觉,系统的相关性已提示很多信息,但我们不相信,不理睬,直到积累到严重后果时,后悔晚矣。

在具足完整的生命中,障碍我们看到完整的,即是我们的自以为是的狭隘认知体系、自欺欺人的小聪明、自我的强大界限、欲望和恐惧、惯性思维模式、贪嗔痴的范畴。

当我执着于这些范畴时,任何满足不了这个范畴的发生都会被排斥,都会引发恐惧。这是二的呈现,这是本来和自我的分离,这是远离具足完整,远离感知力,远离系统韵律,远离生命真相的。

每个当下我们都会收到无数信息,这些信息被我们的自我进行了处理,处理之后的信息被碎片化,把本来完整系统的信息破坏了,所以我们就活在了自以为是里,活在自己的逻辑里,活在习惯模式里,活在远离生命的韵律里。

放下自我的标准才能看到规律,其实我们不需要任何规定,因为我们本具足韵律,只是需要发现这些规律。前人的发现会给我们很好的提示,会很好地指导我们去发现。认识的过程是提升自己的体验过程,任何活在前人的经验里不去自己探索发现者,都是活在片面的、教条的、僵化的逻辑思维里,从而没有生命的活力,没有活力的标准答案,没有鲜活的、灵动的体验感受,让人感到窒息。

让思维开放起来,让生命流动起来,让知识鲜活起来,让自己快乐起来,让具足完整起来,让系统协调起来,让探索呈现在每个当下。愿天下人都能在探索中发现完整!感恩有你陪伴!

心灵小练习

静静地坐着,随着深呼吸,打开自己的心灵;吸气,领略生命中的奇迹;呼气,放松对未知事物的抗拒。

10月20日　完整的身体

不要忘记你拥有完整的身体。完整的身体有太多的奇妙，生命中的每一刻决定下一刻的呈现，都是为了体验这个呈现而缘起，我们生而为人正是要体验人这个生命而来，我们历经劫难是在体验生命的真谛。平凡也好，高贵也罢都是人事而已，盲目追求欲望的人不是一个真正活过的人，离开人道而去追求所谓成功或私欲的人，先摧毁的是心，随后身体相应死亡。那些追名逐利的英年早逝者，无一不是为物丧命的牺牲品，生命里包括的太多的内容，如内与外、物与灵、喜与悲、空与有等等，其中最重要的是平衡，平衡打破了就会灭亡，大到阴阳，小到瞬间的念起念落，都在平衡流动中产生能量，一念死则身必死，一念生则身必生。

我们的看法是随着探索不断去发现和改变的，采用不同看法活一生的人有两种人：一是狭窄的见识，自以为是的看法；二是站在生命本来的实相上去体验人生，见多识广地去看世界。你愿意成为哪种人？这是个不同的人生角度，无论前世今生和未来我们都在其中做着不同的决定，每一当下都可以开悟，只是你是否醒觉，是否意识到自己的认为是不是正在束缚着你，你是你认为的主人吗？还是你是你认为的奴隶？呼吸是你的主人吗？心跳是你的主人吗？欲望是你的主人吗？什么是你呢？这是个探索发现的开始。

心灵小练习

花时间和自己在一起，泡一个澡，用十五分钟好好欣赏和抚摸自己的身体，感觉它的生命力和美好，继而爱护它、呵护它。

10月21日　完整疗愈与现代医学

完整疗愈师的必备资格是多角度的，其中主要有三点：
① 完整地看世界的见地和体验，我们称为完整观。
② 完整疗愈体系的一切规范和流程。
③ 对生命的尊重和陪伴。

这是关于范畴的建立，这是技术的根本土壤，所有市面上的技术如果能在完整疗愈体系中扎根，那就是完整疗愈师所呈现的与众不同的结果。我们的疗愈个案都印证了持有完整疗愈体系范畴的道，结合任何技术都会呈现出奇迹，这是无形决定有形的典范。无形部分的能量是无穷的，因为是全部，是源头，在流动中，是一体的呈现。

完整疗愈体系与现代医学的区别也有很多角度，其中有三点很明显。
① 焦点不同，完整疗愈的焦点是生命的韵律，系统的完整与协调，疾病只是构成疗愈关系的条件和观察指标，这与现代医学以疾病为研究对象有本质的不同。
② 在因果关系当中，现代医学是以果为切入点，以对抗为手段，以消灭为成果的体系，往往是治病不救命。当然客观地评价当今医学的贡献是占80%的，这是个非常严谨的话题，我会用生命去总结这个话题，在此暂不多言。在因果中，由果探因，由因推果，造因得果，消果得果，消果造因，消因得果，随顺因果等等都是角度不同而产生的结果，完整疗愈体系是尊重因果，重因看果的体系，是关于生命韵律中因果对应的体系，是尊重自然本来的体系。
③ 无形与有形的比例不同、无形与有形的关系不同、道与术的关系不同、范畴与内容的关系不同、完整与局部的关系不同，这是个关系的世界，一切由关系而呈现。

一切疾病由我来，一切疾病因我去——这是我与疾病的关系。如果把疾病变成困惑，变成问题，变成障碍，变成逻辑，变成模式，变成习惯，那一切疾病的根源在哪里就一目了然了。愿天下人都能在完整疗愈体系中看到自己！感恩有你陪伴！

本周省思

10月22日　师带徒

在中国传统文化中，有一个脉络就是师带徒的传承，这个传承体系默默地承载着中国几千年的智慧，非常值得我们后人去学习和探索其背后的发生。

我有幸几年前开始带学生，并体验到了师带徒的内涵。其内涵首先是品德、品质、目的等的建立。每一刻的言传身教，都是个范畴的建立，是保证学习内容的基础，也是自始至终都在做的事。从建立到成为，一刻不能松懈的就是觉知范畴，这是原则性取向。学生学成之后是个有用的人，是个有方向有志向的人，是个有利于他人的人，是继续传承的人。

这是个自我醒觉的过程，我从一开始非常看重学生的成绩，到最后着重打造基础，这个过程持续了两年，在此感恩我所有的学生陪伴我的成长，他们也见证了我的成长，从开始的急躁、怨气、没耐心等等，到开始尊重生命的韵律，开始允许反复，开始接纳不同学生的不同特点，慢慢地从急功近利的范畴里走了出来，时刻在觉察中看到自己的心是在什么位置，这本身就是一个传承的范畴。

今天感慨此事与此刻完整疗愈的事业密切相关，如何建立起这么庞大的传承体系，需要有一批愿意为此事业传承而付出的人，需要一批愿意从师带徒开始去建立范畴的人，同时需要不断接纳有意愿成为完整疗愈师的人，共同建立起完整疗愈教学体系。这个使命我们已经开始，我们第一期自愈愈他成长班就是这个万里长征的第一步，真心祝福她茁壮成长，真心陪伴她呵护她成长，真心为孕育她而付出我所有！我就是完整疗愈！愿天下人都能有缘受益于完整疗愈体系，成为自愈愈他的生命疗愈师！感恩有你的陪伴！

心灵小练习

静静地坐着，想想此刻你最想获得的是什么。深呼吸，看看是什么驱使你不愿放手。吸气的时候想象白色的光芒照耀进自己的身体，感觉非常喜悦；呼气的时候想象一切烦恼随之消散在空中。通过这个练习尝试打开自己的心灵。

10月23日　固执己见和随顺真相

在此生固执己见和随顺真相是个需要觉察的话题，我自认为是对的，这是个需要唤醒的话题。我亲身经历的和我亲眼所见的，这怎么可能是错的，我是不会错的。当（我）主宰时，一切都是有我认为而是，我看不见的都不是！我不理解的都不是，我没有收到的都不是。

我认为的都是从哪里来的呢？小范围的说是今生死亡之前学习、体验感悟来的，其中对自己影响比较大的能量来源于家族和家庭的传承、此生社会的主流文化风尚和种族民族等等，但不管什么影响到自己，最终还是自己决定接受什么。所以，每个人的成长历程都是自己的决定，其中包括决定固执己见的模式，这个决定背后的形成过程也许自己都不清楚。

在人类的社会里，对的是有地位的，错的是没有地位的，拼命捍卫这对的地位是社会的主流，比如现代科学就是主流，西医就是主流，钱权就是主流等等。不是主流就没有地位，就没有资源，就生活困难，就要受欺负，就低人一等，就没面子，所以一定要对才可以，这个模式人人都有时就会愈演愈烈。

人的世界就是我的世界，这个我一旦主宰时，私心就会大长。彼此都是在算计。所以人的世界是个贪嗔痴的世界，如果要想"毕业"就是去向无我的"戒定慧"的范畴。

如果从生命探索入手，那生命的韵律一定能取代自己的认为，我将进入世界，我在随顺中进入生命本来，那是自己的体验感受，用任何语言都不能表达完整的境界，而且每个人都有这个具足的基础，没有任何差异，只有当下的模式差别各异。愿天下人都能在探索中看到当下自己的模式！感恩有你的陪伴！

心灵小练习

走出户外，面对广阔的天空，深呼吸，感受大自然的宽阔，感觉天空离你很近，接着用愉悦的心情观察你身边的一切景色。从这幅景象中吸取力量。

10月24日　系统的关系

个人系统、家庭和家族系统、社会系统、天地系统、宇宙系统，这些系统之间的关系是我们完整观下去探索的方向，在这些关系当中的"我"是什么位置？有什么作用？是什么状态？是完整疗愈中要去探索的方向。

每个人都有自己的逻辑思维模式，同时也有心和身体的记忆所形成的习惯模式，还有这三部分共识后所形成习惯模式。只要是习惯了的模式，多是在无意识的反应中完成的，即使反应后碰壁了，也会坚持自己是对的。这种模式从停不下来到停下来，从看不见到看见，从反复发生到有意识的选择，这是疗愈师陪伴生命韵律的过程。

我们不断地用三个层面福报来检视每个人的生命主控权，目的在因果上，如果任何一层发生了位置改变，结果都会对应产生改变，无论是意愿福报的格局和范畴，还是财富和价值的不配得，都会产生效果的改变，更不要说对帮助自己的贵人的抱怨和诋毁，这些都会导致反复无常。

疗愈师时刻洞察生命客户的生命状态，是和因有关，不断探索前因，不断建立新因，不断检视每个当下的位置，不断修正陪伴方案，结果一定是和初心相吻合的。愿天下人都可以体验到这个过程的美妙！感恩有你的陪伴！

心灵小练习

用手抓起一把沙子，轻轻地让它从手上滑落，接着使劲再抓起一把，看看发生什么。了解幸福就像沙子，抓得越紧，流走得越快。

10月25日　事实、真相和演绎

　　我们需要区分什么是事实、真相和演绎。这三个词代表着人在当下发生时的模式。偏重于演绎的人就会有担心,有情绪,有抱怨,有指责,有要求,其中之所以那么相信演绎,是因为把过去的经验当成了此刻的依据,把要求当成了爱,把情绪当成了爱,把指责当成了帮助,当对方不接受时就会导致爆发和毁灭。

　　任何演绎出来的与真相不符合的言语都是会伤人心的,这是互相投射的结果,疗愈师在咨询疗愈中的方向是了解事实,探索真相,觉察和区分演绎。

　　演绎推理的深层核心是逻辑,每个人都有自己的逻辑依据,但逻辑模式相同,都是在经验、标准、判断下推理结果,当无法自拔时,情绪就会发生,活在自己的认为里又无法证实,所有的负面能量就会启动。

　　告诉你一个秘密:这个世界是无常的。想把一个认为、一个情绪、一个事件、一个抱怨等等保持不变的是妄想,情绪来了就走了,事情发生了就没了,演绎出来的很快就在下一刻的事实面前不攻自破了。新的一天如期到来,阳光灿烂如初,心情无染而喜悦。放下演绎去看事实和背后的真相吧,你会变得更加智慧!

心灵小练习

　　漫步走在道路上,仔细观察旁边的植物,寻找出最不起眼的那一株,蹲下来和它交流一下,你的心会变得更加柔软。

10月26日 身份

周一很忙是我的惯性,估计也是大众的惯性,世上本来没有周一这个概念。一周七天是西方人定的,都是文化的产物,如果把一天分成七个时段来过,也是可以的,2~3个小时为一个时段,只要符合自然规律都是可以的。如果不舒服了,让自己累了病了就是过度了。

说到对孩子的培养,也是如此,父母在陪伴孩子成长的路上,一个是学习者的身份,一个是陪伴者的身份,一个是家长的身份。在这些身份中最过分的身份是家长,比较弱的身份是陪伴者和学习者,所以在谈到系统时,首先要清晰的是角色和位置,如果不清晰,那一定是紊乱错位的,说话肯定是不着调的。孩子在学习期是不缺老师的,缺的是父母。

每个人的成长都有其韵律,通过学习成长,进入社会,感知亲证的世界,最终去感恩,这是个走进生命的旅程。在这个旅程中有很多风景:前人的智慧、社会的丰富多彩、大自然的无常流动,我与生命、我与自然、我与我的、技术与韵律等等,这些风景虽然不是我们的所有,但的确让我们感受到这妙有之趣。

作为陪伴者、父母,首要职责就是照镜子,让位置时刻清晰可见。每个人都有其当局者迷的时候,尤其是家庭系统紊乱时,完整疗愈体系就是让系统中的父、母、子就位,相互支持,相互滋养。孩子的所有困惑都与父母有关,如果你相信因果,那么你就要把孩子的因种好,这个种因的过程中是需要帮助支持者的助力的不要等到积累成病时才来求助。让孩子阳光温暖的、快乐健康的成长才是我们共同的目标。愿天下人都能在完整疗愈体系中得到滋养和系统的和谐!感恩有你的陪伴!

心灵小练习

准备一副有色眼镜,先用眼睛环顾四周的物品,然后戴上有色眼镜再看,发生了什么?接着,取下眼镜,再仔细观察四周,你能体悟到什么?学会时刻将你的思想清零。

10月27日　完整的生命

我们每个人都在生命中,但生命究竟是什么?都包括什么?片面的、不全的、自个的、某层面的、某角度的,都在每个人的体验中呈现着,都在完整中,都在探索中接近完整。

完整观的提出是我在生活体验、行医体验、学习各家的体验、学习佛法等过程中慢慢积累的结果,由不知,到知,到体验,到感悟,到总结,再到提升,最后才由完整疗愈体系台阶上升到完整观的建立,由无数角度和层面支撑起这个无边无际的观。

这些角度包括:不唯一的角度,不对抗的角度,不排斥的角度;有形和无形的角度;规律秩序的角度;各就各位的角度;各司其职的角度;缺一不可的角度;共同协调的关系角度;范畴和内容的角度;主和助的角度;福报的角度;信愿行的次第角度;陪伴与生命的关系角度;一和多的关系角度,等等。

开放自己的心去学习吧,一定比封闭自己的心要见到的全,得到了一个角度的体验在感恩中放下,继续开放着心去探索发现吧!好奇、流动、开放,一定会发现更多的未知,在感恩和喜悦中成长!愿天下人都在一起探索发现自己的生命本来!感恩有你的陪伴!

心灵小练习

安静地独自坐着,看看在你的生活中是否还存在一些没有益处的行为方式——可能是你的感觉或者思维方式,或者是某种说话的方式。问自己:为什么你仍然在这么做?

用笔在书上记下你认为那些需要放弃的事物的无用之处,并且分析为什么你至今还无法舍弃,看它当时给你带来的好处是什么,以至于你一直无法放弃它。心里默默地感谢它过去对你的帮助。接着,你做出决定放弃过去的某些行为方式,怀着开放的心去迎接新的事物。

10月28日　一颗静下来的心

当我决定以静下来的方式活着,不再做反应的奴隶后,我的体验渐渐地开始有了积累。其中在梦中的体验尤其突出,在以前焦躁不安的范畴里,白天急躁不安、身心疲惫,晚上做梦的身心更是加倍,甚至梦境相同但醒来的感受完全不同,真是境由心转,昼夜如一!

这心的范畴的确是自己定的,我决定我受干扰,而不是外界总是干扰我,我决定我不受干扰,我决定静下来,而不是我决定外面太乱了,干扰我静不下来。静下来就是静下来,这,只是一个决定,没有什么可以干扰它。即使外面的发生真实地发生了,也不会让我从静心的决定里走出来,如果还在反应着外面,那只能说明我还没有决定静心而已。

当我决定静下来后,内在的需求非常清晰,主题非常凸显,完整疗愈体系的主题内容如潮水般涌来,尤其在晚上的梦中如此丰盛,其中的韵律也是相当得明显,休息和梦中的智慧呈现如此规律,没有焦虑和烦恼,只有遇见和喜悦,没有苦思冥想的身心疲惫,只有冥冥中的链接和能量加持。

这是 一颗决定静下来的心,一个决定愿意去做的事情,一个决定愿意帮助众生的意愿,一个决定愿意开放自己的心去探索发现生命的韵律,一个完整观下看生命的一切的开始。我看到了,一切的发生我都在推动,一切的发生似乎又都是冥冥之中,一切的发生我都在其中,一切发生都在系统中,一切都是如此有韵律,一切都是境由心生!愿天下人都能在自己的心智决定下体验到心与境的关系!感恩有你的陪伴!

本周省思

10月29日　共识和沟通

由于每个人的成长经历不同,所以表现的当下状态一定不同,这就是我们常说的缘起不同,所得的结果不同。表现在思想上价值观信念不同,对问题的看法不同,感受世界的结果不同,心境不同。在不同的人与人之间,如何交往？为什么总是不着调？为什么总是怨别人不理解自己？为什么感受不到别人的感受？为什么说的都是标准答案,但别人却收不到？

首先要在有共识的范畴下,沟通才有效,你说你的,他说他的,不是一回事,这就不在一个层面,不在一个频道,不是一个话题。

其次是用情绪说话时,对方收到的是情绪而不是说话的内容,如果你有情绪,那么你说的话一定是和情绪配套的,你说的再修饰得高大上也没用,对方的感受你是控制不了的。

再次是用心去链接所有。喜悦的"悦"字如何解释呢？我们的祖先非常智慧,用心去勾兑才能得到喜悦。所以你的发心的位置、你的用心的位置、你的感受心的位置,都会影响人与人之间的关系！

如果你想表现自己,如果你想说教别人,如果你想报复,如果你想指责,如果你想贬低他人,如果你想掩饰自己的初心,那都是个妄想,每个人的感受力都是具足的,这个世界没有傻瓜,我们之间的关系就如佛陀所说的因陀罗网一样,你中有我,我中有你,一中有全,全中是一,独一无二,离他无存。

愿天下人都能看到自己的位置和缘分！

心灵小练习

静静地坐着,想象你希望自己能够变成的模样:更有爱心,不再胆怯;更加自信,对周围的一切更加信任;更加宽容,不再咄咄逼人。然后告诉自己,这就是自己原本的样子。

保持平稳地呼吸,只是让自己的心灵慢慢成长,记住自己原本的样子。

10月30日　痛苦的记忆

最近碰到的个案都与痛苦记忆有关，每个痛苦的记忆都与当时发生的事件有关，只要一想起这个事件，痛苦马上就来，这个反应在记忆中呈现的是，事件等于痛苦。

"一朝被蛇咬，十年怕井绳"，这个是记忆痛苦所导致的结果。为什么会记忆成痛苦？为什么有些记忆是快乐的？谁定的标准？答案非常清楚：是人定的。就其个人记忆的标准而言是自己定的好坏标准。如果蛇咬了我，我认为这下好了，我从此有了免疫力了，再咬也不会死了，那么你的记忆里就不会有"怕"字。可是这个标准是不会那么轻易得到的，因为深信不疑，所以那份痛苦始终存在于记忆深处。

在日常生活、工作中由于自己的标准而界定好坏的记忆比比皆是，想起来就恶心和想起来就开心的记忆也是如此，这本身也是我们生命的韵律之一，也是我们的能力。如果被记忆绑架，那一定是能力的奴隶了。钻牛角尖的都属于这一类。俗话说得好：想开点。其实就是重新把自己的标准再扩大点，别死在自己的标准里。

我们赖以生存的世界上的所有存在都不是你认为的一面，除了你认为的一面外还有很多你不知道的面。当你掉入你认为的感受里，你是无法再去感受其他真实存在的，所以你的感受是无法代表那个真实存在的。就比如你因为喝酒而醉了，所以下次你就把醉与酒等同了，但酒除了可以醉之外的内容，你却从此因为怕醉而不会再去探索了。所以我们放下标准，放下记忆的定义，放下那个所谓的记忆感受，重新去体验去探索时，有可能会柳暗花明，因为每一个当下都是新的，都是不可复制的。

在这个重建的过程中，增长见地，拓宽体验，允许反复，渐渐固化新的记忆，渐渐觉察自己的位置，最终一定是活在当下，这个过程的实现是要在自己的意愿下，由助缘帮助共同完成的，这个过程就是完整疗愈。

每个人的成长都会经历各种助缘的帮助，从父母，到老师，到同学，到朋友，到同事，到贵人，到疗愈师，到事件，到物质，到一切有形和无形等等，越往前走助缘越多，最终主助一体。愿天下人都能在探索发现中看到这生命的主助一体！感恩有你的陪伴！

心灵小练习

一个人安静地坐着，仔细思考一个让你犹豫不决的决定，看看自己为何犹豫。是否担心什么不好的事情发生？先不要着急自己恐惧的事情是否真的会发生，先考虑真实的情况，也不要去权衡事情发生之后的得失后果，先让自己去面对真实的情况。学会让真实充满你的生活而不是假设。

10月31日　孩子的成长

　　孩子的成长离不开家庭系统的环境，离不开教育体系的培育，离不开自我体系的建立和体验。这三个系统的核心都与价值观体系有关，孩子在成长中最爱问的是为什么。这是个好奇探索最快成长的时期，如果此时没有得到完整的陪伴和生命的指引，那将会和大楼的地基没有打好一样，错失良机。

　　对于孩子的价值观建立有三个方面需要注意。首先是对其好奇的引领，这是一个高度的引领，如认识生命和世界的关系、我与万物存在的关系、人与世界的关系等等，这是建立生命格局的最佳时机，这是探索我从哪里来的基础。其次是活在当下的建立，当下陪伴其成长的所有，如家庭父母的关系、家庭系统的建立、家庭与社会的关系、当下与因果的关系，这是探索我此生来干什么的基础。最后是我所做的一切究竟是为什么。为清明人生范畴打好自己这个生命的基础。我要去哪？这是关于此生目标的，也是关于生命韵律去向的，这个方向越早建立就越有动力。这三点是关于生命体系的建立和对生命完整的尊重，也是培育种子发芽成长成材的完整过程。如果种子很好，土壤、水、天气、阳光等条件恶劣，那么这个种子也不会成长。

　　孩子的成长历程中首先受到的是家族的影响，其次才是老师、贵人、朋友、社会等的影响，所以作为家庭系统是我们完整疗愈体系中最为关注的点之一，这个点是无法取代的，父母因为有了孩子而开始学习做父母，做一个好的影响者，做一个共同探索生命的陪伴者，这是一个孩子的福报，这是一个生命的福报，这是一个奇迹发生的开始。愿天下人都能在探索生命中成长！

本月省思

11月1日　探索疾病

透过完整观看生命，发现角度无数，在二元对立中看到完整的场景时有发生，被二元障目的惯性时有提醒，这是一个范畴。

对立统一的世界不是消灭，不是对抗，不是讨厌，不是唯一，因为我们不可能消灭掉任何人、事、物。这个世界存在的是不可能少的，即便你把你自己的记忆切断，抹掉，甚至遗忘掉，存在的依然存在。所以对立统一的过程是在斗争中学习和了解的过程，是在斗争中成长的过程。当了解和成长呈现时怎能不喜悦呢？

我们在生活中经常会遇到问题，这是一个对立统一的过程，我们无论怎样去面对、去深入、去探索，最终还是去了解它到底发生了什么。这是一个从表面上我不怕你与你斗争的态势，其实内心是接近它、了解它、探索发现真相的境界！我们的所有问题都是老天送给我们的礼物，烦恼即菩提。

在生命中会遇到的问题包括所谓的疾病，我不怕疾病，是对疾病的态度，不怕才会去接近，不怕才有机会去了解，不怕才会有力量，所以这第一念是我们的方向。你是怕还是不怕，这本身就是对立统一的开始，所以要时刻敢于回到初心，时刻回到起点，时刻检查自己的方向！因为我们在路上经常会迷失了方向。

在探索疾病的路上，大致要过三关。

第一关是命关，这一关的第一念往往在想活的背后都是怕死，所以面对死亡的态度你如何去面对和探索，面对你演绎推理的方向你又如何去探索，面对当下你所感受的生命状态你又如何去探索，这是生命的主人和疗愈师共同探索的主题，目标是决定去向。

第二关是反复关，病情有好转然后又退回，这是一个纯化初心坚定信念的过程，在这个过程中会出现很多干扰，如怀疑自己、怀疑他人、担心物质、担心未来等等。命保住了，其他问题就来了，其他惯性模式就启动了，所以应回到起点去面对问题，去继续探索，再做决定，纯化方向和目标。

第三关是对生命本身的探索，这是个态度。但当生命规律已去向结束时，我们的方向是什么？还是怕死想活吗？不论是生命的主人，还是其周围的助人，都在这个探索的范畴里，生死是我们人生必修之课，也是完整疗愈体系中很重要的部分，我们尊重生命的前提是完整地看生命，包括过去现在未来、前世今世来世、昨天今天明天、上一刻此刻下一刻。愿你有能力、勇气和机缘去探索发现自己的问题。

心灵小练习

集中注意力,一只手握着一杯水,另一只手握着一只空杯子。将水轮流从一个杯子倒向另一个杯子,同时思考你现在面临的抉择。当你感到累了,就深呼吸,将水喝下去。现在,去体验你的生活吧!

11月2日　全部规律

我们每一刻看到的现象，或者说看到的结果，其背后就是规律，而且每个现象瞬间呈现都是独一无二的，这个独一无二的背后又具足全部规律，这是一花一世界的所在，八万四千法门都是如此如是，每个点的背后即是全部。

如果掉进了点一定看不到全部，这个当下的点瞬间成为过去，不但没有看到全部还被带入过去，这使我们经常会走神儿，活在上一刻的结果里，这个过程中有标准，有判断，有经验，有对未来的演绎推理和担心等等，总之，是已与当下无关了。

为什么我们会对每个结果那么在意呢？确切地说是我对相关的结果很在意，什么面子了，不平衡了，位置了，付出多少了，我的利益和名声受到了冲击，这是外在的，而内心的纠结则表现在疑心，怕失去，活在担心里，甚至面对结果无法活下去的地步，面子和担心可以让人痛不欲生！这一切都源于"我"、"我的"。

我们生来具足的生命，具备了全部的活法，我是来发现和感悟的，用好这完整的生命，每一刻的现象和结果都是让我们去、看去体验、去感悟的，没有什么意义和面子，的确没有什么过不去的坎，今天还在你定义的天堂，明天就会掉进你定义的地狱，都是你定义的假象在迷惑自己。如果你能活一秒就是拥有这完整的一秒，接着拥有下一秒，这就是活着，这就是活法，这就是当下，你所拥有的都在这里，不管你预知到还是预知不到下一秒会发生什么，你都在此刻这一秒！愿天下人都在完整的活在当下，享受生活每一刻！

心灵小练习

请你静静地坐着，让你的心没有任何挂碍地呼吸。不要去思考，也不要不思考。让思绪来来去去，不要干扰，安静地坐着。呼气时将心灵最深处的压力释放。深深地呼吸，接受这一刻世界给予你的馈赠。

11月3日　完整流程

　　我们生活在完整的流程里,任何错位和紊乱都会导致所谓的疾病,无形的如精神分裂,有形的如各脏器的改变等等。原因也是有看得见的如外伤、病毒细菌;无形的看不见的如能量、习惯、思想、信念等等。其中有形的背后一定有无形的成因,无形的呈现一定与有形的相关,这是一个相关的话题。

　　我们的机体有形的部分如此完整不缺,唯有和能量等无形的部分合一后才会成为完整的生命,没有能量的注入就是死人了,能量以多种形式注入如呼吸、吃喝、排泄、皮肤的呼吸、思想的流动、心脏的收缩和舒张等等。无处不在的生命规律之一就是能量的流动和进出平衡,有形和无形的互为存在,阴阳平衡,流动转换。

　　生命本身就是诞生在这个循环中的完整呈现,我们吃的是大自然有的,我们排泄出来的恰恰又成为大自然的营养和食物,无分别的大地把一切垃圾都转化成元素滋养着万物,无分别的阳光雨露和空气照耀着所有天下生命。你讨厌的这个世界也是需要的,你喜欢的也一样,这是一个不依你的喜好而运行的内在规律,每个生命都在这个规律中运行,而每个生命的主人都有权力去决定。我不遵守和我遵守,你决定了,你就呈现你的世界了,所有的结果都是你创造的产物,你改变了,你的世界就变了,境由心转。

　　在完整疗愈体系中,我们与生命客户的关系就是建立在主人和助者的位置上,每一个生命客户都是自己的主人,一切决定都是主人做出的。当决定产生时,自愈开始启动,这即是生命的主旋律。自愈师的根源为,当主缘动时助缘就跟随而动了,一个新的、流动的、有生命的、有活力的系统就启动了,这样的结果一定与过去不同,那么过去的结果也就没有存在的基础了,这是重因看果的范畴!愿天下人都能看到这个范畴!

心灵小练习

　　凝神静气,如果想要逃避什么,那就吸气,让它赶上你。静静地坐着,如果想要摆脱什么,那就呼气,让它碰触你。静默不动,呼吸时让这个世界的能量碰触你,从你身边流走。现在,伴着自己的呼吸慢慢地感受你心里的那个宝藏。

11月4日　完整的探索

我们日常生活中每一刻都会发生完整观下的探索,让所有元素在一起实现完整,同时不破坏每个元素的个性。在这个完整探索中,首要的态度是关于臣服和尊重,我们尊重每一个存在的个性与完整,因为那原本就是那样的真实。

我们来到这个无量元素的世界,被这无量的花花世界所震撼,错综复杂的关系和身份让我们不知所措,我们努力扮演着各种身份和角色,有时很兴奋,有时很沮丧,有时很无力,有时很贪婪,有时很愤怒,有时很白痴,这些丰盛的体验让我们开始有了感悟,开始有了方向,开始有了黑暗中看到灯光的喜悦,开始有了感恩陪伴的所有,开始看见自己的位置,开始看到贵人的召唤,开始醒悟!

当我们的个性是这样时,你一定会看到和你不同的个性所在,你无论怎么抗争,你都无法摆脱这个存在,因为那是你的一部分,没有那个你也就不存在了,这是一个阴阳共存的平衡,这是一个完整的角度,这是一个看见后才能开悟的存在!愿天下人都在这个过程中看到并平衡于生命的流动!感恩有你陪伴!

心灵小练习

静静地坐着,慢慢地呼吸,看看自己心里有哪些担心和胆怯的领域,将注意力专注在那里,并且温和地呵护它,让紧张的心慢慢打开,把你的心灵向令你冒险进入的新领域开放。现在深呼吸,吸气时,让你的思想打开,将你的思想向你新获得的真理领域开放。平稳呼吸,直到这两个领域开始相互影响。

11月5日　家族系统

房地产的虚高和雾霾的加重有关系吗？物欲横流的心与雾霾有关系吗？这是一个什么样的因果关系呢？让我们来探索，也许会有些发现。

如果一个生命为了维持其生命活动，所需要的食物、水，以及大自然的一切都是非常有限的，所制造的垃圾也是有限的，消耗和垃圾与大自然的关系是平衡的，那么到底是什么让我们开始疯狂的制造"垃圾"，让大自然不堪重负失去平衡？又是什么让我们那么没有安全感，那么躁动，那么不顾一切甚至丧心病狂地破坏大自然？那是一颗什么样的心？那是一种什么样的价值观？那是一个什么样的背景？那是整个地球人共同的杰作。

这是完整疗愈体系探索的话题，每一个家族系统的紊乱都是从每个个体起心动念开始。当各自的心越来越多时系统破裂紊乱，身体的疾病是其紊乱后的表现，是紊乱造成的结果，这紊乱的背后都是以自我膨胀开始，以自我毁灭结束，以系统紊乱破裂而作业身体。无形决定了有形，放下个人欲望，回归系统，重建新的体系价值观才是我们要去的方向。

万物道相通，完整去看时才会看到其相通，我们只恐惧结果，不去看致因，不去看缘起，不去看系统，不去看他人，不去看关系，只顾自己的狭隘的思维和欲望，那么一定会离真相越来越远！愿天下人都在系统中、规律中自然茁壮成长！感恩有你陪伴！

心灵小练习

集中精力，思考自己生命的故事。放慢呼吸，思考如果要让生命茁壮，你应该做些什么？深吸一口气，思考自己如何才能够完整地看待自己的生命，并且让它越来越饱满和丰盛？找出你可以从另外角度对它的点，并且从今天就开始实施吧！

11月6日 完整观能看什么

亲爱的朋友,你也许会问我:你用完整观能看什么?完整观是我们看世界的一个方式,每个人世界观不同,故其描述的现象也不同。这由个人角度、社会角度、世界角度、大自然角度、佛及各宗教等等组成,见多识广则更接近完整。无论你此生多么努力外求知识仍是有限,仍是以前人和自己的经验为见识,而无法体验到什么是完整,甚至掉入经验中而无视当下。

大自然从规律到条件都不依你的认为而存在或消失,同时我们每个人正是大自然完整的产物。这个完整的呈现中包括了全部的规律和条件,这已是缘起的全部。这个完整的生命只需感知每一当下发生的内涵是什么,即已是在了解完整的真谛了。任何理论都是从这种经验中总结出来的,所以只有去体验生命的每一刻并体验其中的妙趣,方可破除上一刻经验的束缚。因为人生没有一模一样的体验,体验自己不是关于你人为化的感受,是在体验中发现了什么,这是关于悟道人生的建立,是关于认识生命本来的旅程,也是建立完整的开始。先由点体验开始,渐渐规律呈现,关系确认,位置清晰,职能明确,缺一不可的共同协调运作就完整地呈现在我们面前。这是由大脑、心和身体同时参与,同时达成的刹那体验,一有即成。

心灵小练习

和自己信赖的人安静地坐在一起,告诉他你所经历的一次困境,分享你通过这次经历得到的成长。现在,困境已经过去,你对人生的看法是否因此而有所改变了呢?写下当你处于困境时,你如何在生活中保持活力。

11月7日　完整呈现

　　在生命的完整未完全呈现时，那一定是固执己见障碍了我们的本来，所以才会有能量的不同和大小之别。其实每个生命的个体都具有宇宙的全部，我们求他或它帮助自己的同时认为自己不行，太渺小无力，这即是二的根源，这即是自我障碍的呈现，这也是没看到完整时偏执的状态，这个偏执再加上情绪就构成了所谓的疾病症状。当这个状态持续发展时，生命个体的组织一定出现相应的变化，例如器质性病变。这是一个系统与个体相应不二的呈现，这也是家族家庭中产生疾病的根源，没有一个生命是脱离系统而生存的，正如人离不开空气一样。真心祝福天下人都在系统中茁壮成长！感恩有你陪伴！

本周省思

11月8日　两极

亲爱的朋友,你听说过这样一句话吗？"两极在手,不愁没有"。这是完整的体现。每个事或物都有两极,如始终、因果、头脚、上下等等。找到了两极或看到了两极即合一,如我出生了还没有死亡过,这就只是个二分的状态。"高高山顶立,深深海底行"。这是探索两极的境界,在这个探索的过程中,我们是从中间向两极同时出发,中立地去看生命的本来,去触摸生命中形形色色的虚实妙法。完整观即从中立开始,到触摸两极实相成为合一。这是从身体出发到达意识和心的旅程,当意识和心合一时即现完整。

心灵小练习

静静地坐着,拿着一块石头,去感受所有比你大的事物。放慢呼吸,通过体会那些比你大的事物来改变心绪。接着感受整个地球,感受比地球更大的事物,感受整个宇宙。然后,用一个词来表达你的心绪,并写下来。轻柔地呼吸,触摸着石头去感受自然的世界,感受整个宇宙,感受你和宇宙的连接。此练习有助于表达自己的感受。

11月9日　开启

亲爱的朋友，我非常清醒地知道也许你看到这些文字时是晕的（但愿我是错的）。但我也知道，你晕完还想了解，那是学习，是好奇，是成长。我对此的体验是偶遇—结缘—晕—放下—好奇—又晕—再了解—似有所悟—渐悟—开启智慧之门。

恭喜你即将开启！

完整观是如何建立的？概念学前人，体验由自己。感悟由心升，你生活在二元的相里，是因为你感官的局限性所致，你被牢牢地吸引在这个相里，当你开始向内看时，会发现自己正呈现着一个完全和以往看到的不一样的世界。每一个心跳、每一个呼吸都孕育着无穷的奥秘，这是生命的本质，这是与感官无关的世界，这即是不二的世界，这即是完整的生命存在，全部的各就各位，有条不紊的运行着，同时具足全部宇宙。无论是你的外在和内在，当你建立的不是你，是完整观时，你将看到一个整体，一个"一"。

心灵小练习

静静地坐着，想象你的身体就像金山、银山或水晶山一般高大而厚重，观想身体固定在广大的黄金平原上，无法移动。感觉身体和它的基础所具有的厚重、不变和不可摇动的性质。用你自己的身和心感受重量。重复这个练习，在重量的感觉中休息。这个练习可以帮助你集中散乱的心，为开启内在智慧做准备。

11月10日　接受

　　完整观是个方向,是个范畴,是生命的全部,是人可以看到并遵循其中的生命状态。人只有在生命受到重大冲击时才有机会回看自己的模式,才有机会由心接受新的理念,才有机会去真心改变,才有机会把心放下。当生命看到生命本来时,那个生命主体的力量升起时,一切都呈现在阳光、力量、温暖、和谐之中,面对记不清的不同生命的困境,用爱心陪伴,唯一收获的是喜悦,这是在生命面前的感动,这是你能收获的最高奖赏,也是你能达到的最高境界。

心灵小练习

　　静静地坐着,闭上眼睛。回忆起你经历过的一次痛苦打击,看看你通过它学会了什么,看看当时你身边陪伴你的人或事情是什么,感受到他们的温暖,感恩他们并把它释放出来。

11月11日 完整疗愈方法

如果你愿意尝试用完整疗愈治疗自己或他人,你愿意将完整疗愈当成是现代医学之外的一个新鲜源头,以下是供你采用的方法。

① 这是个治疗范畴,是医患双方统一思想的过程。(你要确定你和对方的关系,并且统一思想,也就是患者或你自己愿意接受你的疗愈。)

② 确定关系之后,在完整生命观的前提下,医患双方形成主和助,主缘是生命的拥有者——患者。助缘是疗愈师。主动助随,助唤主醒,命由心生,境随心转,法遵因果。(你是疗愈师,同时也是助缘,如何才能疗愈对方?你需要静下心来往下学习。)

③ 完整观即全部,即多角度。集宇宙智慧于一体的生命医学是完整疗愈的方向,例如我们这几年陪伴的生命中有失眠、抑郁症、癌症、糖尿病等等,它们都需要用完整观去重建生命体系和家族体系。(这个对你来说目前比较难操作,但你需要先了解方法论)

④ 在完整观下的诊断体系是关键之一,所谓完整是将生命和宇宙合一地去看,我们面对的病因就会从多角度去寻。所谓寻因看果,无论从家族业力、信念到心智模式和生活习惯,到身体各脏器互为作用等等,每个点都是个完整的太极,如果没有完整观的建立,一切无从谈起。(原来对待一个人的生病,绝不仅仅是做完医生要求的各项检查那么简单,检查只能告诉你器官的问题,绝不能告诉你为何会发生这些问题。)

⑤ 完整生命观是人类的共同观,普及教育是完整医学的基础,也是疗愈师面对每个生命所要沟通并共识的首要因素。

⑥ 逐步改变现有医疗体系的观念,整合完整疗愈体系的建立,各就各位,各司其职,共同协助于生命主体的新体系就呈现了。

心灵小练习

静静地坐着并思考:现有医疗体系的理念是怎样的?完整观又是怎样的?这两者有何区别?哪种更能全面地治疗好一个生命?深呼吸,对自己当前的生命说"是",并且决心开始学习疗愈自己的生命。

11月12日　完整疗愈体系

完整疗愈体系是在当下诞生的。当今人类的困惑和疾病是依赖医院来解决的，结果往往喜忧参半，甚至更差。强势的西医和没落的中医以及其他散落各地的传统医疗脉络，构成了当今人类的医疗结构。以重果不识因为主，即大都是跟着结果跑，跟着困惑和疾病跑，面对这个结果所研究的对象，都是所谓的结果即困惑和疾病，同时研究的方法都是在对抗结果消灭结果的方法上，无论是药物、手术，还是心理学等等都是以结果为范畴的疾病观。我有病，你有药是每个人的疾病观，我有病，我掏钱，你给我治好，我掏钱了，你就必须给我治好。

困惑和疾病是谁得的？困惑和疾病是谁造成的？困惑和疾病是谁治好的？我与困惑和疾病的关系是什么？我正在经验的生命中有困惑和疾病吗？我的经验体验是什么？我是关注的结果，还是关注的成因？还是关注的全部因果？这是我们疗愈体系的关注的核心之一。

核心之二是我们的疗愈关系的建立。患者是主人还是被操控的人，每个人都有自己的答案，我们完整疗愈体系中的主人是持有完整生命的自己，所有的疗愈师都是帮助其实现自己愿望的助缘。前提是我们每个人都具足生命的全部，每个人都是这全部的主人，我的世界我做主！——你做过主吗？这是生命的主控权。

核心之三是任何人和事物所构成的系统都离不开生命的大系统和韵律，所以完整疗愈体系的探索范畴是生命的韵律，困惑和疾病都在其中。系统决定了困惑和疾病，系统小到看不见，大到看不到边。

核心之四是我们把人的世界分为有形和无形的存在，这是由人的角度看世界的方便。其中无形决定有形。

核心还有很多，如生命陪伴体系；生命唤醒体系；生命重建体系；完整观下看生命的体系；完整疗愈体系；完整医学观的建立；完整生观的建立；由因入手，重因得果的完整呈现体系。

心灵小练习

静静地坐着，环顾四周，看看身边的事物，如桌子、椅子、床、墙壁，想象它们和你一起同步呼吸，尝试着和它们融为一体。

11月13日 升级

亲爱的朋友,你现在已经大致了解完整观了,也许你开始跃跃欲试利用完整观来改善你的生活了,那么,你此刻需要完整观的帮助了,完整观在生活中有两大特点可以帮助到你。

一是格局、系统、范畴清晰。二是透过现象看本质。当你从全局的角度去看人、事、物时,你会将所有元素及相互关系尽收眼底,这为大脑提供了充足的信息,面对全局你会看到每一刻的流动变化,这也是活在当下的完整本质。

我们的信念和感官构成了一个强有力的判断体系,这个体系用久了,会形成惯性,就会经常障碍我们新的发现。这个世界本身是变化的,生命更是如此。所以,不断更新升级我们的信念和感受体系,才能看到每一个当下的本质。

这在你陪伴生命的过程中,可以很好地引导你,让你看到自己和他人和社会之间的关系。当人们年岁渐长,很多老人不能接受身体衰老这个结果,认为自己老了,没用了,没价值了。于是很郁闷,殊不知长此以往,身体真的产生相应,出现失眠、记忆力下降、抑郁等现象,这些都是系统僵化所致。

我们需要升级,而升级需要在爱的认同下唤醒自主的生命力方能实现。这是个奇妙的旅程,绝对不是个僵化的流程,只有具足完整观、慈悲心的疗愈师才能去唤醒和陪伴,而慈悲心人皆具足,你也一样。

心灵小练习

静静地坐着,闭上眼睛,想象自己是一台计算机,里面的程序开始老化,你正在扫描并且决定升级。深呼吸,从头部开始缓慢地扫描直到脚底,意念经过的地方,都得以重新充电和升级。睁开眼睛,感受升级之后的不同。

11月14日　用生命影响生命

亲爱的朋友，相信你和我一样，一直以来会形成一种观念，而且根深蒂固，这与我们的祖先、个人的认为和体验有关。一旦形成观念，之后所有的体验都在证明着自己的观念是对的，这使得你更加坚信你的观念是正确的。这个死循环让我们无法进入到新的体验。什么观就决定了什么行为模式，它将继续制造、附和着这个观。

人生中遇到的大事、大烦恼、大灾难是会触碰到过去所持的固有信念和价值观的，这时正是烦恼即菩提的时刻，是境由心转的时刻，是你有机会看到自己的固有模式和偏执的时刻，这也正是一念反转的智慧呈现。

人生每一秒都不白来白去，每一秒的发生都是全部人生的示现，这是个完整观的示现。当你的心性能够与此相应，便会有无穷智慧的呈现，一切演绎的恐惧和担心以及欲望都会逝去。这是个本质性的转变，你无明和清明地活在生命中是有本质上区别的。用生命影响生命，唤醒生命具足的内在品质是提升生命内在疗愈力的关键。完整观决定疗愈力，固有观决定固有行为，行为决定成果，范畴决定内容。你清楚你此刻是什么人生范畴吗？唤醒自我的生命吧。

本周省思

11月15日　你的长相

亲爱的朋友,你会关注生命吗?一定会,你会希望自己的生命更精彩,你会对自己的生命状态产生各种评价,包括喜欢或者是抱怨。

完整观下看生命可以从因果、内外、点及面等不同的角度来看。例如"相由心生",我们此生的长相是从上一刻缘起而来。上一刻的心是什么?是慈悲心?嗔恨心?贪心?还是昏昧心?这些都会决定你这一刻的长相。

所以,你看到的每一个生命都会对应上一刻的结果来呈现。一个疗愈师要用心去体验这一对应关系,同时可以运用祖先总结的经验,可以与生命沟通取证,也可以运用现代科技佐证。这是个完整的信息采集过程,对于生命的尊重一定要建立在缘起上,只针对果而不知因是人类必须要经历的过程,但随着人类的进步,无论从观念上还是手段上都会从局限到达完整,这是大势所趋。每个生命在成长过程中也是如此,当下的此刻一定与上一刻和下一刻有关,这构成了生命的长河,滔滔不绝,息息相关。因果缘起缺一不可,无法逃脱,这是规律,这是道,这是生命自在疗愈之道,有因必有果。

心灵小练习

站在镜子面前,认真观察自己,说出不满意的部位,并且试着赞美它们,对自己说:我接受我的×××(某些不足),直到自己真的接受。了解自己生命中呈现的缘起,并且告诉自己从此刻起开始改变心念,从而改变下一刻的呈现。

11月16日　生命网络

我们的身体里有着完整的生命体系,大大小小的网络无处不在,如神经网络、血管网络、经络网络、能量网络等等,同时包括了局域网络、各器官系统等等,每个网络都是那么有条不紊地运行着,精确无误。

回到我们的生活中,你会发现能处理好三个系统以上的人,其生命状态会和谐,往大的说包括与生存的关系、生活的关系、生命的关系,往小的说包括与专业关系、个人交往、情感关系等等。这些都是网络的关系,任何人为局限的信念和行为都是阻滞和不和谐,其中尤以好恶、限制性信念、个人体系的固化障碍着去向一体。

我们学习的方向有两个,一是了解这世界本来是什么样,还有就是了解自己现在是什么样,最后到达个体和整体合一而完整。在学习的旅程中,每个当下的发生都是完整的体验,并无好坏和对错,这是生命的体验方向,而生活中做人做事也是一样。如果你愿意,你会发现每一刻都不会一样,只有我们的认为是固化的,这就是我们的生活,你是活在体验中还是活在固执己见中,这是同时呈现的两个方向即世界是怎样,我此刻是怎样。作为疗愈师在看到了生命的现状时,你知道你自己的反应是什么吗?你知道你的固执己见在此刻是什么吗?这是一个中立的开始,这是一个觉察的开始,这是一个陪伴的开始,这是一个唤醒自己的开始,这是一个网络链接的开始。我们的生命会在中立的环境下鲜活地呈现。愿天下人都在这鲜活中体验生命的真相,感恩有你陪伴!

心灵小练习

请闭上眼睛,全心聆听一段音乐,一段从未听过的音乐。保持平稳的呼吸,将自己对音乐的评判放下,当你呼吸时,去汲取音乐可以带给你的新能量,尽量和音乐融为一体,感受音乐的韵律,想象音乐和生命一样,都有属于自己特有的韵律。

11月17日　未知到已知

亲爱的朋友,从现在开始,你会踏上一个从未知到已知的过程。这个过程中会呈现无数种关系,认识这些关系的过程就是学习完整的过程,例如开始由少数人提出一个想法、一个主张、一个理论体系,百分之九十九的人并不知晓,由于每个人的身份不同而产生出不同的关系,把这些不同汇集在一个共识下的过程是随缘、随顺、不急不躁的相应呈现,每一刻都要觉察自己的心态、位置是随顺而动还是急于求成,是走量变的积累还是做梦。我在分享之路上,无论是面对面的传播,借助媒介发布,有缘共同体验,还是共同学习这前所未有的体系,均有三个规律被印证。

第一即是二八理论。无论在什么时候都是百分之二十用各种外显的方式呈现,而百分之八十隐匿在水中成为基础,这是一个完整的组成。

第二即是多重性的角度缺一不可的呈现。每一个角度都不是主流,主流只有一个,就是当所有的角度平等呈现时构成完整,任何一个角度的泛滥和执着都是偏离主题的。

第三即是随缘起念,随顺布施,共鸣自然。不强求,不说服,不对抗,不以条件和结果所束缚,不以此而生好恶,不以此而起贪痴。从表面上看关系错综复杂,其实很简单,其核心就是和自己相处,外面只是面镜子,让自己看到自己。我们对外面的刺激产生反应是内在投射,我们从祖辈、从社会、从自身体验积淀了自己的标准体系,并不时投射给每一刻、每一人、每一事、每一物。不知不觉地就固化和自以为是起来,这个固化就是完整中的一个点即个性,即角度。让每个人的角度呈现的同时,让其看到全部是我们共同去的方向,其实看到的基础是你本完整。感恩这些角度的呈现构成完整,感恩完整让我们看到自己。

心灵小练习

一个人安静地坐着,去感受自己的个性,看到自己个性当中阻碍你的部分。你是否很固执,或者无法信任他人?你是否不敢当众说话,担心出错?当你平稳地呼吸时,允许自己追溯那柔软的源头。不要急着去修改它,用温柔的爱去包围它。脑海里呈现出你另外一个个性,和现有的相反的样子。

11月18日 照见自己

古人常说：近朱者赤，近墨者黑。这是一个范畴决定内容的角度，说明人是可以改变的，同时也说明环境不同会影响到人的信念价值观。你知道自己的环境吗？你知道自己的信念价值观吗？

一个人的一生是次生命的旅程，完整的生命体验让我们有了对生命的认知，同时生命一刻都离不开这孕育万物的世界，即世界也是生命，我与世界合一为生命。这是一个高度的认知体系，落地的价值呈现是平等相处的关系，生命并无高低贵贱之分，也无远近亲疏之别，更无占有的欲望和恐惧失去的生命，物质是变化无常的，精神是永恒的。

当我们的思维模式固化时，一切都在否定中，因为周围在变。自己因不适应就会去对抗周围的改变，只要对抗就会产生消耗，产生负面情绪，产生仇恨，产生抱怨，产生疾病，这是很多来访生命的根结所在。我们在陪伴中用镜子令其看到自己的过程即是愈他的过程。这是一个探索的过程，并无非常固定的方式，但方向非常清晰——照见自己。

每个人都有当下的需求点，这是一个共识的基础，达成一致的目标就是让其需求成为现实，而非想法和逃避的理由。在这目标的前提下，共同的目标是将信任建立起来，不是关于结果如何而是共同去探索奇迹，没有人能保证以后的事情，但我们可以共同去发现、去经历、去体验、去改变、去成长。这是一个疗愈师的心态，同时也是所有生命的价值观，这是一个自愈愈他的共同体，这是一个动物、人、生命的共同体，这是一个从未分开过的共同体，这是世界的本来呈现，只有臣服和尊重才能够体验到核心。愿天下人都能看见这丰富多彩的共同体！感恩这万物的陪伴！感恩生命中每一刻的相遇！感恩！

心灵小练习

拿出和纸笔，罗列出一些你记忆里的好运气以及坏运气，看看发生过之后，有什么变化？它们是否转化了？

11月19日　纯粹的力量

纯粹的力量是什么？我们的生命就是个纯粹的呈现，如果不纯粹则呈现的是另外，纯粹是合一，是天、地、人以及宇宙万物的合一，是相互关联的一体，是完整的无分别，缺一不可，各就各位，各司其职的共同协作。只顾自己的我执状态，称为纯粹的二，这个纯粹是无意识的无明，有对抗性，有分别心，有自以为是的唯一性，不是在完整观下去看大局，以我为中心地去做作业，因无明而迷，称为纯粹的无明或愚昧。当我们心容天下，我们脑识完整，身感万物及宇宙，那么这是生命本来具有的合一和纯粹，这是如是本来的全部。如果你带着这份纯粹回到人的生活，你会发现纯粹无处不在，每一刻、每一事、每一心念、每一纠结、每一决定、每一选择、每一负责任，无不呈现出纯粹的智慧。没有对错，只有结果下的纯粹状态，是一还是二？是谁在做？这个探索发现生命的主题一开始即会呈现出生命本来的智慧，从人造的世界中醒来吧！你一定能看到世界的全部！

心灵小练习

静静地坐着，集中注意力平稳地呼吸。想象在你眼前有一个事物，吸气的时候，伸出手去够这个事物，同时想象自己具备了非常温暖的热量和爱。呼气的时候，想象自己打开了心灵，无声地将这种情绪表达出来，同时拉近你和这个事物之间的距离。

11月20日　合一

我们常说要合一，要纯粹力量，要缘缘聚合，要身心灵一体，要活在当下。这是在说什么？我们为什么要合一？我们曾经合一过吗？我们为什么会二？我们的生命为什么是由合一而来？为什么做爱是当下的合一和纯粹的瞬间体验？为什么要意愿达到100%才会产生力量？为什么说担心会干扰我们的行动？为什么说活在人造的欲望世界里是被动的生命？为什么说怕失去一切是人的心智模式被限制的根源？这无数的为什么一定有其相对应的真理。人生即是在寻找和探索发现这些真理中度过的，而其中所遇一切都是为了体验其中真理的奥秘，所以人生是个体验式的生命呈现，每一秒、每一刻、每一事、每一物、每一人、每一个生命都在体验中，从未间断过、从未停止过、从未重复过、从未丢失过，每一天都是新的鲜活的，是因为体验到这生命的无常。多问几个为什么去开始我们生命中最精彩的体验吧！你一定会有答案！

心灵小练习

安静地坐下或躺下，放松身体，轻松呼吸，接着闭上眼睛，放松你脸部和前额的肌肉，并放下一切紧张。静静地坐着，想象一道治疗光正在扫描你的紧张部位，松缓你脑中任何紧张部位的紧绷或疼痛。这个练习可以帮助你放松大脑中的紧张。

11月21日　无处不在

亲爱的朋友,现在让我们休息一下吧,请你把眼睛从书本上挪开几分钟,然后环顾四周,思考生命,你会发现完整无处不在。但如果你只是希望解决问题或疗愈疾病,你一定会走到旧模式里,要知道以问题和疾病为焦点的模式,只是关注在结果上,以不接受对抗和消除为主,从而忽略了对整体去看因果的过程,尤其是对各种起因的漠视。急功近利地将消除手段的关注视为救命稻草,对结果的期待和不接受是人类整体的无意识,平时给自己设限的暗示是典型的对结果的不接受。如果你觉得你突破了底线(限制性信念)做出了很丢人没面子的事,那么你永远会被这个信念卡死在这个坎上,因为你已固化了一个你,甚至你的固化完全是为了活在别人的眼睛里,这种被催眠的状态在旁人看来是清晰的,只有当局者迷,产生你让我怎样我偏不怎样的逆反心理。在人生中没有年龄界限,表现在成人及老年人中更为甚之,表现甚为隐匿。

因强大的信念和丰富多彩的经历,在完全不觉中被固化,满足在这光环中而形成排他性和自我的标准,长期持有者一定有身体反应,如对抗所带来的内耗性疾病、内分泌失调、肾气不足、血液循环不畅、血黏稠度高、自身免疫系统下降、失眠多梦,甚至是抑郁等等。这与不接受自己的结果一样,所以自负和自卑是一回事的两个面。当见识不断加宽时即信念被加宽时,行为也就随之改变了,有道是:不觉已千载,自醒了无明。

本周省思

11月22日　果实

我们从出生来到世上，结束了一个孕育的过程，呈现了一个果实，这个果实即是我们的心和身体，在母体的孕育是此生的第一个阶段，是此生命上一刻决定进入人生的必经之路。

我们在母体的孕育过程中所有上一刻的愿力都注入这胚胎中，父母的愿力同时注入，母亲在天地万物的滋养下开始呵护孕育胎儿成长，这是一个人形的建立，是一种范畴的培育，也是一种初心建立的过程，即初心和人形的结合过程。

从母体出生的生命一定是个雏形，其他形状的生命也如此。从母体的孕育结束后来到了世界上，开始了家族和社会的孕育，这是一个对人认知孕育的过程，这是一个漫长的过程，是在体验中不断修正自己的过程，是建立生命观的过程，同时也是从点到面到完整的过程。这是一个生而为人从不知到知道真相的必经之路，这也是一个大孕育的过程，为了生命的觉知而经历的孕育过程。在人的世界中，大自然的一切都将注入此生命里，人们终将得到正果，这个结果即是看破有形，随心而现，看不破即落入执见，不能随心而至。我们活在这有形的世界里，处处可见事实，享受着欲望的推动，恐惧着拥有的失去，对无形的无知和恐惧，对没有的无知和恐惧，对死亡的无知和恐惧，让我们看不到生命的孕育过程，看不到有形和无形的关系，看不到生命的完整，从而被眼前的所谓事实所障碍。

我们经常会听到有人因为不堪忍受痛苦，从而结束自己的生命，他们通过自己的双手将自己的生命孕育历程结束了，这是典型的一叶障目，是活在有形的世界里的井底之蛙，也是一个无知生命孕育过程的牺牲品。自杀是自己决定了断生命的过程，其初心是逃避、不承担、不负责任，因果可想而知。

所以作为人的生命形式，建立生命的完整观，建立生命的孕育体系，建立有形与无形的世界观，建立人生规划的成长过程，会让每个人去正确面对人生，无论是成功和挫折都有个完整的观念去面对。感恩一切陪伴你的万物，没有万物何谈孕育。愿天下人都能持有这完整观去经历这人生的孕育！感恩！祝福！

心灵小练习

今天一整天，练习用正面的看法面对所有的问题，无论遇到多么困难和不能接受的事情，全部尝试着找出正向的感召力。看看自己是如何进行这一个训练的，并且把结果记录下来。

11月23日　生命的轮回

　　生命的轮回就犹如钟表一样,秒针转1圈是1分钟,分针转1圈是1小时,地球自转1圈是1天,地球公转1圈是1年,生命转1圈是1辈子,以一辈子转一圈是轮回的生命。

　　当秒表滴滴答答地前进着,每一刻都是那么的清晰、完整而独一无二,绝不妨碍下一刻的呈现,这是一个规律,每一刻都是独一无二的完整,同时这独一无二的完整中又有着一种神秘的链接。这链接的能量由哪来?由谁决定?为什么会对下一刻产生绝对的影响?

　　当我们开始去发现自己的生命所在,开始体验到生命的存在规律,开始感悟这生命的轮回时,这其中的秘密就会有答案。每个人都有自己的答案,不同的学校、不同的专业、不同的年级、不同的体验、不同的环境、不同的种族、不同的经历,这些不同的角度构成了完整的相同,就是这个完整让我们共同拥有了生命。这是一个发现、体验、感悟、看到的过程,是每个生命拥有的权力。别人的体验无法替代每个人的体验,这是一个完整生命的体验权利,就如每一秒、每一分、每一小时、每一个片刻。

　　看着我们熟悉的表,看着我们熟悉的火苗,看着我们熟悉的蓝天白云,看着忙忙碌碌的人海,看着自己的此刻、过去、未来,一切生命的奥妙就在其中,一切生命的规律就在其中,一切前人和当下的体验就在其中,一切的发生从未间断过,一直在轮回中前行,一直在呈现着完整的运行,一直在规律的发生中呈现着无穷的奥秘。愿天下人都能看到这生命的奥秘!感恩有你陪伴!

心灵小练习

　　观察一棵树的年轮,看看它的印记,这些印记说明了什么?我们的生命也有属于自己的印记,想一下你的印记是什么,如何引导你持续不断地进行生命的体验?

11月24日　视野

　　每个角度的视野都是对的,因为那个角度看到的就是这样!但每个角度的背后,或者说其持有的思维模式,或者说其心中的格局,或者说其持有的观念,或者说其体验过其他角度等等,都会让我们不会迷失了方向,迷失了格局,迷失了完整的一体,都会让我们不断地去探索更多的发现角度。

　　我们从生下来学习,体验,思考,感悟,看到了很多的这样,还有很多的那样等待着我们去看到。有向外看到的,也有向内看到的,还有看不到的,感受到的,甚至重复的,确切地说每次重复又是完全不同的。我们的心由无知变成有知,从无意识变成了有意识,从自以为是变成了无常无我,从那么多的所知障和执着中走出来,变成了出污泥而不染的莲花,这是一个去向完整呈现的过程,这是一个生命所经历的醒来、蜕变、重新建立的过程,这是一个相互陪伴和自己做出决定的过程,这就是完整的生命。

　　我们的心有能力接纳全部,但我们的心智模式经常障碍着我们的全部,我们太习惯了就不觉得了,犹如白天在梦中般而不觉,学会了就要放下这所谓的角度,去接纳更多的角度,去看到全部的存在,这是一个范畴、一个观念、一个真相、一个格局。这是一个心智模式,这就是完整观。

心灵小练习

　　走入人流中,放慢脚步,感受生命在身边流动,此刻忘记你要去的地方,只是静静地呼吸,感受你身边的人流,让你的烦恼随呼吸慢慢地流走,感觉自己是一个健康的细胞,你的移动就好像清理了这个世界的血管,这个练习有助于你的视野开阔。

11月25日　本来心

我们的心在什么位置上,结果一定与之相应,也许你都不知道心在哪,但结果会告诉你在哪儿,面对结果仍然不觉者即为活在惯性里的执迷者。

我们生来具足的心为生命的本来心,因为我们是结果示现,生命已经是个结果,所具足的因已经存在,不具足就无此结果,这个心的位置把它称为生命之心,这是一个生命的范畴。

当我们发现我们是人的时候,我们开始活在人造的世界里,开始制定人的行为规范,开始制定道德标准、法律法规、衣食住行规则,以及关于健康、事业、家庭、团队、公司、单位等等的规章制度,这是人的范畴,把它称为世俗之心。

在这生命无处不在的大千世界上,花有花的特有,狗有狗的特别,细菌有细菌的空间,人有人的生命本能。在这万物同归生命的同时都保留着各自的特点,使世界变得妙不可言。这个此生的特点各自独一无二的呈现,构成了这千姿百态的世界,同时互为依存,这个各自的属性我们称其为本能之心。

当我们长大了去开始此生的行为,无论是家庭、事业、健康等等,借助上述三种心的位置区分,你会发现自己的位置,你会发现自己的价值观的组成元素,你会发现为什么总是重复着不想要的结果,为什么会疯狂地去追逐名利,为什么会那么多的自我而不觉,为什么会有不安全感、抱怨、指责。当我们的心在哪儿结果一定在哪儿!愿天下人都能看到自己的心和位置!感恩有你的陪伴!祝福!

心灵小练习

静静地坐着,回忆过去对你来说异常清晰的某个时刻。现在回忆你曾伤害自己或者一个你爱的人的某个时刻,并且感受自己伤害所带来的后果。不要轻易对自己下结论,只是提醒自己看到作为人类的局限性,让这种清醒的认识安抚自己。

新的一天开始的时候,记住自己生而为人的事实,并对一切怀有慈悲心。

11月26日　局限

我们在没有看到世界真相时，在没有看到生命全部时，在没有看到自己和世界、和生命的关系时，我们所持有的世界观一定是有局限的、不完整的、自我的、带偏见的。我们所深信不疑的信念价值观，往往会随着学习和成长而发生改变，这是我们此生所必须要经历的体验过程。所有发生的事件都会推动着我们去看自己的信念价值观的局限性，都会在走出事件中丰富我们的信念价值观，都会在体验过程中丰富我们的印证体系，都会在结果面前看到因的存在，都会在存在面前升起敬畏、尊重和臣服。

世界完整的存在缘起了完整的生命，我们生来由完整的缘起而来，是一个完整的结果！如果没有这完整的缘起因果，我们是出不来的！所以我们每个人都是完整而来，具足生命的全部，与世界完全相应，无论是无形的还是有形的！唯一不同的就是此生我们所看到的是多少，无论是看世界还是看自己，看到了看全了看完整了，也就与世界本来，生命本来，自己本来合一了，也就看到了真相了，也就回到完整了。

在此生的成长过程中，每一刻的所遇——人、事、物，都会让我们看到一些，体验到一些，感悟到一些，这是我们感恩的话题！这是缘起我们的必要因素，因果同在，尤其是包括此刻我们嗔恨的人、事、物，我们不信的人、事、物，我们抗拒的人、事、物，我们想消灭的人、事、物。这些正是我们此刻和下一刻要去体验和去向完整的方向，自我的局限性和存在的完整性在不断的突破体验中会渐渐地去向相应，去向完整。

当我们持有很多年的认为、习惯在不舒服的过程中被打破了，被推翻了，自己以前看到的完全不是那么回事了，这是一个由不信、不可能到相信、可能的妙趣旅程。一切脑、身、心的反应都会发生。怀疑，抗拒，痛苦，嗔恨，要面子，求价值，恐惧，有欲望，感悟，感动，感恩，相信，喜悦，这是一个轮回！就在此生！

人的确是有能力改变的所以感恩我们的生命缘起让我们具有一切感受感悟的能力，我们学习体验成长是因为我们具足这成长的能力，具足这内在的规律，具足拥有这存在的世界！世界是存在的，我们是存在的，我们的认为也是存在的。他们是不是一回事？我们都在这条探索的路上！愿天下人都能去向这探索发现的完整旅程上，都能享受这完整生命所带来的喜悦！感恩有你的陪伴！

> **心灵小练习**
>
> 请静静地坐着,想象你正深处主宰天地万物的道中,将你的呼吸放慢,冥想自己的智慧或者服务精神。接着保持轻柔的呼吸,将你所面临的危机袒露给主宰天地万物的道,感受到天地万物的爱包裹着它。感受现在正面临的危机的化解,以及你的智慧或服务精神的呈现,并试着将两者结合在一起。

11月27日　因果

我们每一刻都在与结果相伴,同时也在下一刻结果的因中,因果同时存在的当下构成了我们所具有的一切,这是一个完整的世界,缺一不可,每一刻的结果都具足着它所形成的因。各就各位,每个因都在其自然存在的位置上发挥着作用,换位即得另一个结果,同时各司其职,每个位置都具足着全部的能量,相互作用,共同协调地呈现出其自然的运行规律。每个元素都是在自然规律中不断地换位而呈现出不同的千姿百态的结果,所以对于一个结果来说其具足完整的因一定是缺一不可,各就各位,各司其职,共同协调,完整呈现的。对于下一个结果而言,那一定是元素的换位,能量的流动和变化无常,又形成了新的结果,这本身就是一个自然规律。

在大自然的存在面前,我们唯一的标准就是大自然本身,在我们没有看到全部时,就如盲人摸象一样,你的结论不是唯一的,你的角度不是唯一的,你的假设也不是唯一的,唯有你的探索是唯一的出路,因为你会越来越接近真相。如果你想加快你了解的步伐,你可以多听听其他人的说法,多了解一下其他人的看法,多汇集信息,这样你就会很快地收到堆积如山的信息,很快地摸到真相,这是不排斥的结果。

我们是有对错好恶的习性的,好恶让我们经常抗拒不喜欢的结果,对抗让我们失去了一半的世界和真相,这也是造成不完整的基础。

我们观外在存在的一切,同时观自己的一切,渐渐地发现它们完全的相应不二,你的一切就是宇宙的一切,你的所有都是生来具有的,你此生只是发现和拥有。

心灵小练习

请闭上你的眼睛,放慢呼吸,直到感觉自己已经集中精神。

心神凝聚之后,睁开眼睛,与周围的生灵同时呼吸。

如果你在这一天中不知不觉地加快了节奏,尝试着慢下来,与身边微小的生物同步呼吸。

11月28日　诊断

在完整疗愈中第一次来的人，因为不了解完整疗愈体系，所以会有很多提问，我们把这个过程叫做诊断。当生命客户对完整疗愈体系有了一个初步诊断时，就会有了意愿是否继续，如果愿意接受完整疗愈即进入下一步。

诊断在医院是为了排除疾病，焦点在疾病上，诊断的依据是用人认为的正常模版做对照，把来访者目前的各种数据和图像搜集起来，看与所谓的正常模版有什么不同，一经对比有不同，那就是病了。

完整疗愈体系的诊断是了解客户的生命状态和心智模式，焦点在当下客户的生命状态的因果上，所有来的客户都是结果，只是原因不明，所以我们的诊断是因果对应具现。当诊断清晰后，双方约定是否进入下一刻的所谓疗愈。

其实诊断的过程，也是双方建立信任的过程，相互了解得越多就会越相互信任。所以在诊断中会有很多信念的沟通和梳理，这其实已经是在疗愈中了，有很多客户通过诊断就已经解决了困惑，想通了，心不堵了，身体轻松了，疗愈结束了！

每个人来完整疗愈之前都是带着自己的过去体系来求助的，希望有神人把自己治好的心是很强烈的，幻想着所谓的大师一出手疾病全无。所以这个心智模式的转变是疗愈的第一步，即疾病究竟是谁治好的？人为什么会得病？我为什么总是创造自己不想要的结果？这一切的主人是谁？

这的确是个生命探索的旅程，这个探索的机缘是所谓的疾病，所以我们与疾病结缘，结缘其背后的发生，结缘其生命的韵律，结缘其生命成长的旅程。相约此旅程的相见将是终生，生命的无常流动让我们一起去随顺体验，随顺探索，随顺因缘，随顺自然，随顺自在！与困惑和疾病结缘即是随顺的启程！愿天下人都能在探索生命中结缘同行！感恩有你的陪伴！

本周省思

11月29日　等价交换和能量流动

等价交换和能量流动说的是市场经济的规律和生态系统中能量转化的运行规律,从外在的表现来看是不同的,但从内在核心原理上是完全一致的,这就是我们常说的世间万物是一体不二的,这是触类旁通的基础,这也是生来具足的基础。

等价交换和能量流动都是关于平衡的,平衡点很多,每个当下的范畴不同,但最终都是要得到平衡。无论是个体、团队、家庭、单位、社会,还是世界,都是建立在平衡的基础上,并无常流动变化的。

大自然就是在平衡中呈现着千变万化的,我们人类也在其中,无论大小,每个点都有一个核心,这个心就是平衡点,也是平衡的心。

如果每个人都是平衡的心,那么系统也就平衡了,这是一个需要用心去感受的点,因为这是个核心,这是个无形的流动的变化的能量,所以要感受到这个流动变化,是需要不间断地用心去感受,才能与之同在。

这个感受的能力是需要修炼的,这是完整疗愈师的基本功,这是人与人交往的核心,只活在自己的逻辑和感受里,不感受他人感受的,都会活在不平衡里,即便是切断感受,也是自欺欺人。随着时间和能量的积累,终有严重失衡结果的呈现而悔恨。

所以,我们要想提升自己的系统平衡能力,就要先从提升感受力开始,当感受到的越来越多,越来越细,越来越深,越来越广的时候,你就会成为系统,你就会成为平衡,你就是韵律。愿天下人都能在探索中发现系统平衡!感恩有你的陪伴!

心灵小练习

回忆你曾经被别人误解的一个片段,是否感觉非常痛苦?再回忆你误解过别人的一个片段,感受一下对方的心情。站在事件外面看当时,为什么会发生那样的误解?看到自己的局限,看到自己面对深信不疑真相的依赖。告诉自己从此用完整观来看待周围世界,不盲目下结论。

11月30日 种子的成长

我从小到大由自卑走向自信历经反复之坎坷,二十年的风风雨雨、两个时代的培育,有幸拿到了内在的能量。站起来不虚的感觉真好。

但这是个自我成长的过程,社会上的人际关系、亲情及两性关系、与世界万物的关系是什么？直到现在我还在探索发现中,其中由关系进入系统的成长是个巨大的飞跃,这是个由碎片到完整的必经之路！这个过程有无数喜怒哀乐的故事。这些故事犹如楼梯的台阶一样,送我向上直到系统,当看到系统时回看过去由衷地感恩升起,没有那一切,就没有此刻,感恩是因。

再看当下之成果,无比喜悦,喜悦是果。每个当下都是结果,同时又构成下一刻的基础,从未停止过,此刻正在发生。

生命是个流动的、无边界的、有韵律的、无常的、多样化的多元素的东西,究竟是什么？这是每个人此生需要探索的使命,这是一个别人告诉你是什么都不会相信的话题,比如我们相信自己看见的,别人看见的我们就不一定相信了。佛陀告诉我们生命是轮回的,有六个级别的轮回,学不好是要降班的（下地狱的）,我们不一定信,可我们一定相信从一年级到六年级是要一步一步走过来的,学不好是要降班的,其中只有上完六年级才可以升初中,就如只有人道可以成佛。

是什么障碍着我们失去了相信的能力？这个话题的核心是自己,因为这与别人和存在无关,因为,客观地说,我就是活我的世界,我只相信我心里有的,心里没有的是不会相信的,但不排除下一刻发现了,有了,相信了。发现的过程就是成长的过程了。

如果我是活在自己的逻辑里,那我一定是个视而不见甚至对抗性很强的人。只活在狭隘的自以为是的小世界里,由于内心没有去发现的种子,所以是聋子、瞎子、愚痴,甚至是疯子。所以让我们内心的种子多起来吧！其实我们内心都有这全部的种子,发现的和提取种子是我们成长的事,其中与自我的交手过程是个醒觉的过程,最终回归本来,放下自我。愿天下人都能在探索生命中看到自我的逻辑！感恩有你的陪伴！

本月省思

12月1日　心魔

你和我一样，都拥有完整的生命，但是完整的生命到底包括什么？这需要体验后才能够说出来，同时也是没体验过的人听不懂的话题，过去的体验代表不了当下的体验，想象死代表不了真的死，体验了才会真正知道。

心魔升起的欲望如同着魔。身不由及地去消耗着能量，无明的执着侥幸地形成惯性，被推动着去实现着未知的妄想，一次次的碰壁而不醒，大脑不断制造出类似于"这是理想""这是胜利的挫折""这是为了××的意义"等催眠曲。不撞南墙不回头的壮举正是我们在心魔下的写照，怨天尤人的主题曲将回荡在你的世界里，因为这就是心魔启动的结果，为自己的欲望而启动的心一定不会吸引帮助你的缘，这是因果。因为这个世界是彼此相互依存共同呈现的整体，任何怨恨和对抗都将自食其果，疾病的根源都在其中，想解脱只有去探索生命而非对抗疾病。

心灵小练习

亲爱的朋友，静静地坐着，回忆小时候非常幸福的一个片段，回到当初的感受里，把它记录下来，当自己心情不好的时候，就回到当时的感受。看到自己生命中能量的流动，了解完整的生命。

12月2日　发现奇迹

　　你遇到过奇迹吗？生命中每次出现的奇迹都是我们要去发现的，而非只是赞叹，千万不要仅仅说这只是偶然；千万不要只是一意孤行并视而不见。癌症好了，植物人醒了等等，生命以不同形式的呈现提醒着人类，要想让生命从疾病中走出来，必须要多角度去发现生命的规律，无论是爱与生命、恨与生命、药与生命，还是生命与生命。我们每天在其中而知其一不知其二，甚至固执己见于某个方面，甚至攻击其他方面为伪科学，这是障碍人类进步的思维模式，这是典型的不完整观。

　　一个人学习成长的首要内容是关于生命的，因为我们就是生命。首先要知道自己是谁，这是一个建立完整生命观的过程，也是一个发现奇迹的过程，这是一个大生命范畴。有了生命的观念，有了发现奇迹、探索奇迹的好奇心，再加上有了做好人的基础，那做事包括科学研究一定是探索韵律的结果，一定是在道上，一定会造福人类！

　　完整疗愈体系也是如此，建立完整观，时时刻刻站在整体的位置上，不去对抗任何结果，不去排斥任何角度，但一定是共同协调的统一，不掉入结果里，不掉入假象里，不唯一。愿天下人都能在探索生命中建立起完整观！感恩有你的陪伴！

心灵小练习

　　观看一次日落，这是大自然的奇迹；观看一次下雨，这也是大自然的奇迹。训练自己把习以为常的事情，看成是宇宙中的奇迹，会得到很多启发和乐趣。

12月3日　固执与灵动

在完整观下看大自然和生命个体,我们会发现大自然的所有规律都能在生命个体中找到。这是全息相应的基础,这是一个不二的共同体,这是一个触一发而动全身的整体,这也是我们都在各种系统中而相互影响的基础,所谓的疾病都是这样产生的。

每个生命的核心是自己,这个自己不是自我,这个自己是与大自然的规律完全相应不二的本质。我们常说的主啊,我们虔诚的臣服在主下。我们的主就是大自然,代表大自然的前辈和我们自己的本质,这是一个三位一体的共同体,这是一个合一的不二的生命体,这是一个共同遵循规律的世界。任何违反规律的自以为是的固执己见都会呈现出脱轨或说病态,最终以死亡告终。

人有固执己见和逆反的能力,这个能力的反方向是灵动和随顺。这是一个阴阳转换的世界,阴阳随顺变化无常。大自然的规律让我们发现自己与之相应不二的潜能,当我们这生命个体感到无力了,那么你一定离开系统了,一定与自然规律抗争和脱离了,一定活在自我里了。回归系统、回归规律、回归生命本来就是生,就是和顺,就是回归生命的完整。

在生命的完整未完全呈现时,那一定是固执己见障碍了我们的本来,所以才会有能量的不同和大小之别,其实每个生命的个体都具有宇宙的全部,我们求对方帮助自己,同时认为自己不行,太渺小无力,这即是二的根源,这即是自我障碍的呈现,这也是没看到完整时偏执的状态,这个偏执再加上情绪就构成了所谓的疾病症状。当这个状态持续发展时,生命个体的组织一定出现相应的变化——器质性病变。这是一个系统与个体相应不二的呈现,这也是家族和家庭中产生疾病的根源,没有一个生命是脱离系统而生存的,正如人离不开空气一样。真心祝福天下人都在系统中茁壮成长!

心灵小练习

静静地坐着,拿出一张身边人的照片,想象当你试图用自己的方式掌控和改变他(她)的时候,他(她)的反应,放下你的想法,用爱静静地陪伴他(她),感受他(她)的感受。然后告诉自己,从今天开始,你允许他(她)成为他自己,按照自己的意愿成长。

12月4日　不平等

没有人能够在不平等的心态下感觉舒服的,所以很多平衡都是在自我催眠下达成的妥协。当下我们看到的世界就是这样呈现的,但这只是个表相,而且大多是物质生活上的平等和不平等。如果认真探索生命的话题,有很多自我催眠会被打破,有很多所谓的平等就不再存在,真正的平等会发生。世界存在于内心里,生命就是世界,所有都有。

在我们经常探索发现"我究竟是什么样"的时候,也会经常发现无论怎样千变万化都具备一样的韵律,例如猪、狗、虫、树、花——其生长的韵律无二。它们都共同拥有着这个世界,共同享受着一切,如果接触到了生命的本质,那一定会升起平等心,一定会共同拥有这彼此的依存和尊重,一定会随顺这相互存在的系统,一定会享受着随顺的喜悦。

每个人的背后都有一整套经历和故事,我们称其为个人的系统。不同成果配套的系统各有不同,一套系统一定会有两个成果,一个是想要的,一个是不想要的。当背后的系统完全与生命的韵律合一时,一切如是,没有什么想要的和不想要的时,那所呈现的结果就是人们所说的开悟了,这是一个成长的过程。

只要还有不平等的心,那一定还在贪嗔痴的范畴里,什么亏了赚了、什么你高我低、什么你富我贫、什么你美我丑、什么我是人它是花,等等都属此类!都是在分别中,都是活在表面的千姿百态上,都是没有去探索生命的韵律,都会固化在这自我的认为里。愿天下人都能在探索中发现表相背后的故事!

心灵小练习

静静地坐着,平稳的呼吸。现在,学习和自己的身体对话,对每一个器官和细胞说话:你们辛苦了,感谢你们陪伴了我这么久,我爱你们。想象每一个细胞和器官都变得非常健康。

12月5日　位置

我在宣讲完整观时,都会反思,我是在什么位置上?似乎过去的心智模式如镜子般照见各种反应,执着地见不时地控制着我的头脑,无明的情绪带我去向地狱,身体的不适反应让我醒觉,这不是完整。这只是人生的片刻而已,不固则流动,不住则无常,随顺则无染,见到则究竟。当内心升起明灯,一定照亮四方;当内心包容万物,则在哪都自在如家。这是放下我执去向自由的旅程,唯有发大愿者才能真正体验,我相信我在这路上(信),我愿意探索生命的完整(愿),我与生命合一去去呈现(行)。感恩一切缘起我与生命相遇,感恩一切缘起一定去向完整!感恩!

心灵小练习

集中你的注意力,回想有哪些善事是你受到内心的呼唤后感觉一定要做的。呼吸的时候,让你的心发出光亮。不要思考,只是为其他人祈祷,然后你今天只专注于一件事情,保持觉察地去做这件事,全然地投入。

12月6日　呈现纯粹

亲爱的朋友,如果你觉得你不行,如果你的担心很多,如果你的心口不一,如果你不相信,如果你不专注,如果你有小聪明,如果你有欺骗性,等等,那不是由心而生,那只是想,那只是个梦。

任何成功的背后一定是心的纯粹,这是个势不可挡的力量,没有条件创造条件的心力,是万法由心造的根源。这纯粹的心由相信,到聚焦,到专注,到践行,到吸引力,到广结善缘,到呈现!这是一个渐进的条件聚集成为的过程,同时是不断向世界宣布,不断呈现纯粹的心力的过程,纯粹的立场是无敌的能量,无数前人们都是在立场上呈现出纯粹的魅力,无数高僧大德在觉悟人生时,都是向全世界宣布他们的立场而呈现出生命的觉悟,如果你有个愿望是发自内心的,那就放下一切顾虑和担心去宣布吧!那就是纯粹的力量的源泉,那就是生命内在疗愈力的源泉,那就是生命去到完整的开始,那就是完整生命。

心灵小练习

静静地坐着,深呼吸,想象自己内在充满力量,有什么愿望是你内心深处一直渴望的?把它写下来,想象它实现后的样子,告诉自己你值得拥有。

12月7日　你就在完整中

亲爱的朋友,你知道吗,自你出生后就开始经历自始至终的每一刻完整,你从未离开过完整。这些完整的背后究竟是什么？你从未想过,所以并不清楚,你可知每一个完整的呼吸背后发生了什么？新陈代谢,呼出的气参与了其他生命的代谢,同时又参与了这宇宙的物质流动。

你看不全,但你在其中,在经历,在发现,在完整。你的经历可以渐渐地完整,但你观念的局限时常障碍着你,障碍着你看到完整,障碍着你体验不到,障碍着你不再去发现。

有一则新闻,说国外一女性在裸体上用色彩绘画当作衣服,然后在大街行走却并没有一人发现是裸体,色彩形态的经验形成的概念让我们看不到真相。每一刻的信息都被过去的总结所障碍,我们渐渐失去探索发现的能力,人造的现代化世界已让我们麻木和依赖,应该这样、应该那样、应该如何如何等等,形成了我们的机械化程序。从醒来睁眼到睡下,犹如一台被操控的机器,被使用而不保养的机器,被谁使用了？谁该保养它？谁又是它的主人,它的主人因为什么不爱护自己的机器？这是个终生探索认知的话题,是体验印证而完整的话题。这是个从观念到体验,到印证,到修正,再到体验的过程。每个生命都在其中,每一刻都在其中,每个系统都在其中,每个行业都在其中,每个规律都在其中,每个微尘都在其中,这是个概念的认知,这是个观念的建立,这是个高度的看法,这是个完整的开始。

本周省思

12月8日　生存、生活、生命

需求、品味、境界是关于生存、生活、生命的。由于此生的身体需要营养所以有维持的需求；由于我们此生是人所以有了欲望的品质；由于我们是生命所以有了真相的境界。从表面上讲生命大于生活，生活大于生存，但实际上其本质不二，即其各自运行的原理是一样的，所以我们之所以会各执己见。因为没有去探索原理，只是各执自己的见，如果每个人都有完整观下看生命的观，再说系统的存在就是件享受的事了。

生命本身即是完整的，每个人都是完整的，每一刻都是完整的，所谓不完整的是因为没有满足自己的标准。有因缘有果即完整呈现，当我内心的标准成为唯一时，瞬间整个世界就变得不完整了，因为我的标准一定与真相不同，一定是好恶喜欢不喜欢的选择了，一定是在三个世界里（真相世界、人造世界、自我世界）的自我世界了！

任何人都有自我的认知体系，执着自己的有限认知时，瞬间就不在真相世界的探索中了，而且还会排斥和诋毁真相，这在疗愈中会看到此现象，所以完整疗愈体系中的生命陪伴体系是在陪伴中升起对生命的探索和对生命的见地，重建生命的观念，让自己的心开始从自我的世界里走出来，去接触真相世界，最终还是要回到生活中去，享受生活中的生命韵律。

每个人都有自己的认知体系是因为各自的缘起不同，但体验的真相世界只有一个，只是在没看全时，各自为政而已，各执己见而已，各有各的角度而已，所说的都是一个对象。所以完整观下看生命的三个不即是：不唯一、不对抗、不排斥。如果每个人都在这个范畴里，其实包括自己在内的每个角度、每个人、每个存在就都被保护了，就都存在了。

如果内心没有完整观，没有系统观，没有大局观，没有人生观，没有社会、国家、民族、家族等观念，那即是自我为核心的价值观，这种价值观游离于系统之外甚至凌驾系统之上的。任何时候脱离系统所导致的过程和结果都是不舒服的，因为不在生命的韵律中。付出是为了自己的结果往往是失落的，这是关于初心的，付出是为了对方！我做我要做的，和我因为什么而去做的，范畴不同结果也不同。如实去做的真相是：生命本来的存在探索，生命的韵律体验，生命的完整观！愿天下人都能在人此生看到生命的全部！感恩有你的陪伴！

心灵小练习

静静地坐着，闭上眼睛，想象你面前是草原，你独自走在上面，身边开满了各种鲜花,深深吸气,将花香吸入体内,接着呼出,告诉自己,一切都是那么美好。

12月9日　真正做事

亲爱的朋友,你了解如何真正做事吗?在完整观下看做事,有以下三个特点。

第一个是境界。无论是高度、宽度、深度,这是个范畴,每时每刻的觉察有了方向和依据。

第二个是镜子。无论是合作伙伴还是生命客户,每一刻的言行和对其中的反应都时刻如镜子般照见着自己,每一刻的自我呈现都是如此的清晰,完整与个体的关系将是在生活中面临的和感悟的核心之一,放下我是对的,回归完整是我们的方向。

第三是精神。每个场、每个人、每个团队、每个脸色、每个事件、每个语言、每个行为等等都是那么鲜明地透露出一种精神,每个人都有其精神,无论阴也好阳也好,都在一个太极中呈现其特质,在完整观下看其精神则一目了然,是偏,是全,是自我,是全局,清晰可见。回顾提出完整观以来看自己每一刻的呈现,在观点不共识下的合作都是欲望,虽然说允许个体存在,但无完整则个体无处立足,唯一的立足之地是欲望,这是个体无视整体的基础,放下欲望回归本位方能到达完整。

心灵小练习

集中思绪,静静地坐着,深呼吸,观想每一次的吸气,将周围人的烦恼和痛苦吸入自己心中,用意念进行转化,将其变为喜悦的元素,再透过呼气缓缓地呼出。感受到你和周围的融合一体,感受到你用意念让爱和光明流淌。

12月10日　看见两极

亲爱的朋友,地球有南极和北极,人有头和脚,但是我是谁?属于哪个极?你所看到的与你对应的是谁?你真的清楚吗?

此生我所发现的和我本来具足真实拥有的是怎样的?我所发现的和真正存在的是不是一回事?我觉得这些和我看到和我探索发现又会有什么不同的结果?我的头和我的脚究竟是什么关系?我们活在什么样的世界里?活在什么样的逻辑里?

当我睁开眼睛看不见一切时,我只有活在其他感官里,如听、嗅、味等。突然我看到了光,顿时我有了光明与黑暗这两极,这是同时存在的,不可能只存在一极,如果你可以移动自己的位置时,你的另一极同时也在移动。此生每个人都可以无限地移动自己去发现更多的对应存在!

看到的多了就会见惯不怪了,就会渐渐地形成完整观,就不会很偏激地去看一个事物,就会把你移动后发现的角度,由碎片信息整理出完整的信息。这是一个完整疗愈师最基本的观念,没有这个观念就会落在自以为是的片面里,就会由于片面而自食其果,这个果很多,如果你不改变,结果永远相伴。

此生每个人都有自己看世界、看生命的权利,而且从每个人的角度看到的都是真实不虚的,当我意识到角度时,我已经是拥有所有角度了,虽然我没有全看到。人生就是不断地去看的过程,任何角度都是真的,但不是全的,我们可以没有去过南极,但我们知道有南极、北极的存在,这个观念的建立是心智模式的基础。

每个人都有自己的观念,这是自己的事,我提出个观念也是自己的角度,完整观就是如此提出来的,并不强迫任何人都去接受,如果你觉得这也是一个角度,那就是有缘共同去探索发现其中的奥妙。这个发现的过程是个拥有的过程,我的体验是每次的发现都是我本来就有的,只是我不知道,知道了就永远丢不了,如果不再发现了就活在这部分发现中了,所以感恩每一刻的发现,不断去到完整。完整疗愈师之路就是如此,没有哪个方法可以打遍天下无敌手的,愿天下人都能在探索中不断发现具足的自己!感恩有你的陪伴!

心灵小练习

如果有可能,近距离地观察一个婴儿,看看他的眼睛是如何观察世界的,并且学习他,给自己十分钟的时间做回婴儿,用无染的眼睛看外界,并带着觉察。

12月11日　完整接纳

　　昨天来了很多朋友，能量都不一样，诉说的事情也不一样，当我完整地去接纳时，发现收获的是轻松，是喜悦，是收获。从成熟运营谈到创意；从电影谈到疗愈，从中医谈到课程，从范畴谈到内容，从过去谈到未来谈到当下，无一不在。只要是开放的心，就不会丢掉任何信息。任何评判标准和自以为是都可能产生对立和封闭。完整观的立场是没有唯一，只有多角度呈现，共同呈现；没有分别和对抗，因为缺一不可；没有一成不变的事物和生命，只有永恒的规律。当方向一致时所有的道路都会去向共同，道有方向，偏一度而无缘相见，因为越走越远，只有回到原点才能相见。这原点即是初心，这原点有可能物极必反时才能回来，有可能碰壁时返回，有可能转了一圈才找到，有可能一直持有，这都在完整之中，并不奇怪而分别。我们看到了看不见的，我们听到了听不见的，我们感受到了感受不到的，我们品到了品不到的，我们所有不知的都是我们要去探索的，当我们开始回头了解自己时，突然发现答案都在这里，生命的全部都在这，外寻无穷尽，内醒了无明，这仍是二分的探索，其实最终是个一，即完整。愿天下人由二中看到一的存在！感恩二的呈现！祝福一的存在！

心灵小练习

　　去一个大型商场或在人多的马路上，观察身边来来往往不同的人，感受你和他们的不同，继而感受你和他们的相同。接着和身边不同职业身份的朋友做一次聚会，看看从他们身上能学到和听到什么。

12月12日　系统的呈现

　　系统和谐的本质呈现是各就各位，各司其职，缺一不可，共同协调，完整呈现，这个本质也是个果。任何紊乱的系统都不会呈现这个本质的，就拿医疗系统当下医患关系来说，医生不在帮助位，在主人位，居高临下地令所有生命放弃了生命的主人位，放弃了生命的主控权；患者不在生命位，变成了乞丐，乞求医生给自己生命；团队不在服务为人民，而为人民币服务，团队没有精神，只有物质。对社会系统而言，医疗团队的角色错位，位置错了，职责错了，目标错了，结果一定是紊乱的。

　　人一定喜欢进入协调的系统中，愿意加入令人舒服开心的成长团队系统，无形的东西开始上升，物欲横流的态势开始下降，整个社会的进步开始趋向平衡，这是一个大韵律，这是个必然结果，在这个韵律中看谁是遵循者，谁就能做到适者生存。

　　系统平衡的前提是需要感悟的。首先是阴阳平衡，或者说无形与有形的平衡，比如说很多人说我们中国人没有信仰，这个观点我不敢苟同。依我看只是此阶段精神与物质的失衡而已，中国几千年的无形积淀独一无二，不用担心什么信仰危机，这只是个过程。这个过程中出现的所有所谓失衡都有其历史作用，都是为了下一刻的发生，在这个过程中谁顺应自然谁就是智者，谁就是赢家。失衡和平衡的本质在于能量的流动，这个流动的过程构成了大的平衡。

　　其次是个体要平衡，每个人都在系统中，而且每个人又是独立完整的系统，这个系统与团队系统完全吻合不二，所以其精神和物质是一样的韵律，这个过程的流动随主系统而动，同时又影响着主系统的韵律。

　　再次是关系建立和位置的准确性。这个话题是个既简单又复杂的大话题，简单到你是什么就是什么，复杂到你的位置包括全部。所以系统紊乱是经常发生的事，紊乱的目的是为了协调平衡，不断地在错位中成长，不断地在自以为是中看到自己的位置和系统的关系，不断地探索。

　　系统的内容是完整的，要想说清楚就要不断地探索。当每个人的角度都呈现出来的时候，系统的真相就离我们很近了。愿天下人都能在探索中看到自己与系统的关系！感恩有你的陪伴！

心灵小练习

　　静静地坐着，思考自己是否愿意在生活中开始践行完整观，是否愿意从自己做起去系统地学习完整疗愈并且帮助自己和周围的人。看清楚自己身处一个怎样的系统中,在这个系统中,有哪些是你可以做的事?写下你所顾虑的事。

12月13日　盈利与非盈利

虽然每个人都希望能够拥有财富，但是也有人为了修行而完全放弃财富，这两者都是极端。你和财富应该是怎样的关系呢？你所做的事业到底应该是盈利还是应该非盈利？是否为了帮助社会，就不该盈利呢？从完整观下看，一个人如果发心去做帮助大众的事业，目的是帮助大众解除困惑和病痛，那么在这个发心和目的下一切运营的模式都会成为达成的方法，这是道和术的关系。其中盈利和非盈利的模式并存，非盈利是为了广大人民，盈利也是为了广大人民，这是初心所在。很多时候，有缘合作的伙伴大都是在各自的行业成功者，都在做盈利的事业。虽然发心不一定相同，但结果现象一致。就是在发心下做成了一个运行良好的模式，贡献社会的同时自己也有了收益，团队也有了保障。这是个人、团队、社会大众都合理生存共同呈现的规律，无论是思想、产品、技术等都是在共同存在的前提下达成的。任何一个人的思想如果只是单纯地去告知，那不需要太多的物质和团队，只是个传播，随缘即可。如果是在传播的同时要去落地呈现，那么必须遵循落地的运行规律，其中就包括所谓盈利和非盈利的手段，这是一个完整的体系，是共同协调运行的体系。成功人士在其行业所得利益愿意回馈社会是公益的基础，同时社会中有很多贫困众生需要帮助是现象，是目标，但若没有发心一切都不成立。我发心在完整观下看生命的规律，唤醒生命内在巨大的自愈力，同时陪伴有缘生命看到自己，解除困惑和病痛。这是一个推广的过程，是自我认知的过程，是一种心智模式的建立，也是用完整的体系去呈现发心的过程，在这个完整的体系中也包括财富。发心如果不一致就无从谈起盈利非盈利，只有共同的发心升起时，完整的体系才会建立，这即是我常常警觉自己的法宝，如有偏离回到初心去看完整。真心祝福我们有发心愿意去推广自己梦想的大德们，一切都在发心中呈现完整，一切如是。

心灵小练习

　　静静地坐着，观察自己做事业的发心，用完整观来看待金钱，将它想象为流动的爱，并用财富来回报社会。

12月14日 如果你是个"人"

亲爱的朋友,你需要坚持和保持着人的性质吗?很显然不需要,因为你就是人啊。可是,在生活里,我们却有那么多不能成为的角度,不能成为的是,是什么让我们不相信自己是?是什么让我们不能成长为是?是什么让我们动摇了是?是什么让我们不愿意是?是什么让我们坚持着不是?这些答案都是我们用生命去体验探索的话题。你本来就是人,具足一切人的所有!但很多自我认为的不是遮盖了我们的本质,探索发现就是不断发现这个本质,也是我们常说的生命本来的韵律。

在这个探索发现的路上,如果你畏惧结果,对结果有好坏评判,有接受不接受,那么你的反复就是让你发现什么是生命的韵律,如呼吸、心跳、眼睛、咀嚼等等无处不在的生命韵律。

亲爱的朋友,我们的认为真的是对的吗?是本来吗?去探索吧!别死在自己的认为和答案里。探索无处不在!愿你能看到自己的本来!

本周省思

12月15日　淡定人生

人如何能淡定呢？从根本上来说，贪嗔痴的范畴是无法呈现淡定的，只有戒定慧才能产生真正的淡定。在日常生活中要时刻不忘初心，时刻安住当下，时刻保持对发生一切的平常心。这个初心、安心、平常心是呈现淡定的范畴。

如果一个人的初心是我不足够的，我不如别人的，我是很悲惨的，我是没有财富的，我是个很苦的人等等，那么他的范畴就是匮乏，就是要拼命外抓，就是要求认同，就是要去追逐名利，这一定会到达贪嗔痴的范畴，一定会有担心，一定会有疑心，一定会有偷心，一定会有心虚。

如果一个人完全相信自己是足够的，相信自己一定是愿望实现者，相信自己天生我材必有用，相信生来具足的本性，相信一切的发生和发现都是自己所拥有的呈现，这就是信愿行的范畴，这就是拥有世界的范畴，这就是一切资源都是为相信所有的人准备的。因缘果的范畴中，因不同就是范畴不同，所导致的一切发生缘都会不同，结果自然不同。

这个原理在生命韵律中，在疾病的发生中，在日常生活中，在事业中，在家庭系统中，在团队的建立中以及所有的一切中都是一样的，赢在起点的原因就是初心所致。

我怕死，我担心死，我不想死，我怀疑别人的水平，我完了等此类初心的启动，都是死路一条。

那么，如何转念呢？这是我们人类可以做到的，转换、转身、转念、转化、转变等等都是个智慧的呈现。区分范畴的不同是转的前提，这即是我们常说的见地，有了见地就会有了相信，有了相信就有了愿力，才会去转身，才会去切换范畴，才会发大愿去实现。行动一旦开始，其实结果已经在那了。如果一个人不动，那一定是见地和愿力没到，所以要经常回到原点，经常回看初心，经常回看范畴，经常检视自己的位置，才不会跑偏。

完整疗愈体系在增长见地，提升区分能力，时刻检视位置，不断巩固愿力的纯粹中，积累了丰富的经验，同时博众家所长，多角度帮助生命也是它的特点。我们用最准确的信息分析诊断出生命客户的生命状态，用其相对应的方法有效地实施疗愈，其中无形的疗愈体系是我们目前为现代医学补充的部分。这也是我们去向完整的开始，这个过程即是疗愈的特性，也是人类走向完整医学的开始。这个过程会很长，包括从过去的惯性刹车，到转身转变观念,到重新建立新的体系,到重新体验,到不断完善,到众生受益。这本身就是一趟漫长、千姿百态的旅程,这个生命韵律的旅程中因缘和合的风景会时刻呈现,我们已踏上并感受到这个奇妙的风景!愿天下人都能在完整疗愈旅程中感受这其中的美妙!感恩有你的陪伴!

心灵小练习

集中精力,回想一个朋友、家人,想想他们固执的地方。不要去否定这个问题,吸气,去拓宽自己的心灵,用温和的眼神注视着这些令你不快的固执,然后退几步,去看到那个人的全貌,不仅仅看他的固执,而是看他整个人;再退后几步,去看这个人的整个生命,他(她)从小到大的经历;深呼吸,去体会他们的困难,并体会自己之所以爱他们的原因,放下他们令你不快的固执。

12月16日　内心世界的投射

　　每个人的生命都时刻活在内心世界和外在世界里。这内外世界的不同构成了每个人的生命状态,如果内心世界完全与外在世界相同,这是一个合一的生命世界！如果是一个自我强大的内心,则会无视大自然的规律,为了满足私欲,经常自以为是他破坏大自然！如果一个内心不足够,则没有安全感,一定会被外在花花绿绿的世界诱惑,一定是求认同,一定是在自卑下伪装光鲜。

　　内心的世界是什么样,是什么价值观,是什么范畴,是和谐的还是紊乱的,投射出来的世界一定是相应的,这是每个生命都在制造自己的世界,但自己并不知道是自己造的,这就是无明,甚至还怨天尤人。

　　唤醒每个生命内心世界的那个太阳,唤醒每个生命内在世界的格局,唤醒每个生命内心的主控权力,唤醒每个生命内心世界与外在世界相应的感受:这是一个唤醒的旅程！我们生来学习知识,那是前人用生命总结出来的规律,知识不是名词,不是个概念,不是人为的看法,不是人的创造。那是前人观天、观地、观自己的体验记录。

　　在学习中开始用心去体验、感受这个世界,这是一个完整的内外合一的感受过程,你所做的一切都是在体验这完整！你无法占有任何一个片段,你无法复制任何一个片段,你只有不断地体验去看到真相,看到完整,看到自己,看到生命。

心灵小练习

　　缓慢地呼吸,今天一天对一切保持开放的态度,无论多么令你难以忍受。这一天当中,尽量让自己多倾听别人的声音,不要判断和责备对方,在聆听别人故事时,注意哪部分让你想起了自己的经历,如果可以,将自己的故事分享给别人作为回报。

12月17日 看

完整观下看生命的主题之一即是"看"。我们用什么看？用眼看？用脑看？用心看？用手看？用脚看？无处不在的看构成了完整的生命。

我看明白了吗？我想明白了吗？我心是否很明白？我的明白是我为主的,这个我与自然的关系什么？我是个什么样的东西？我都包括了什么？

前天和老朋友聚餐,好久不见,发自内心的喜悦,从不喝酒的我,不知不觉地喝了那么多红酒,很舒服！吃饭、喝酒、朋友、应该、不应该等等都是主题。当开心成为主题时,感恩缘分成为主题时,探索人生成为主题时,相互学习成为主题时,一切世俗标准主题都瞬间变成服务上述主题的元素,这是一个共识范畴所呈现的结果。

每个当下都会有一个主题,这个主题决定了当下的力量,念起念落,清明自如！所有的主题都由你决定,你开心了,你难过了,你纠结了,你想死了,你怕了,你的生命你做主,这是每个生命的权利,也是完整疗愈中自愈、愈他的前提。

完整疗愈中心开启学习组的目的是探索学习,采取大家参与分享的形式。这与工作坊和课程是不同的,在学习组中,人人平等,各抒己见,共同探讨,呈现完整！这个学习形式本身也是参与者共同去体验的主题。感恩大家的参与付出！共同祝福！

心灵小练习

安静地坐在房内,轻松呼吸,闭上眼睛。脑海里出现一个盒子,用意念将它的盖子打开,并且看看里面是什么。也许是相片,也许是玩具,也许是尘封的旧物,总之都是你以前的回忆。专注地将这些物品从盒子里取出来,回忆起曾经的一个美好的片段,然后再将它们一一放回去,将盒子盖上。这是属于你的完整生命,感恩这些经历。

12月18日　你就在系统中

从系统角度看一切时,会发现从当下瞬间到下一段时间,甚至几年、几十年、几百年,都是一个系统。从一个细胞到一个器官,到一个身体,到一个动物,到一个种群,到一个种族,都是一个系统。只要是发生的都有其上其下及当下相关的系统存在。所谓没有无源之水、无根之木。

就我们个体而言,我得病了,这是个发生,之前的系统是什么?思想系统、心智系统、身体系统、习惯系统、家庭系统、工作系统、环境系统等等都是与当下所谓疾病相关的,这么多系统构成了一个属于自己的庞大系统,但我们并不知道和清楚这个系统给我们带来了什么。

我们只会看到好处,从不链接给我们带来的灾难,如我们的欲望让我们有了钱,但并不在意欲望把我们的身体摧毁,乃至拼命地挣钱,到最后却无花钱的命。

在无明的惯性中我们还是有机会与每个阶段的机缘相遇,如疾病就是我们在无明中遇到的机缘,让我们开始回看自己的系统,开始改变和修正过去的恶习,开始重建生命系统,开始回归生命的韵律。

每个人的系统决定了其价值观体系,每个人的初心也是由此产生,这个初心其实是世俗的,还有一个生命本来的,这个就是老百姓常说的菩萨心。要想了解自己的初心,先从自己的成长体系和各种环境了解起,然后再看自己的习惯认为,然后再说修行的事。当我们碰到疾病结缘时,一定会要么大彻大悟地蜕变,要么顽固不化地死去,要么时清时昏地拖延时间,总之一切都是自己的决定,自己决定了去哪里那就是要去的方向。自己决定了要爱自己那就是一定会有爱的,自己决定感恩一切发生和陪伴时那贵人如及时雨般呈现。自己决定了永不放弃那结果一定是完整呈现的。愿天下人都能在与疾病结缘中看到真实的自己!感恩有你的陪伴!

心灵小练习

集中你的注意力,仔细观察你面前的墙壁,注意当你不再把注意力放在自己身上时,你内在的活力升起。平稳地呼吸,感觉自己思绪的飘散。注意走神的时候,那种活力是不是在减弱。平缓地呼吸,并将自己的思绪慢慢拉回来。注意自己是不是又感觉到了那种活力的存在。

12月19日　一切皆相应

我们习惯以可看见的事物来理解世界，对于看不见的事物却很难相信，这不是说我们没有能力去感知无形的存在，只是我们太习惯了有形存在，当我们在相互依存和影响中开始有了相互的感受时，这系统的能量才开始被关注，许多无法解释的事物便有了答案，许多迷茫的事情便有了方向和清明的轮廓，这是个由有形的世界链接无形世界的过程，也是完整观中的角度之一。

在自身系统中，心、肝、脾、肺、肾等组织就是系统的成员，如果你在有形世界里人与人的关系、与事的关系等不和谐的话，那么相应到身体是一样的结果，不是胃受伤，就是心受伤，或者血液障碍，或者肿瘤等呈现，这个对应的系统就是无形的部分，这个系统与系统的链接就是我们忽略感受的部分，直到有形的出现后才恍然大悟，即使是明白了原理，都不完全相信这个还能还原回去，这即是固有模式的逻辑障碍着我们去转换。

如果把自己的组织器官比喻成自己的孩子，那么你的器官发生了障碍，一定是你没有管好自己的孩子。这个个人家庭系统的完整协调的主人是你自己，其中包括无形的思维模式、情绪和信息传递等等，这个庞大的个人系统与世界不二。

我们在此生无憾的感知过程中，最重要的单元是系统，有了与系统的链接，才会有完整观的建立，才会有对生命的见地，才会提升相信的力量。所以学习的过程中不断打破过去的认为，渐渐地看到系统的有形与无形，渐渐地看到个体与完整的关联，渐渐地形成了完整的见地，这是一个渐悟的过程，急于求成是不可能的，只有脚踏实地的积累方得正果。在完整疗愈体系中，疗愈师的工作之一即是让渐渐的发生植入疗愈之中，让过去急躁的心渐渐地安静，让惯性渐渐地停止，让信心升起去向新的发生。真心祝愿天下人都能在完整疗愈体系中回到和谐的生命系统中！感恩有你的陪伴！

心灵小练习

在室内做一次赤脚的步行。感受光脚站在地上的感觉，让脚紧贴地面，感受到大地对你身体的支持，然后迈小步一点点前进，直到走到房间的另一边，接着，保持平静地呼吸，倒退走路回到原地。你会发现正走和倒走感受不同，体会这其中的不一样，并且用心地再走一次。

12月20日　好心·办坏事

　　我们看待事物的角度不同,标准也就会不同,所以同样对待一个人、一件事都有可能说的不是一回事,所以沟通、确认和核实就显得尤为重要。

　　我们常说好心办坏事,其实原理就是如此。初心似乎是好的,假如是为了帮助你,是为了你好,但结果是反而害了你,这是为什么?问题出在哪里了?问题就出在自己的标准里了,就出在自以为是的角度里了,在没有沟通和核实的前提下就自以为是地出手了。

　　在完整疗愈中,为什么总是在探索和核实意愿度呢?核心就是要沟通核实每一刻的目标是不是还在,如果还以为昨天的目标还在,那就是疗愈师的自以为是了,就是疗愈师的悲剧日!

　　活在当下的范畴是个完整的范畴,是一个事实的范畴,是一个包括真相和演绎的范畴,也是一个包括过去、现在、未来的完整存在。当下所观到的越来越多,这个过程就是成长。如果掉在自以为是里,那一定是死路一条,经常会碰到活在自己的世界里,活在自己的认为里,活在自己的逻辑里,活在自己的习惯里等等!但当人们评价其所为时,会摇着头说:人是个好人,人不坏,但太固执,太自以为是,太糊涂,好心办坏事!

　　糊涂的人是固执的人,因为不听,所以不成长,总活在自己的逻辑里,其实这个表象的背后是有其成因的,是有好处的,是有诱惑力的,是安全的,是个经得起考验的模式。之所以固守不放一定是有其道理的,所以只有其本人在这里不舒服了、栽了、痛了,不然是不会醒来的,所以生命的陪伴就是在这样的前提下存在着,但陪伴的方式方法各种各样,陪伴的情绪无数,陪伴的语言无数,陪伴的状态千姿百态,不离不弃,总有那么一刻会出现,醒了!愿天下人都会在当下清明自己!感恩有你的陪伴!

心灵小练习

　　你有没有遇到好心办坏事的人?你自己是不是一个经常好心办坏事的人?发生这种情况的原因在哪里?有什么方法可以避免?在生活中随处可见这种情况,你需要带着觉察去行动。

12月21日　害怕疾病

健康人和病人的划分时代已经到了顶峰,该往下走了,这意味着一个阶段的思维模式的结束,人类共同进步的步伐就是这个节奏,不断地在印证中前行,大量的事实提醒着、唤醒着人类去向真相。

由于众生畏惧结果,所以自己制定出很多标准,超出标准的都是不愿意接受的、异常的、疾病的,甚至连行为举止、语言都会于无形中产生标准。这些标准一旦成为唯一时,灾难降临,这个世界已无真相,已无真理,已无本来,已无生命的韵律。

害怕疾病的根本是怕死,怕影响所谓正常的标准,怕残疾。一旦认为疾病是恶魔时,那么,为什么会得病?疾病给我们带来的是什么?疾病与生命的关系是什么?疾病过后的生命得到的是什么等等话题,都会被抗拒消灭疾病所覆盖,只要认定疾病是恶魔,没有人再去关注它是什么,没有人接纳它是生命的一部分,所有的现代化医院都是为了对抗疾病、消除疾病、消灭疾病而建立的。因为这是个很自我的时代,人类很自我。

疾病是生命韵律中不可缺失的元素,其本身的韵律与生命不二,例如大型瘟疫的爆发和消失,从开始到结束并非是人类能控制的,是其自行的规律,人类在其中做了该做的一些事,再例如山洪暴发后,人们只是做些维护的事,并不能消灭山洪,山洪是自己的规律,有来有去,疾病也是一样。

山洪如疾病来势汹汹,甚至伤害生命,于是我们为了保命而战斗——这是人类的思维模式。当这个模式成为主流时,就没有人去探索为什么会出现山洪和疾病?山洪和疾病究竟是什么韵律?我们做了什么才会导致山洪和疾病?我们没有看到,我们就是始作俑者,我们是它们的源头和主人。

人类从出生到成人,是一个不断地认识自己的过程,不断在成长中发现真相。我们提出完整观下的完整疗愈体系,是将人类对疾病的认识提升到生命中,提升到生命韵律中,提升到更大的格局中去看疾病是什么。疾病从起因产生,到发生,到结束去到下一刻的影响,其本身韵律也是与生命无二的一体。我在其中是谁?我都在做了些什么?如果你继续不接受,继续抗拒,那一定产生对抗和战争——你内在的战争。

如果你开始接纳和探索发现其中的韵律,那么你就开始体验真相,开始随顺韵律,开始印证生命的完整,这是一个转身、一个提升,标志着你毕业进入下一个年级,这本身也是一个韵律。愿天下人都能在这个提升中看到自己的位置！感恩有你陪伴！

本周省思

12月22日　疗愈关系

在疗愈关系中,从1983年开始做医生的体验告诉我,患者的心态有很多种。在西医的诊疗中由于以看病为目的,所以一切的沟通都是围绕着病的信息展开的。医生是专家,在病的范畴里是高高在上的,病人是患者,在病的范畴里是一无所知的,这是一个完全不平等的关系,而且医生根本没有时间和意图想与患者建立平等,因为在疾病的范畴里,医生与患者的认知体系完全不同,悬殊太大。

现代科学发展的速度飞快,同时也带来了急躁的时代,人类已经不再用心做基本功了,直接解决问题成为现今推崇的时尚,医生对于生命平等的关系建立几乎是个零的概念,对于相互信任的关系建立是一个盲点,对于范畴的理解也处于无意识中。

范畴决定内容,这是一个公认的模式,大海一定由咸的水组成,有各种鱼;沙漠一定是由干燥的沙子组成,有骆驼等动物。把内容当范畴说是不成立的,如说鱼就是大海,鱼决定了大海,没有鱼就没有大海,有鱼才有大海。

所以我们在建立关系中,如何去建立平等、信任、自立的关系,如何让生命的主控权回到其本身,如何让生命客户完全臣服于范畴,这是一个疗愈关系的最重要的前提,一切疗愈关系的破裂都与范畴建立的不清晰、不牢固、不透彻、不持续、不重视有关。

患者因为不平衡而来,疗愈师是帮助其平衡的助力,如果因为疗愈关系建立的不妥而导致新的不平衡,那这个结果就是当今医生所背的后果,甚至会诋毁和杀医。

回过来去看是什么造成了这个结果,这是当今人类要去共同反思的事情。其实应该放下身份回到生命的平等,放下功利回到共同目标,放下技术回到范畴的建立,放下傲慢回到尊重,放下惯性的自以为是的逻辑。只要醒觉到放下,一切都是如此有秩序,一切都是如此有韵律,回到生命的本来。愿天下人都能在结果的提示下醒觉! 感恩有你的陪伴!

心灵小练习

今天开始做一个自我训练,改变一个生活中的习惯,例如从今天起用左手吃饭,或者把说话的语速放慢等等,尽量保持新的习惯,这个练习有助于你发现自己长久以来的习性并且用另外一种方式生活,改变原来的惯性,包括思维。

12月23日　一步一风景

在每天的走路中可以看到许多风景，没有一步是一样的。只有到达这步才会有这步的发生，着急是急于求成，担心是演绎的虚无，执着是妄想一成不变。

我们是自己命运的创造者，抱着游戏的态度看待周围的一切，等待时机成熟，突破自己的局限，甘于过平凡的生活，具备勇气，每一个过程都会拥有不一样的风景，而每一个风景只有在此时此刻才会有。

只管耕耘说得很有道理，这是关于一步一个脚印的，扎扎实实的，按照韵律的前行，渴望速成和保住所有是不在韵律中的，要用平常心去做每一步该做的事，用突破的心去从固执己见的模式中走出来，用游戏的心去体验生命的韵律。

我越来越感受到完整疗愈之路是完整之路，每天走到这都呈现出不同的风景。风景再好也是完整的一部分，也是会去到下一刻，也是无法固化的，这是一个很重要的韵律。时刻去觉察我究竟是在继续的路上，还是在死命地抓着什么不放，还是在期待着什么早日到来。这是个需要我们觉察的点，这个觉察会让我们回到当下，这个觉察会让我们去体验每天的完整！愿天下人都能在当下体验到完整！

心灵小练习

从房内走出来，每走一步，都带着觉察，这次行走不要给自己规定目的地和路线，只是随意去走，把行走的重点放在自己的每一步上。通过行走，看看四周有哪些自己平时没有注意到的地方，例如商店、行人、植物。用细致的眼光来看周围的一切，并且保持平静的呼吸。

12月24日　回到原点

每个人都会在自以为是的催眠中失去觉察。这自以为是包括"我对了""我没看错""我这么努力老天怎么不长眼""我这么好心怎么你就感觉不到呢"。只要自以为是，一定是失去觉察，一定是抱怨别人的，而不是自己的责任，怨天尤人。

当抱怨开始时一定是远离目标之时，一定是无望之时，一定是由怨生恨之时，一定是走向分离的开始。我要负责任地去开创我想要的和我抱怨都是你们没有配合我，这是两个完全相反的范畴，其导致的结果肯定不同。

想要让自己在觉察中去面对一切的话，首先是要放下过去的所谓认为和逻辑，当瞬间评判升起来时，觉察就消失了，这是比较典型的一叶障目。这就是所谓认死理、钻牛角尖、怨天尤人。我是对的但很痛苦，我已经筋疲力尽了，但离目标越来越远。放下你的认为吧！当你放下认为时隐含的情绪就随之而去了，随之而来的一定是负责任地向目标前进。

当你相信目标是你的，同时相信是不会被干扰的，如果被干扰了那一定动摇了相信；当你的愿力越来越强大时，说明你是十分相信的，目标是十分清明的；当你的行为是积极的、阳光的、温暖的、喜悦的，那么你一定是在信和愿上；如果你开始抱怨了，无力了，负面了，昏昧了，指责了，那么一定是动摇了，怀疑了，失去目标了，没有动力了。

如果迷失了只有回来，回到原点，回到本来，回到初心，回到觉察。总之放下执着的，一定有机会回来，如果坚持自己是对的，只会越走越远！愿天下人都能看到后放下！

心灵小练习

今天试着用正向的方式给自己一个自我催眠，写下自己很渴望成为却总是没有成为的样子，例如"我是一个文雅的人""我是一个有勇气的人""我是一个漂亮的人"，把这些话当成真的，并且按照这个去和别人打交道，看看发生了什么。

12月25日　感恩，喜悦，成长

感恩、喜悦、成长，是完整疗愈体系的宗旨，其内涵是说什么呢？它与完整疗愈的关系是什么呢？它与生命的韵律有何关系？静静地探索话题，是个见地的开始。

如果说没有这个就没有你，那你会感恩这个吗？答案应该是肯定的，一定会感恩的，对吗？如果说在你最困难的时候有人帮助了你，你会感恩这个人吗？我相信你会毫不犹豫地说，必需的！所以说弄清楚为什么要感恩是个提升见地的方向。如果你对感恩的范畴越来越大，那么你对生命的缘起就越来越接近真相，最终会得到完整。

感恩是因，喜悦是果，成长就在因果中无常流动，这是个韵律，这是个生命的韵律。知恩报恩是人类世界的韵律，这是两个世界的范畴，即生命世界和人造世界的区分。我们大都活在人造世界里，或者说概念世界里，或者说世俗世界里，或者说自我世界里等等，但我们真正学习的目的是通过人身的载体看清生命的本质，看清世界的本质，看清一切的本质，由片面到达完整。

一切紊乱和疾病都是由片面造成的，到达完整则自然痊愈，这个过程因人而异，每个人的缘起见地不同，回归自然的过程也会不同，在这个起点上的确差异很大，甚至于无缘得到完整，这也是完整疗愈师随缘相助生命的基础。

随缘、无常本身也是说缘分随时都会有，此刻无缘，不代表下一刻无缘；此刻没能共识，不代表下一刻不会共识；此刻未能转身，并不代表下一刻不会转身；此刻生命状态不好，并不代表下一刻不会精神抖擞。无常流动的生命韵律是我们要臣服于心的。愿天下人都能在探索中发现自己的生命韵律！疗愈就在回归生命韵律中发生！感恩有你的陪伴！

心灵小练习

你能看到你生命中有哪些无常的存在？当你遇到不期而至的突发事件，你会有哪些反应？是坦然处之，还是满怀愤怒和抗拒？感受一下那些无常到来背后的因果，并且学会调整自己的情绪来适应当下的生活。

12月26日　启动

当我们启动一个项目时,信息发布后按自然规律是所有生命都能收到的,这是生命和生命之间的自然传递网络通道。但我们每个人的眼、耳、鼻、舌、身、意所建立的接受系统却障碍了我们的自然系统,这使我们本来的完整系统变成了有限的自我系统。如果借用意识和潜意识说,那意识就是我们的自我。由于每个人的意识差异,所以才会去统一思想,才会去感召,才会去沟通,才会去建立信任。

学习探索中会发现共识,会建立共识后体系,会建立共频的场,会聚集一致的能量,会共同影响其他生命,启动项目需要通过沟通达成共识。

沟通,首先要确定相互信任的紧密关系,探索发现更多的角度,看到自己执着的角度,在真实中看到自己的虚伪,在关系中看到自己的位置,在学习中看到索取,在说话的刹那中看到自己的卡点。

大家的共识在探索中完整,而非一成不变。共识完整观是一个包括全部的范畴,其内涵无穷尽且千姿百态,我们可以通过识别什么不是完整观来慢慢认知什么是完整观,我们可以在观察中去看每个当下的完整是什么,每个人在自己的探索中会渐渐地形成对于完整观的定义。

我们通过沟通可以清晰地看到,什么是关系,什么是范畴。共同的焦点是我们探讨的范畴是生命和疾病的关系,是系统和个体的关系,是完整与生命的关系,是你和疾病的关系,是你和生命的关系,是因和果关系,这个因果关系的清晰是觉醒的第一步。

接下来是明白自己和习惯模式的关系,反复让我们很难过,所以明白还不是真正的相信,真正的相信就像你过去习惯了的一样,那么自如地去习惯,所以信的力量是被习惯模式所干扰的,信的不纯粹是没有意愿的,信的不纯粹是不会呈现到行为中的,没有信的力量一定是活在过去的模式里,是不可能改变的。

每个人都是生命的主人,并非我有了世俗的权利,我让你干什么你就得干什么,因为我是主人我决定的你必须要去做,这是一个很大的误区。我们所说的主人是你是你生命的主人,是决定你自己生命一切发生的主人,包括你的思想、你的心、你的行为、你的细胞、你的血液、你的神经、你的疾病等等!你的决定让你去到结果,没有别人给你什么结果,一切都是你选择的、决定的,并负责任的。

完整呈现

学习的建立正是我们共同去看生命的机缘,也是在完整观下看生命的开始,当每个人都在学习中看到了自己的生命范畴时,这陪伴的唤醒就开始了。

心灵小练习

安静地坐着,保持平静的呼吸,接着集中精力去思考自己身边一个亲密关系的真实状况。看看这份关系中,有哪些是自己不满意的。觉察自己的心收缩了,深呼吸,放松自己的心,试着让自己放下试图改变对方的期望,告诉自己不需要让对方变成自己期望的那样。保持平稳的呼吸,感受对方真实的一切,以及他(她)带给你的痛苦。那个真实的人给你什么样的感受?真实地面对自己的感受,并且把它写下来。看看能否用另外的方式做沟通以启动你们之间的爱的流动。

12月27日　区分

每个人、每件事都有其发展背景,也就是缘起不同,范畴不同。不同频率,不是一个层面,这是不能达成共识的根源,这是没有对错的根源,这是对抗内耗的根源,这也是坚持自己是对的根源。其实如果大家都是为共识去付出时,而不是为了表现自己,那不会彼此看不惯的,所以共识下的付出只是付出,但每个人的呈现不同,付出者不会把要求、抱怨、指责当成工具,付出者是用自己最大的能力去推进,去爱护,主动去做自己该做的,包括学习自己不了解的。如果把自己的现状归罪于别人的心态那是不成立的,那是在索取的缘起里成立。

我是我,非常我,这是最近我常常想起来的主题。我常常习惯自我,所以惯性来时,活在惯性的我,是所谓的常常的我,但不觉。非常我——这是我们觉后的那个真我,本我,无常我! 不清明,不觉,混乱时,是呈现的自相矛盾体,也是焦虑、失眠、抑郁、癌症等等疾病的根源。当这"常我"不断攻击"本我"时就是自我毁灭。"本我"就是自然,就是存在的规律,就是真相。这就是佛说的人人皆有佛性,这佛性就是一切的真相,所以你、我、他不二,我们都是一样的本质。但"常我"或者说"自我"确有不同,由于"自我"不同才产生了很多共识约定,如法律、道德、世俗观念等等。

当我们决定了去做时,纯粹的心是无怨无悔的,呈现的只是为达到目标而付出,如果有其他的想法干扰,那呈现的一定是无力,付出少的心理也是要平衡的,所以就会找理由解释,找因果,用另外的方法呈现价值。这是人的本性驱使,不然会难受不舒服的,会得病的,所以让能量流动起来吧! 付出也好,索取也好,流动的就是自然的,就可以得到自己的平衡。

我相信我就是我,虽然还没有和本然的我合一,同时我相信我是你,因为我们有的从未二分过,我们拥有的都一样,唯一不同的就是在探索中所发现的角度和部位不同,所以先建完整观,咱们再去摸大象。说到这由衷地升起对一路相伴走来的各位朋友的感恩,感恩相伴! 愿天下人都在这范畴里滋养成长!

心灵小练习

安静地坐下来,轻柔地呼吸,同时感觉脚下的地球在轻轻地转动。深呼吸,寻找你和地球的相似之处。你们都承载了什么负荷? 感受身体下面的大地,感恩它。然后轻轻地吸气,感觉你身上承载了什么。接着,轻轻地呼气,感觉你也像地球一样不停地转动,并且想象你消化掉了那些承载的重量,很轻松地和地球保持一致。

12月28日　生命的完整呈现

在生命的完整未完全呈现时,那一定是固执己见障碍了我们的本来,所以才会有能量的不同和大小之别。其实每个生命的个体都具有宇宙的全部!我们求他(它)帮助自己的同时认为自己不行,太渺小无力,这即是二的根源,这即是自我障碍的呈现,这也是没看到完整时偏执的状态!这个偏执再加上情绪就构成了所谓的疾病症状,当这个状态持续发展时,生命个体的组织一定出现相应的变化,例如器质性病变。这是一个系统与个体相应不二的呈现,这也是家族家庭中产生疾病的根源。没有一个生命是脱离系统而生存的,正如人离不开空气一样。真心祝福天下人都在系统中茁壮成长!感恩有你的陪伴!

本周省思

12月29日　无形的存在

我们虽然离不开无形的一切,但我们未必完全相信它存在。这是一个很深的固有逻辑,相信它并感知它、了解它,直到完全一致,直到完全合一,直到成为完整的生命。

没有无形就没有有形,有形可见,一定由无形所决定。如心态决定行为,信念价值观决定了人生位置;再如能量与状态、气与血、经络与病痛、电与光、空气与生命、营养与万物、秩序与系统、规律与生命等等。如果你的确看到了结果,那么你一定要相信这结果的背后有无形的力量,如果不去探索这无形的因,那么一切抗拒和不接受都是徒劳的。

我们在疗愈中设定目标是个很重要的环节,目标是有形的、呈现结果的,其背后无形的成因是什么?这是完整疗愈体系所要关注的,这是实现愿望达成结果的根本,这是由果看因,再由因造果的生命韵律,这是我们所说一切都是在关注生命韵律中的探索,而非只关注疾病的有形结果,任何问题的背后都有无形的成因。

我们关注秩序其实就是关注韵律,任何无序的紊乱都会造成伤害,任何错位的念和行都会造成恶果,任何占位而无功者都会使系统亚健康,任何私欲膨胀的念和行都会背离系统。脱离系统、无视系统、违背规律的结果一定是紊乱的。

每个人的信念价值观的形成都与家族、社会和个人成长有关,这些无形的能量促使着人以群分,在维系统的韵律中保持着自己的个性存在。和谐共存,一体呈现才是真正的本来面目,才是健康快乐的本来面目,才能在探索发现中看到生命的韵律,看到这本来完整的世界真相。愿天下人都能在探索中发现自己与世界的一体完整!感恩有你的陪伴!

心灵小练习

静坐,保持轻松均匀的呼吸,想象自己房间里充满了各种能量,你的语言如果是有形的,它们是令人愉悦的形状还是令人可憎的?觉察自己对无形能量的忽视,做一次身心的清理工作。从打扫自己的房间开始,然后觉察自己的语言和行为。

12月30日　长寿的节奏

我们生活在地球上，用心去感受到的、感悟出来的一定是生命的真相。

如果说我们的寿命与能量的消耗有关，那么节奏快的、心里不平衡的、纠结的、焦虑的、紊乱的等等都会导致身体的损害，所以说欲望无止境的膨胀，一定是呈现快速度的追求，一定是在膨胀中呈现焦虑不安，一定会与很多现实对抗，一定会生出怨气，这是我们所说的内耗。大自然已经示现了长寿的节奏：平衡的、平静的、表里如一的、符合规律的、无欲望的、淡定的、安全的等等。那些没有安全感的、焦躁的、欲望的、快速奔向死亡的，一定是短命的，这个规律对人、动物、系统、社会、国家，乃至整个宇宙都适合。

按部就班的、不紧不慢的，其实是最快的，一旦发力，势不可挡。办事效率低下的原因是丢掉了规律，忽视了细节。忽视的原因是欲望，只求目标而忘记了做扎实的环节，这是所谓快所带来的结果，慢慢来不是不做功，是扎实地去做功。随顺量变到质变的规律，这是长治久安的韵律，也是长命百岁的秘诀。

我去外地做手术，有三种交通方式供选择：自驾车、坐高铁换出租车、坐火车。其中最慢的是坐九个多小时的火车，这三种方法让我体验了十多年，从一开始不接受慢，到现在首选慢，经历了身心感受到的生命韵律，亲证了自己的身心变化。我终于开始臣服于生命韵律，开始尊重生命了，开始链接身体的感受了，开始放下所谓的快了，开始变得淡然处之，开始有心安的感受，开始回归自然。

如果人们活在欲望里，活在自己的逻辑里，活在匮乏的不安全感里，活在急于求成里，活在证明自己里，活在名利里，活在担心害怕顾虑里，就会想方设法快，其结果是得到焦虑，得到抱怨，得到消耗，这是迅速衰老的根本原因。我体验到了，此刻我已转身，去向合理的节奏。

认识一个真相确实需要一个过程，这个过程中的消耗本身就是规律，如果说每个人有不同，只是在此刻的过程中有不同程度的差异，但就其缘起到结果，其本质是相同的。所以表象是无法比较的，同频内涵才会有可能达成同频，这也是完整疗愈中疗愈关系建立的核心之一，如果不同频就会产生错觉，就会产生对抗，就会产生诋毁，就会出现系统破裂。

在完整疗愈体系中，我们发心生命陪伴，发心生命唤醒，发心重建生命韵律，这是一个需要时时持有完整观下看生命的醒觉状态，时时不忘初心的觉察状态,时时感受系统的完整,用心去感受陪伴的过程。这个过程不会掉入某个点、某个事件、某个情绪、某个结果、某个人、某个假设、某个评判、某个习惯、某个模式里。亲爱的朋友,活在当下的真相中,这是我们共同要到的方向。愿天下人都能在完整观下看到生命的韵律真相!

心灵小练习

安静地坐下来,回观自己生活中的节奏是怎样的,快还是慢?什么时候会着急加快速度?什么时候会放慢脚步?认真回想一下并且看到自己的惯性,找到那个让自己担心着急的点,想象那个点在温和的目光注视下,慢慢融化并且消除,回归到正常的韵律中。

12月31日　我们走在生命的路上

我们走在生命的路上，这路其实是完全未知的路，直到最后一刻的死亡，那是你所要经历的路，也是无法逃脱的路，因为那是必经之路。

如果你认为这路是可以设计的，那你要开始留意了，因为你一定丢掉了很多，得到的只是过去，那些似乎让自己得意的结果，其实是个假象，这个假象如果你坚信不疑，那么你的人生一晃就过去了，甚至于没有机会后悔，就在假象中结束了。

这是活在自己逻辑里的成果，这是活在习惯里的结局，这是无明的产物，这是昏昧在昏昧的麻木，这个束缚的枷锁有很多，只要是固化的真理，只要是不在探索发现中，只要是在不觉中，那么生命就已经死了。

脱胎换骨的颠覆性的蜕变，究竟发生了什么？是什么让你如此这样看自己，看生命，看世界？看一切而不是固执己见，这是个神奇的改变，这是个完全不同的境界，这是个格式化后的升级体验，我们都在这个过程中，确有程度上的不同。

在有形的世界里执着，是不可能探索发现到无形的，这是现代科学需要去弥补的地方，这个心智模式的蜕变是个需要渐渐改变的过程，这个过程在世界级科学家的人生中经常发生，当带着科学的光环走到老年时，开始信服宗教的核心是开始关注无形，开始探索什么决定了有形，开始探索因果关系的无形。

我们与疾病结缘，即是与有形同行，疾病是有形的代表，是我们不喜欢的代表，我们用尽极致之手段，对抗着这有形的结果，而脑海对于成因一片空白，在所有疾病的成因处写下"原因不明"，一晃几十年，甚至百年，没有改变。这个现实的背后究竟发生了什么？这是我们要面对的，可以认真探索的话题。

完整疗愈体系正是在探索人类医学究竟该如何去探索，如何去看待生命，如何去看待有形和无形，如何去看待因果，如何去总结现代医学的贡献和不足，如何去由完整生命的本来去看疾病，如何从对抗体系中走出来，去看更多的生命体系：平衡体系、因果体系、能量流动体系、系统完整体系、次第渐进体系、生命陪伴体系、重建生命体系，这是需要蜕变才能看到的过程。愿天下人都能在探索中体验到蜕变！感恩有你的陪伴！

本月省思

发愿文

愿我们在这陪伴中流动出自然的能量,这,就是生命的陪伴!

愿我们在沟通中享受着能量的流动和温暖与阳光!

愿我们所有陪伴生命的疗愈师在学习中不断完整自己,成为真正的生命呵护者!

愿天下生命都能了解到自己到底是什么,开放性地去面对一切发生!

愿我们能在这系统中滋养自己、滋养他人、滋养万物!

愿我们回归生命本来的自由自在!

愿天下人都在一起去探索生命的真谛!

感恩彼此陪伴,感恩一切发生如镜照见自我,感恩缘起的所有存在!

愿我们都在这学习中成长,而非贪嗔痴的欲望所使。

愿天下人都能享受这完整的生命体系,因为这是一个生命状态的享受,疾病也在其中!

愿天下每一个人都能开始了解自己的位置,了解生命的完整,了解与疾病的关系,了解自愈愈他的体系。

愿天下人都能活在多种模式的切换中享受生活!

缘起于心无所住,感恩这大千世界时时照见自己,感恩有你的存在时时如镜看到自己,感恩每一刻点悟让自己渐渐去向完整。

愿我们充满好奇心去探索、去发现自己是什么!

愿所有自我疗愈的生命共同拥有它,共同感恩这生命的完整,共同祝福所有生命健康快乐!

愿天下人都在这完整观下如实呈现! 祝福!

愿天下老人家都在幸福的享受中!

愿天下人都能看到这个当下,拥有这生命的能力!

真心祝福我们有决定后去体验生命的奇迹!

愿天下人都能看见这丰富多彩的共同体,感恩这万物的陪伴,感恩生命中每一刻的相遇,感恩!

愿天下人都会优雅地转身!

愿天下人都能看到自己的信念价值观所造成的结果!

真心祝福所有的生命都能看到自己的发生和位置！
愿天下人都有这个机会去体验到这生命的主题！
一切都在完整之中，愿你在其中享受着生命的全部！
愿我们负责任地去决定吧！
愿我们在人生的体验中回归完整！
愿我们能清楚自己的系统，做好人，做好事，吉祥如意！
愿我们持有生命主控的立场！
愿我们自然释放，由心流淌，大爱无疆。
愿天下人都能看见自己的命，体验自己的命，感悟自己的命，拿回生命的主控。
愿天下人都在发现自己的完整和丰盛！感恩有你的陪伴！祝福！
愿我们的世界如实呈现自然，愿我们拿回属于自己的权利。
愿我们在自己的山顶上去实践自己的使命。
愿天下家长为了孩子负责任地去学习成长，愿天下孩子都有一个自然的、流动的、阳光的、温暖的、爱的成长环境！
愿我们在祝福中受到纯粹的力量！
任何偏执的价值观都是会呈现痛苦的恐惧的欲望的！真心祝福我们能看清楚这个规律！
愿我们能在这和谐的系统里享受生活，享受生命自然的韵律，享受着爱和智慧。
愿我们拥有机缘去面对困惑而转身呈现完整！
愿我们能看到自己的完整！
愿天下人都是醒觉的人，都是个智者，都是个完整的生命！
愿所有自我疗愈的生命共同拥有它，共同感恩这生命的完整，共同祝福所有生命健康快乐！
愿天下所有众生在蜕变中享受爱的呵护吧！
愿天下人都在此生了悟生命的真谛！
愿我们在探索过程中升起感恩之心！
愿天下人都能看到自己的能力是完整的，而不是固执己见的，感恩有你！
愿所有疗愈师都在个人范畴中去看自己的格局，从自愈中去到愈他！
愿天下人都从生命的角度去看世界，去看人生，去体验生命，去感悟万物自然！
善待一切，感恩一切，臣服一切，拥有一切，合一！
愿天下人都能活在自在中！

愿天下人都能看到这人生的范畴里是那么地炫丽！感恩有你的陪伴！

愿天下人都能清明自己心所向，都能看到自己的范畴，都能如愿得到结果！

看山是山，看水是水，心不同了！愿我们在此生了悟生命的真谛！

愿天下人都会感受到无形的能量和魅力！

愿天下人都在生命中启动这价值观吧！

愿天下人都在蜕变中看到自己！感恩有你！祝福！

愿天下人都在这个旅途中看到无数美景！

愿我们能够重建生命！

愿我们有决定后去体验生命的奇迹！

愿我们在看自己的世界时，会看到完整！

愿天下人都能关注自己的心，炒出每一刻的美味！享受之！祝福！

愿我们能成为生命的主！

愿天下人都拿回自己生命的能量，从无明中醒来！

愿我们都能看到每一刻的完整呈现！

愿天下人都在看自己的世界，都会看到完整！

愿我们能看到这因果的关系。

愿我们能在纯粹的决定下去呈现，去体验，去认知这所拥有的世界。

愿我们能够在蜕变中看到自己！

愿天下人都在这经历中看到风景，看到生命，看到完整！感恩有你！祝福！

愿我们能回归到生命本原，享受自然规律的生命！

愿我们能看到完整而非自我的唯一！

愿我们能持有唤醒的生命自愈力！祝福！

愿我们醒觉于生命的本质！真心祝愿你能主宰自己的生命！

愿我们能够回归自然之道之美！

愿我们能找到自己的属性！

愿天下人都在这完整中自由快乐地成长！

愿我们会放下而看到真相！

感恩所有为困惑解决问题的智者，感恩所有为之奋斗的勇士们，感恩所有愿意体验生命的完整的探索者，感恩有你们的陪伴，有你们的能量才会创造出这独一无二的场面！

愿我们持有唤醒的生命自愈力！

愿你我都是合一的生命！祝福！

发愿文

愿你能在有限的此生中感悟到生命的无限和完整！

祝福每个生命的看见，祝福你一直不断地体验在感悟中！

愿你有能力、勇气和机缘去探索发现自己的问题。

愿天下人都在完整地活在当下，享受生活每一刻！

愿天下人都在这个过程中看到并平衡于生命的流动！感恩有你的陪伴！

愿天下人都在系统中规律中、自然茁壮成长！感恩有你的陪伴！

愿天下人都会拥有这完整生命的体验！感恩有你的陪伴！

愿天下人都在这鲜活中体验生命的真相，感恩有你的陪伴！

愿天下人都能持有这完整观去经历这人生的孕育，同时感恩一切陪伴你的万物，没有万物何谈孕育！感恩！祝福！

愿天下人都能看到这生命的奥秘！感恩有你的陪伴！祝福！

愿天下人都能看到自己的心和位置！感恩有你的陪伴！祝福！

愿天下人都在这个过程中看到并平衡于生命的流动！感恩有你的陪伴！祝福！

感恩一切缘起，我与生命相遇；感恩一切缘起，一定去向完整！感恩！

祝福每个生命的看见，祝福你一直不断地体验在感悟中！

愿你能在有限的此生中感悟到生命的无限和完整！祝福！

愿天下人由二中看到一的存在！感恩二的呈现！祝福一的存在！

愿天下人都在其中，而非被自我的执着所限，放开即是自由！

愿天下人都能在信愿行中看到自愈愈他的方向！感恩有你的陪伴！

一切都在刚刚好的时候到来

秋风乍起,万物丰盈,大地丰收,《生命完整疗愈》终于定稿,在我把它交到了我的好友兼责编丽萍的手里时,我发了一条信息给她:一切都在刚刚好的时候到来。对此她深表赞同,我认为这句话也恰好阐释了宋耕老师的完整疗愈体系,阐释了这本书的精髓。宋老师建立完整观,以及完整疗愈体系的诞生,乃至这本书的诞生,一切都在刚刚好的时候到来,犹如这秋日。

完整观到底是什么?完整疗愈体系到底是怎样的理论体系?在我刚刚协助宋老师编写此书的时候,我的理解还不甚深刻,凭借着有限的"知识",开始了艰难的文字整理工作,宋老师的文字博大精深,又是每日分享的集合,为了使之具有连贯性,更具备可读性,我和宋老师沟通了多次,直到最后宋老师亲自划分了七大主题,我豁然开朗,才正式找到了入手的渠道,从此我如同一头扎进大海的小鱼,每天都徜徉在丰富的养分中,晕晕乎不知所终。

在我将这本厚厚的书稿,怀着敬佩不已的心情,从头到尾梳理了n遍之后,我突然"大彻大悟",我对宋老师说:原来它很简单啊!它说来说去就说了两个范畴:因果和系统。还说了一个特点:不要固守一个点,多角度看问题,这样才能趋向完整。宋老师大赞,说:你看着看着看懂了!

这本书的根本,就是在讲系统、讲因果、讲生命的变化和韵律。完整疗愈的一切都是围绕着这三点而展开。完整的系统、生命中的因果以及生命的韵律,形成了完整疗愈系统的一个主线,也是落地的理论和方法论,很简单也很明了。"大道至简",人们只要建立起对生命的完整系统观,建立起对家庭的,对个人的系统,各就各位,各司其职,看到系统的每一个因素缺一不可,便可统一协调,完整呈现了,同时知道自己的一切结果都是自己全部负责的,因果不昧,便可去除贪嗔痴,达到生命的自我疗愈。

整本书用各种方法讲述人的心念如何造因得果,讲疾病如何产生,讲贪嗔痴如何引发疾病,讲系统如何平衡,如何协调,如何转身,如何归位。宋老师试图通过每一个小主题,通过不同的角度,让读者从盲人摸象、一叶障目的局限性中走出来,看到一个鲜活的网络和框架——从多角度看生命,随顺生

后　记

命韵律，这就是完整观，这就是完整疗愈体系。

这本书有两大主线：因果和系统。

生命的主控权、生命陪伴、生命唤醒、生命主控、生命重建、生命蜕变都在因果范畴里，正所谓有因必有果，这里的因，是发心，是内因，也就是儒家所说的"内圣外王"里的内圣。

完整观下看生命属于讲系统，自愈愈他，完整呈现都是讲系统，讲述如何维护系统平衡，如何经由内心的发愿和改变而影响系统，无疑是"内圣外王"中"外王"的呈现。

"内圣外王"虽最早出现在《庄子》中，是道家思想代表庄子所提出，但其思想内涵与儒家著作《大学》所提到的"大学之道，在明明德，在亲民，在止于至善"这一准则相吻合，而《大学》中"格物，致知，诚意，正心，修身，齐家，治国，平天下"八个条目（步骤）则被视为实现儒家"内圣外王"的途径，其中格物、致知、诚意、正心、修身被视为内圣之业，而齐家、治国、平天下则被视为外王之业。儒家推崇的"内圣外王"这一思想对中国的政治、伦理、文化以及哲学等产生重要影响，也是每一个圣贤之人想要达到的最高境界。

《生命完整疗愈》中的七大主题，恰好与之不谋而合，是通向"内圣外王"的途径，也是符合大道的一部警醒之作，一个提供给世人实用的理论体系和方法论。

因果和系统是双线交织不二，贪嗔痴属于因果范围，种善因得善果。完整疗愈是方法论，主要让人们明白如何疗愈生命，只有通过知晓因果，拿回自己生命主控权，尊重系统和范畴，达到平衡协调，就可以疗愈自己，同时疗愈他人，由此就可以让自己的生命和宇宙协调了。

就像佛陀说法，说来说去，就是一个因缘，缘起缘灭；一个空有，真空妙有；一切都围绕着这两点，须臾不分离。而在《生命完整疗愈》中，从不同角度来看生命的韵律，不断发现系统的元素，不断看到因果的完整对应，可谓是：你中有我，我中有你。易者，变化也。

故说：寄语诸仁者，人生本完整，无惧亦无碍，痴迷不可得，诸法因缘生，法亦因缘灭，是归诸系统，完整方为本。

这本书的出版，首先要感恩宋耕老师每日分享的精彩内容，还要感恩我的好友，妙笔生花的插画师冯郁老师；感恩勤奋认真负责的责任编辑张丽萍老师；感恩完整疗愈中心各位导师一路支持和陪伴；感恩完整疗愈群的众多好友学员的信任和分享；感恩中心秘书长孙岱老师的默默收集资料；感恩我的助理王晓婷和方婷，帮助做了最初稿的校对工作。因为因缘巧合，使命召唤，林君不才，怀着敬仰虔诚之心来完善宋老师的书稿，但因本人才疏学浅，恐不能完全体会宋老师真实之意，虽尽量保持原文，然有些文字不免略加润色，如有任何不妥，皆为本人之过，和宋老师无关，敬请读者原谅。感恩所有直接或间接帮助形成此书的一切因缘，感恩上天。期待更多的精彩。

南林君

于江宁百家湖畔　2015 年 10 月 1 日